汉译世界学术名著丛书

查拉图斯特拉如是说

〔德〕尼采 著

孙周兴 译

商务印书馆
创于1897
The Commercial Press

Friedrich Nietzsche
ALSO SPRACH ZARATHUSTRA

Friedrich Nietzsche：Sämtliche Werke，Kritische Studienausgabe in 15 Bänden

KSA 4：Also sprach Zarathustra

Herausgegeben von Giorgio Colli und Mazzino Montinari

2. durchgesehene Auflage 1988

© Walter de Gruyter GmbH & Co. KG，Berlin · New York

本书根据科利/蒙提那里考订研究版《尼采著作全集》(KSA)第4卷译出

汉译世界学术名著丛书
出版说明

我馆历来重视移译世界各国学术名著。从五十年代起，更致力于翻译出版马克思主义诞生以前的古典学术著作，同时适当介绍当代具有定评的各派代表作品。幸赖著译界鼎力襄助，三十年来印行不下三百余种。我们确信只有用人类创造的全部知识财富来丰富自己的头脑，才能够建成现代化的社会主义社会。这些书籍所蕴藏的思想财富和学术价值，为学人所熟知，毋需赘述。这些译本过去以单行本印行，难见系统，汇编为丛书，才能相得益彰，蔚为大观，既便于研读查考，又利于文化积累。为此，我们从1981年至1989年先后分五辑印行了名著二百三十种。今后在积累单本著作的基础上将陆续以名著版印行。由于采用原纸型，译文未能重新校订，体例也不完全统一，凡是原来译本可用的序跋，都一仍其旧，个别序跋予以订正或删除。读书界完全懂得要用正确的分析态度去研读这些著作，汲取其对我有用的精华，剔除其不合时宜的糟粕，这一点也无需我们多说。希望海内外读书界、著译界给我们批评、建议，帮助我们把这套丛书出好。

商务印书馆编辑部

1991年6月

中文版凡例

一、本书根据科利/蒙提那里编辑的 15 卷本考订研究版《尼采著作全集》(Sämtliche Werke，Kritische Studienausgabe in 15 Bänden，简称"科利版")第 4 卷(KSA4：Also sprach Zarathustra)译出。

二、中文版力求严格对应于原著。凡文中出现的各式符号亦尽量予以原样保留。唯在标点符号上，如引号的使用，在中文版中稍有一些变动，以合乎现代汉语的习惯用法。原版斜体字在中文版中以重点号标示。

三、科利版原版页码在中文版相应位置中被标为边码。

目 录

《查拉图斯特拉如是说》第一部 ………………………… 1
查拉图斯特拉之序言 …………………………………… 3
查拉图斯特拉的演讲 …………………………………… 23
　1. 三种变形 …………………………………………… 23
　2. 德性讲坛 …………………………………………… 26
　3. 彼世论者 …………………………………………… 30
　4. 身体的蔑视者 ……………………………………… 34
　5. 快乐与热情 ………………………………………… 37
　6. 苍白的罪犯 ………………………………………… 40
　7. 读与写 ……………………………………………… 43
　8. 山上的树 …………………………………………… 46
　9. 死亡说教者 ………………………………………… 50
　10. 战争与战士 ………………………………………… 53
　11. 新偶像 ……………………………………………… 56
　12. 市场上的苍蝇 ……………………………………… 60
　13. 贞洁 ………………………………………………… 64
　14. 朋友 ………………………………………………… 66

15. 千个与一个目标 …………………………………… 69
16. 邻人之爱 …………………………………………… 73
17. 创造者之路 ………………………………………… 76
18. 老妇与少妇 ………………………………………… 80
19. 毒蛇之咬 …………………………………………… 83
20. 孩子与婚姻 ………………………………………… 86
21. 自由的死亡 ………………………………………… 89
22. 赠予的德性 ………………………………………… 93

《查拉图斯特拉如是说》第二部 …………………… 101

23. 持镜的小孩 ………………………………………… 103
24. 在幸福岛上 ………………………………………… 107
25. 同情者 ……………………………………………… 111
26. 教士们 ……………………………………………… 115
27. 有德性者 …………………………………………… 119
28. 流氓痞子 …………………………………………… 124
29. 毒蛛 ………………………………………………… 128
30. 著名智者 …………………………………………… 133
31. 夜歌 ………………………………………………… 137
32. 舞曲 ………………………………………………… 140
33. 坟墓之歌 …………………………………………… 144
34. 自我克服 …………………………………………… 148
35. 崇高者 ……………………………………………… 153
36. 教养之邦 …………………………………………… 157

37. 无瑕的知识 ……………………………………… 161
38. 学者 …………………………………………… 165
39. 诗人 …………………………………………… 168
40. 大事件 ………………………………………… 172
41. 预言家 ………………………………………… 177
42. 救赎 …………………………………………… 182
43. 人类的聪明 …………………………………… 189
44. 最寂静的时刻 ………………………………… 193

《查拉图斯特拉如是说》第三部 …………… 197

45. 漫游者 ………………………………………… 199
46. 幻觉与谜团 …………………………………… 204
47. 违愿的幸福 …………………………………… 211
48. 日出之前 ……………………………………… 215
49. 萎缩的德性 …………………………………… 219
50. 在橄榄山上 …………………………………… 227
51. 路过 …………………………………………… 231
52. 背叛者 ………………………………………… 235
53. 返乡 …………………………………………… 241
54. 三种恶 ………………………………………… 246
55. 重力的精神 …………………………………… 252
56. 旧牌与新牌 …………………………………… 257
57. 痊愈者 ………………………………………… 285
58. 大渴望 ………………………………………… 293

59. 另一支舞曲 ··· 297

60. 七个印记（或：肯定和阿门之歌）··················· 303

《查拉图斯特拉如是说》第四部 ······················· 309

61. 蜜之祭品 ··· 311

62. 苦难的呼声 ······································· 316

63. 与国王的谈话 ····································· 321

64. 水蛭 ··· 327

65. 魔术师 ··· 332

66. 退职的 ··· 342

67. 最丑陋的人 ······································· 348

68. 自愿的乞丐 ······································· 354

69. 影子 ··· 359

70. 正午 ··· 364

71. 欢迎 ··· 368

72. 晚餐 ··· 375

73. 高等人 ··· 378

74. 忧郁之歌 ··· 393

75. 科学 ··· 401

76. 在荒漠女儿们中间 ································· 405

77. 唤醒 ··· 414

78. 驴子节 ··· 419

79. 梦游者之歌 ······································· 424

80. 征兆 …………………………………… 435

译后记 …………………………………………… 439

查拉图斯特拉如是说

一本为所有人而又不为任何人的书

第一部

查拉图斯特拉之序言

一

查拉图斯特拉三十岁时，离开了他的故乡和故乡的湖，遁入山林隐居起来。他在那里享受自己的精神和孤独，历经十年之久而乐此不疲。但终于，他的心灵发生了转变，——有一天早晨，他随着曙光一道起床，朝着太阳走去，他对太阳说道：

"你，伟大的星球啊！倘若没有你所照耀的人们，你的幸福又会是什么啊！

十年里，你在这里升起，照临我的洞穴：要是没有我，没有我的鹰和我的蛇，你就会厌倦于你的光明，厌倦于这样一条老路了。

而我们每个早晨都期待着你，领受你的丰盈光辉，而且因此为你祝福。

看哪！我就像采集了太多蜂蜜的蜜蜂，厌烦了自己的智慧，我需要伸展的双手。

我想要馈赠和分发，直到人间的智者又一次欢欣于自己的愚拙，人间的贫者又一次欢欣于自己的财富。

为此我必须下降到深渊：就像你在傍晚时分沉入海面，还给阴界带去光明,你这无比丰盈的星球啊!

我必须与你一样下山,①就像我想要去的人间所讲的那样。

那么,祝福我吧,你这宁静的眼睛,甚至能毫无妒忌地看出一种过大的幸福!

祝福这只将要溢出的酒杯吧,使其中的酒水金子一般流溢,把你的幸福的余晖洒向四方!

看哪!这只杯子又想要成为空的了,查拉图斯特拉又想要成为人了。"

——于是查拉图斯特拉开始下山了。

*
* *

二

查拉图斯特拉独自下山,一路上没有碰到任何人。而当他走进森林时,有一位白发老人突然出现在他面前,这位老人为了到林子里寻找树根,离开了自己神圣的茅舍。他向查拉图斯特拉如是说道:

这个漫游者我并不陌生:一些年前他②曾路过这里。他叫查拉图斯特拉;但他变样了。

想当年你把你的灰搬到山上去:今天你是要把你的火带到山

---

① 此处"下山"德文原文为 untergehen,名词形式为 Untergang,兼有"下落、下降"与"没落、毁灭"双重意义。我们根据上下文处理为"下山"或"没落"。——译注

② 下面陈述中"他""你"混用,显出某种戏剧效果。——译注

谷里去吗？你就不怕挨纵火犯的惩罚吗？

我认出来了，这确实是查拉图斯特拉。他的眼睛是纯净的，他的嘴上丝毫不含厌恶。他不就像一位舞者那样走了过来？

查拉图斯特拉是变了样，查拉图斯特拉变成了孩子，查拉图斯特拉是一个觉醒者了：那么，你在沉睡着的人们那里要些什么呢？

你生活在孤独里犹如生活在大海里，大海承载过你。啊，莫非你是想登陆了？啊，你又想自己拖着你的身体吗？

查拉图斯特拉答曰："我爱人类啊。"

可是，这位圣徒说，为什么我却逃到这森林里，逃到这荒野之地来了？难道不正是因为我曾经太爱人类了吗？

现在我爱的是上帝：我不爱人类了。在我看来，人是一个太不完美的东西。对人类的爱会要了我的命。

查拉图斯特拉答道："关于爱我讲什么啊！我要带给人类的是一件礼物！"

什么也不要给人类，这位圣徒说。你宁可取走他们一点负担，与他们一起担着——这样对他们最有好处：只要你乐于这样做！

而要是你想给予他们什么，那就只给他们以施舍，还要让他们乞求你的施舍！

"不，"查拉图斯特拉答曰，"我不施舍。要行施舍，我还不够贫穷呢。"

这位圣徒嘲笑查拉图斯特拉，说道：那你就要留神如何使他们来接受你的宝物！他们对隐士不信任，也不相信我们是为赠予而来的。

在他们听来，我们穿过街道的脚步响得太孤独了。就像在夜间,离日出还有好久,他们躺在床上听到一个人走过,他们大抵会问自己:这个窃贼要去哪里啊?

不要到人群里去,待在森林里吧!宁可到野兽群里去!为什么你不愿意跟我一样呢——熊归熊群,鸟入鸟群?

"圣徒在森林里做些什么事呢?"查拉图斯特拉问道。

这位圣徒答道:我创作曲子,吟唱之,而当我作曲时,我笑啊,哭啊,哼哼唧唧:我就这样赞颂上帝。

我用唱、哭、笑和哼来赞颂上帝,那是我的上帝。可你给我们带来了什么礼物呢?

查拉图斯特拉听了这番话,就向这位圣徒致意,并且说道:"我能给你们什么啊!倒是快点让我走吧,免得我从你们这里拿走什么!"——于是他们分手了,这位老人和这位漫游者,他们笑着,宛若两个孩子。

而当查拉图斯特拉独自一人时,他就对自己的心说道:"难道这是可能的吗?这位老圣徒待在森林里,居然还根本不曾听说:上帝死了!"——

* * *

三

当查拉图斯特拉来到森林旁的最近一个城市时,他发现市场上聚集着大量民众:因为据预告,人们可以观看一个走绳演员的表演。查拉图斯特拉就对民众说道:

我来把超人教给你们。人类是某种应当被克服的东西。为了克服人类,你们已经做了什么呢?

迄今为止,一切生物都创造了超出自身之外的东西:而你们,难道想成为这一洪流的退潮,更喜欢向兽类倒退,而不是克服人类吗?

对于人来说,猿猴是什么呢?一个笑柄或者一种痛苦的羞耻。而对于超人来说,人也恰恰应当是这个:一个笑柄或者一种痛苦的羞耻。

你们已经走完了从蠕虫到人类的道路,但你们身上有许多东西仍然是蠕虫。从前你们是猿猴,而即使现在,人也仍然比任何一只猿猴更像猿猴。

而你们当中最聪明者,也只不过是一个植物与鬼怪的分裂和混种。然而,我叫你们变成鬼怪或者植物了吗?

看哪,我来把超人教给你们!

超人乃是大地的意义。让你们的意志说:超人是大地的意义!

我恳求你们,我的兄弟们,忠实于大地吧,不要相信那些对你们阔谈超尘世的希望的人!无论他们知不知道,他们都是放毒者。

他们是生命的轻蔑者、垂死者,本身就是中毒者,已经为大地所厌倦:那就让他们去吧!

从前,亵渎上帝是最大的亵渎,然而上帝已经死了,因此这些亵渎者也就死了。现在,最可怕的亵渎就是对于大地的亵渎,就是对于玄妙莫测之物的内脏的高度敬重,高于对于大地意义的敬重!

从前,灵魂轻蔑地看着肉体:而且在当时,这种轻蔑就是至高的事情了——灵魂想要肉体变得瘦弱、恶劣、饥饿。灵魂就这样想着逃避肉体和大地。

啊,这种灵魂本身还更瘦弱、恶劣和饥饿呢:而且残暴正是这种灵魂的淫欲!

可是,我的兄弟们,连你们也对我说:你们的肉体对于灵魂告知了什么呢?难道你们的灵魂不是贫乏和肮脏,一种可怜的惬意吗?

确实,人是一条肮脏的河流。人们必须已然成为大海,方能接纳一条肮脏的河流,而不至于变脏。

看哪,我来把超人教给你们:超人就是这大海,你们的大轻蔑可能沉没于其中。

你们能够体验的最伟大的事情是什么?那就是大轻蔑的时光。那时候,连你们的幸福也会使你们厌恶,你们的理智与你们的德性亦然。

那时候,你们会说:"我的幸福算什么啊!它是贫乏和肮脏,以及一种可怜的惬意。但我的幸福原是要为此在生命辩护的!"

那时候,你们会说:"我的理性算什么啊!它渴望知识就像狮子渴求食物吗?它是贫乏和肮脏,以及一种可怜的惬意!"

那时候,你们会说:"我的德性算什么啊!它还不曾使我发狂。我是多么厌倦我的善和我的恶啊!这一切都是贫乏和肮脏,以及一种可怜的惬意!"

那时候,你们会说:"我的公正算什么啊!我不认为我会成为火焰和煤炭。但公正者就是火焰和煤炭!"

那时候,你们会说:"我的同情算什么啊!同情不就是钉死那个爱人类者的十字架吗?但我的同情并不是钉上十字架的死刑。"

你们已经这样说了吗？你们已经这样呼叫了吗？啊，但愿我已经听到你们这样呼叫了！

并非你们的罪恶——是你们的知足在朝天呼叫，是你们罪恶中的吝惜在朝天呼叫！

然则那用舌头舔你们的闪电在哪里呢？那必定注射到你们身上的疯狂在哪里呢？

看哪，我来把超人教给你们：他就是那道闪电，他就是那种疯狂！——

当查拉图斯特拉说了这番话，人群中有人叫道："我们早就听够了那个走绳演员；现在也让我们去看看他吧！"于是人群都嘲笑查拉图斯特拉。而那个走绳演员以为这话是对他说的，就开始表演了。

*
* *

四

但查拉图斯特拉看着人群，心生惊奇。于是他说：

人是一根系在动物与超人之间的绳索，——一根悬在深渊之上的绳索。

一种危险的穿越，一种危险的路途，一种危险的回顾，一种危险的战栗和停留。

人身上伟大的东西正在于他是一座桥梁而不是一个目的：人身上可爱的东西正在于他是一种过渡和一种没落。

我爱那些人们，他们除了作为没落者就不懂得生活，因为他们是过渡者。

我爱那些伟大的轻蔑者，因为他们是伟大的崇敬者，是渴望着彼岸的箭矢。

我爱那些人们，他们不先在群星之外寻求某种没落和牺牲的理由：而是为大地而牺牲，使大地有朝一日能归属于超人。

我爱那人，他活着是为了认识，他要求认识是为了让超人有朝一日活起来。他就这样意愿没落。

我爱那人，他辛勤劳动和发明，从而为超人建造起居所，为超人准备大地、动物和植物：因为他就这样意愿没落。

我爱那人，他热爱自己的德性：因为德性是求没落的意志，也是一支渴望的箭矢。

我爱那人，他不为自己保留一点儿精神，而是意愿完全成为他的德性的精神：他就这样作为精神跨越桥梁。

我爱那人，他使自己的德性变成自己的倾向和自己的祸患：他就这样为自己的德性之故而意愿生活以及意愿不再生活。

我爱那人，他并不意愿拥有太多的德性。一种德性胜于两种德性，因为一种德性更能成为祸患所系的关节。

我爱那人，他挥霍自己的灵魂，他不愿受人感恩也不回报：因为他总是赠予，而不愿为自己存留什么。

我爱那人，他在走运掷中骰子时便心生羞愧，进而问道：莫非我是一个奸诈的赌徒么？——因为他意愿毁灭。

我爱那人，他在行为之前先抛出金言，他所持总是胜于他作的许诺：因为他意愿没落。

我爱那人,他为未来者辩护,救赎过去者:因为他意愿毁灭于当前的人们。

我爱那人,他由于挚爱自己的上帝而责罚上帝:因为他必定要毁灭于上帝之怒。

我爱那人,即便在受伤时他的灵魂也是深邃的,而且他可能毁灭于一个小小的冒险事件:他就这样喜欢跨越桥梁。

我爱那人,他的灵魂过于丰盈,以至于他忘掉了自己,而万物皆在他心中:万物就将这样成为他的没落。

我爱那人,他具有自由的精神和自由的心灵:所以他的头脑只不过是他心灵的内脏,而他的心灵驱使他走向没落。

我爱所有那些人,他们犹如沉重的雨点,从悬于人类头顶的乌云中散落下来:它们预告着闪电之到来,而且作为预告者归于毁灭。

看哪,我是一个闪电预告者,来自乌云的一颗沉重雨点:而这闪电就叫超人。——

*

* *

五

查拉图斯特拉讲完这些话,又看着人群,归于沉默了。"他们站在那里,"他对自己的心灵说道,"他们讪笑了:他们弄不懂我,我的嘴对不上他们的耳朵。

难道我们首先不得不打破他们的耳朵,使他们学会用眼睛听话吗？难道我们必须像铙钹与劝人忏悔的牧师一样喧哗吗？抑或他们只相信口吃者？

19　　他们拥有某种可骄傲的东西。然则他们怎样称呼这种使他们感到骄傲的东西呢？他们称之为教养，这种东西使他们卓然有别于牧羊人。

因此，关于自身，他们不愿听到'轻蔑'一词。于是我就要冲着他们的骄傲来说话。

于是我就要跟他们说最可轻蔑者：而那就是末人。"

查拉图斯特拉对人群如是说：

是人类为自己确定目标的时候了。是人类栽培他最高希望的萌芽的时候了。

为此他的土壤还是足够肥沃的。但有朝一日，这土壤会变得贫瘠而温顺，再也不能从中长出任何高大的树木。

啊！人类再也不能射出他那渴望超越自己的飞箭的时候正在到来，人类的弓弦已经忘掉了嗖嗖之声！

我要对你们说：人身上还必须有一种混沌，才能够孕育出一颗飞舞的星球。我要对你们说：你们身上还有一种混沌。

啊！人类再也不能孕育任何星球的时候正在到来。啊！那最可轻蔑的人的时代正在到来，他将再也不能轻蔑自己。

看哪！我要向你们指出那末人。

"什么是爱情？什么是创造？什么是渴望？什么是星球？"——末人如是问，眨巴着眼睛。

于是大地变小了，使一切变小的末人就在上面跳跃。他的种族就如同跳蚤一般不可灭绝；末人活得最久长。

"我们发明了幸福"——末人说,眨巴着眼睛。

他们已经离弃了那难于生活的地带:因为他们需要热量。人们还爱着邻人,与邻人相摩擦:因为他们需要热量。

他们把生病和怀疑视为罪恶:人们小心翼翼地走过来。一个甚至还会在石头或者人身上绊倒的笨蛋!

偶尔吃一点点毒药:这将给人带来适意的梦。最后吃大量毒药,就会导致一种适意的死亡。

人们还在工作,因为工作是一种消遣。但人们要设法做到这种消遣不至于伤人。

人们不再变得富有,也不再变得贫困:两者都太辛苦了。谁还愿意统治啊?谁还愿意服从啊?两者都太辛苦了。

没有牧人,而只有一个牧群!人人都要平等,人人都是平等的:谁若有别样感受,就得自愿进入疯人院。

"从前人人都是发疯的"——最精明者说,而且眨巴着眼睛。

人们是聪明的,知道一切发生之事:人们就这样没完没了地嘲弄。人们依然在争吵,但很快言归于好——不然这是要坏了肠胃的。

人们在白昼有自己小小的快乐,在夜里也有自己的丁点乐趣:但人们重视健康。

"我们发明了幸福"——末人说,并且眨巴着眼睛。——

至此,查拉图斯特拉的第一个演讲结束了,这个演讲也被叫做"开场白":因为到这地方,人群的叫喊和兴致打断了他。"把这个末人给我们吧,查拉图斯特拉啊"——他们叫喊起来——"把我们弄成这种末人吧！我们就可以把超人送给你了！"群众全体欢欣鼓舞,发出啧啧咂舌之声。但查拉图斯特拉变得悲伤了,他对自己的心灵说道：

他们弄不懂我：我的嘴对不上他们的耳朵。

可能我在山里生活得太久了,我听了太多的潺潺溪流和阵阵林涛：现在我跟他们讲话,犹如向牧羊人讲话一般。

我的灵魂平静而明亮,犹如上午的群山。但他们以为,我是冷酷的,是一个极其恶作剧的讥讽者。

而现在他们盯着我,发出笑声：他们笑着还仇视于我。那就是含在他们笑里的冰霜。

*

* *

六

但这时候发生了某件事情,使人人瞠目结舌了。因为这期间那个走绳演员已经开始了他的表演：他从一个小门走出来,踩上了一根系在两座塔之间的绳索,也就是悬在市场与群众上方的一根绳索。当他刚好走到中心时,小门又一次打开,跳出来一个彩衣少年,就像一个丑角,快步跟上前面那人。"向前啊,跛子,"这少年以可怕的声音喊道,"向前啊！懒鬼,黑市商人,小白脸！别让我用脚后跟踹你！你在这两塔之间做什么！你应该在塔里的,人们应当把你关起来,你阻碍了一个比你更好的人的自由轨道！"——而且他每喊一句话,就一步步越来越逼近他了：而当他到走绳演员身后只有一步之遥时,使人人瞠目结舌的可怕事情发生了:——他恶鬼似地大叫一声,跃过了前面挡着他路的人。而这个走绳演员看到他的对手胜利了,就乱了方寸,踩了个空;他扔掉了手里的平衡杆,手足乱舞,比杆子更快速地掉了下来。市场和群众犹如暴风雨袭来时的大海:全体乱作一团,四处逃散,尤其是在走绳演员的身体要坠落下来的地方。

而查拉图斯特拉却站着不动,那身体恰好就掉到他旁边,摔得厉害,伤筋动骨了,不过还没有一命呜呼。一会儿,这个受伤者醒了过来,看到查拉图斯特拉跪在他身旁。"你在这儿弄什么呢?"终于他说,"我早就知道魔鬼会拌我一腿的。现在他正把我拖向地狱:你想阻止他吗?"

"说老实话,朋友,"查拉图斯特拉答道,"你讲的一切都是没有的:没有什么魔鬼,也没有什么地狱。你的灵魂会比你的肉体更快死掉:现在你再不要怕什么了!"

这个走绳演员狐疑地望着他,然后说道:"如果你讲的是真相,那么,即使我丢了性命也没有丧失什么。我并不比一头动物强多少,差不多就是人们通过鞭笞和微薄饲料教出来的一头跳舞动物。"

"不对的,"查拉图斯特拉说,"你把危险弄成你的职业,这没什么可轻蔑的。现在你毁于自己的职业:为此我要亲手把你埋葬。"

查拉图斯特拉说了这话,垂死的走绳演员不再回答了;不过他移动自己的手,仿佛是要抓住查拉图斯特拉的手以示感谢。——

*
*　　*

七

此间暮色降临,市场已隐于黑暗中了:群众已经散去,因为即便好奇和惧怕也是令人疲惫的。查拉图斯特拉却席地坐在死者旁边,沉湎于思索:他就这样忘掉了时间。但最后,到了黑夜,一阵寒风吹过这位孤独者。查拉图斯特拉于是站了起来,对自己的心灵说道:

真的,查拉图斯特拉今天搞了一次漂亮的捕鱼!没捉到人,倒是捉到一具尸体。

人生此在①阴森可怕,而且还总是无意义的:一个丑角就可能成为人生的厄运。

我要把人类存在的意义教给人类:这种意义就是超人,那是来自乌云的闪电。

然则我仍远离于人类,我的心意不能向他们的心意倾诉。在他们看来,我依然处于一个傻瓜与一具尸体之间。

夜是暗的,查拉图斯特拉的路是暗的。来罢,你这冰冷而僵硬的同伴啊!我来背你,到我要亲手埋葬你的地方去罢。

*

* *

---

① 此处"人生此在"原文为 das menschliche Dasein,固然也可译为"人类生活、人类存在";下句的"存在"原文为 Sein。如何确当处理尼采文本中的"哲学术语",这对译者构成一个困难。——译注

八

查拉图斯特拉向自己的心灵说完这番话,便背负着尸体,上路了。他还没有走到百步之远,有一个人溜到他身旁,向他低声耳语——看哪!讲话的这个人就是塔里那个丑角。"查拉图斯特拉啊,离开这个城市吧!"这个丑角说;"这里有太多的人恨你。善人和正直者们恨你,他们把你称为他们的仇敌和轻蔑者;具有正宗信仰的信徒们恨你,他们把你称为群众的危险。人们嘲笑你,这是你的幸运;真的,你讲话就像一个丑角。你与这条死狗结伴,这是你的幸运;当你这样贬低自己时,你今天就挽救了自己。但离开这个城市吧——或者明天我要从你身上跳过去,一个活人跳过一个死人。"说完这话,那人便消失了;而查拉图斯特拉继续穿行于黑暗的胡同。

在城门口,查拉图斯特拉遇见了那些掘墓人:他们用火把照着他的脸,认出了查拉图斯特拉,便对他大加嘲弄。"查拉图斯特拉背走了这条死狗:好呀,查拉图斯特拉变成掘墓人了!因为要拿这块烂肉,我们的手太干净。查拉图斯特拉是想偷魔鬼的食物吧?那很好!那就祝好口福了!只要魔鬼不是一个比查拉图斯特拉更高明的偷儿!——他偷走他俩,他把他俩一起吃了!"他们互相笑着,交头接耳。

查拉图斯特拉一言未发,走他自己的路。走了两个钟头,走过森林和沼泽地,他听了太多饿狼的嚎叫,他自己也突然觉得饿了。于是他在一座亮着灯光的孤独小屋前停了下来。

饥饿像一个强盗向我袭来。查拉图斯特拉说,在森林和沼泽地,饥饿向我袭来,而且是在这深夜里。

我的饥饿有着奇怪的脾气。经常在饭后它就来了,而今天它却整天未出现:它待在哪儿呢?

于是查拉图斯特拉敲了小屋的门。一个老人出现在门口;他持着一盏灯,问道:"是谁来我这儿,来搅我不妙的睡梦呢?"

"一个活人和一个死者,"查拉图斯特拉说,"给我一点吃的和喝的吧,我白天忘吃喝了。凡给饥饿者膳食的,他便提升了自己的灵魂:有句格言这么说的。"

老人走开了,但很快又回来了,端给查拉图斯特拉面包和酒。"对饥饿者来说,这是一个凶险的地方,"老人说,"所以我住在这里。兽和人都到我这个隐士这儿来。不过也叫你的同伴吃点喝点吧,他比你更疲惫了。"查拉图斯特拉:"我的同伴已经死了,我难以劝他吃喝的。""这与我不相干,"老人气呼呼地说,"谁敲我的门,也就得接受我端给他的。吃吧,祝一路平安!"——

然后查拉图斯特拉又走了有两个小时,依着大道,迎着星光:因为他是一个惯于夜行的人,而且喜欢正视一切沉睡之物。而当晨光初露时,查拉图斯特拉已处于一片深林里,前面再也没有路了。他于是把死者放在一棵空树里,在自己脑袋上方——因为他要防饿狼来侵犯死者——,自己就躺在地面青苔上。他很快就入睡了,肉体疲惫,却有一个平静的灵魂。

*

*　　　　　*

九

查拉图斯特拉睡了很久,不仅曙光掠过他的面庞,而且上午也过去了。最后他的眼睛睁了开来:查拉图斯特拉惊奇地看着森林和一片寂静,又惊奇地看着自己。接着他迅速站了起来,犹如一个突然看到陆地的水手,而且欢呼起来:因为他看见了一个新的真理。他于是对自己的心灵说道:

我恍然大悟了:我需要同伴,活的同伴,——而不是死的同伴和尸体,任我带到我要去的地方。

我需要的乃是活的同伴,他们跟随我,因为他们愿意听从自己——到我要去的地方。

我恍然大悟了:查拉图斯特拉不该向群众讲话,而要向同伴讲话!查拉图斯特拉不该成为某个牧群的牧人和牧犬!

把许多人从牧群里引开——我是为此而来的。群众和牧群会对我发怒:查拉图斯特拉愿意把牧人们称为强盗。

我说的是牧人,但他们却自称为善人和正直者。我说的是牧人:但他们自称为正宗信仰的信徒。

看看这些善人和正直者吧!他们最恨谁呢?最恨那个打碎他们的价值招牌的人,那个破坏者,那个罪犯:——但那就是创造者。

看看形形色色信仰的信徒吧!他们最恨谁呢?最恨那个打碎他们的价值招牌的人,那个破坏者,那个罪犯:——但那就是创造者。

创造者寻求的是同伴,而不是尸体,而且也不是牧群和信徒。

创造者寻求的是共同创造者,那些把新价值记在新招牌上的人们。

创造者寻求的是同伴,以及共同收获者:因为在他那里,一切都成熟了,可以收获了。但他缺少百把镰刀:所以他拔掉麦穗,而且恼怒了。

创造者寻求的是同伴,以及那些善于磨镰刀的人。人们将把他们称为毁灭者以及善与恶的轻蔑者。但他们是收获者和庆祝者。

查拉图斯特拉寻求共同创造者,查拉图斯特拉寻求共同收获者和共同庆祝者:与牧群、牧人、尸体在一起,他能创造什么啊!

而你,我的第一个同伴,祝你平安吧!我已经把你埋好在空树里,我已经把你藏好了,免于饿狼侵犯了。

但我要与你分手了,时候到了。在曙光与曙光之间,我得到了一个新的真理。

我不该是牧人,不该是掘墓人。我不愿再次与群众讲话;我已经最后一次对一个死者说话了。

我要与创造者、收获者、庆祝者为伍:我要向他们指出彩虹,以及超人的全部阶梯。

我将为隐士唱我的歌,也为双栖者①唱我的歌;谁还能听闻所未闻的,我就要以我的祝福使他心生苦恼。

我要向我的目标前进,我要走自己的路;我将跳过踌躇者和拖拉者。就这样,让我的前进成为他们的没落!

---

① 此处"双栖者"原文为 Zweisiedler,为尼采根据"隐士"(Einsiedler)生造的词语。——译注

*
* *

十

太阳到正午时,查拉图斯特拉向自己的心灵说完了上面这番话:这时他疑惑地望着高空——因为他听到空中传来一声锐厉的鸟叫。看哪!一只鹰正在空中翱翔,兜着大圈子,而且身上还悬挂着一条蛇,这蛇似乎并不是它的猎物,而像是一个朋友,因为蛇就盘绕在它的头颈上。

"它们是我的动物!"查拉图斯特拉说道,心中充满了喜悦。

太阳下最高傲的动物,太阳下最聪明的动物啊——它们外出探听消息。

它们想要知道,查拉图斯特拉是不是还活着。说真的,我还活着吗?

我感到在人群中比在兽群里更危险,查拉图斯特拉行着危险的路。愿我的鹰和蛇来引导我!

查拉图斯特拉说完这话,想起了森林里那位圣徒的说法,他于是叹息一声,对自己的心灵说道:

"但愿我更聪明些吧! 但愿我从骨子里成为聪明的,就像我的蛇!

然则我这是在祈求不可能的事;那么,我祈求我的高傲要永远伴随我的聪明!

如果有朝一日我的聪明弃我而去:——唉,它总喜欢逃遁！——但愿我的高傲还能与我的愚蠢一道飞扬！"

——于是查拉图斯特拉开始下山。

*

*　　　　　　*

查拉图斯特拉的演讲

1. 三种变形

我要向你们指出精神的三种变形:精神如何变成骆驼,骆驼如何变成狮子,狮子如何最后变成小孩。

精神有大量重负,那强壮而负重、蕴含着敬畏的精神:精神之强壮就要求重负和至重者。

什么是重的呢?负重的精神如是问,它像骆驼似的跪下,意愿满驮于背。

英雄们啊,至重者是什么呢?负重的精神如是问,使我把它承担,使我欢欣于自己的强壮。

难道它不就是:贬抑自身以损伤自己的高傲?展现自己的愚蠢以嘲讽自己的智慧?

抑或它就是:当我们的事业庆祝自己的胜利时与之告别?登上高山以试探那试探者?

抑或它就是:以知识的橡果和青草喂养自己,为了真理的缘故而让灵魂受饿?

抑或它就是:患病而把安慰者打发走,与那些永远听不到你之所愿的聋子结成友谊?

抑或它就是:跃入肮脏的水中,如果那是真理之水,而并不拒绝那冰冷的青蛙和温热的蟾蜍？

抑或它就是：热爱那些蔑视我们的人们，当鬼怪想要惊吓我们时，伸手给它？

所有这一切重负，都由负重的精神承担起来：就好像满驮着赶向沙漠的骆驼，负重的精神就这样赶向自己的沙漠。

而在最寂寥的沙漠中发生着第二种变形：精神在这里变成狮子，精神想要夺取自由而成为自己的沙漠的主人。

在这里，精神寻找它最后的主人：它意愿与之为敌，与它最后的上帝为敌，它意愿与巨龙争夺胜利。

精神不想再称为主人和上帝的巨龙是什么呢？这巨龙就叫做"你应当"。但狮子的精神却说"我意愿"。①

"你应当"躺在路上，金光闪闪，一头有鳞动物，每一片鳞上都闪烁着金色的"你应当！"

千年古老价值在这些鳞片上闪烁，这所有龙中最强大的龙如是说："事物的全部价值——在我身上闪烁。"

"一切价值都已经创造好了，而一切被创造的价值——就是我。真的，不应再有'我意愿'了！"这龙如是说。

兄弟们，精神中何以需要狮子呢？那断念而敬畏的可载重的动物有何不足吗？

创造新的价值——即便狮子也还不能：但为着新的创造而为自己创造自由——这是狮子的权力所能的。

为自己创造自由，也包括一种对义务的神圣否定：兄弟们，这

---

① 此处"你应当"德文原文为 Du-sollst，"我意愿"原文为 ich will。——译注

1.三种变形

是需要狮子的。

为自己取得创造新价值的权利——对于一种负重而敬畏的精神来说,此乃最可怕的获取。真的,对它来说,这是一种掠夺,一种掠夺性动物的行径。

它曾挚爱这种"你应当",以之为它的最神圣之物:现在它也还不得不在最神圣之物中寻找虚妄和肆意,使之能从自己的挚爱中夺取自由:为这种夺取,便需要狮子。

然而,兄弟们啊,请说说小孩还能做什么连狮子都不能做的事?何以掠夺性的狮子必得变成小孩呢?

小孩乃是无辜和遗忘,一个新开端,一种游戏,一个自转的轮子,一种原初的运动,一种神圣的肯定。

的确,兄弟们,为着创造的游戏,需要有一种神圣的肯定:精神现在意愿它自己的意志,丧失世界者要赢获它自己的世界。

我已经向你们指出了精神的三种变形:精神如何变成骆驼,骆驼如何变成狮子,狮子如何最后变成小孩。——

查拉图斯特拉如是说。那时他还待在城里,这城叫:彩牛。

*

* *

2.德性讲坛

人们向查拉图斯特拉称赞一位智者,这智者善于谈论睡眠和德性:他因此深受崇敬和酬谢,全体少年皆端坐于他的讲坛前。查拉图斯特拉也到这位智者那儿,与全体少年一起端坐于他的讲坛前。而这位智者如是说:

尊崇睡眠,而且对睡眠保持羞怯心吧!这是头等要事!要避开所有睡不好和夜间清醒的人们!

窃贼对于睡眠尚且持有羞怯心:他总是轻手轻脚地在夜间行窃。而守夜者却是毫无羞怯的,他毫无羞怯地持着自己的号角。

睡眠绝不是一件小玩意儿:为了睡好,就必须有白昼整天的清醒。

你必须在白天克制自己十次:这造成一种美好的疲惫,是灵魂的罂粟。

你必须在白天调和自己十次;因为克制是一种痛苦,不调和者是睡不好的。

你必须在白天找到十种真理:否则你还要在夜间寻求真理,你的灵魂还是饥饿的。

你必须在白天大笑十次,并且欢快:否则肠胃这悲苦之父,就会在夜间扰乱你。

2.德性讲坛

少有人知道这一点:人要睡好,就必须拥有全部的德性。我将作伪证么?我将与人通奸么?

我将觊觎我邻居的婢女么?这一切都与好睡眠不相协调。

而且,即便人拥有了全部的德性,也还必须精通一点:打发德性在适当的时候去安睡。

使得各种德性不至于相互争吵,这些乖乖的小女人[①]!而且是为着你,你这不幸者啊!

与上帝和邻人和平相处:好睡眠就要求这样。还要与邻人的魔鬼和平相处!要不然,它会在夜间缠着你。

敬重上级,并且服从,即便对于不正的上级!好睡眠就要求这样。权势喜欢跛足而行,对此我能何为?

把羊群领到最绿的草地上去的,在我看来当被叫做最佳牧人:这是与好睡眠相协调的。

我不想要大量的荣誉,更不想要大财宝:这会使脾脏发炎。但没有一个好名声和一点小财宝,却是睡不好的。

较之一帮坏的朋友,我更欢迎一个小圈子:但他们须得恰当其时地往来。这样才与好睡眠相协调。

我也很喜欢精神上的贫者:他们能促进睡眠。特别是当人们承认他们总是正确时,他们是福乐的。

有德性者的白昼就是这样过的。如果现在夜晚到来,那我可能就要避免唤来睡眠!睡眠这个德性的主人,是不愿意被召唤的!

倒是我要想想我白昼所做所想的事。我要像一头牛一般有耐

---

① 德文中"德性"(die Tugend)阴性名词,故尼采名之为"小女人"。——译注

性,在反刍之际问自己:你的十次克制是哪些?

十次调和、十种真理,以及使我内心平和的十次大笑是哪些?

考量着这种种事体,摇晃于四十种想法,睡眠一下子向我袭来,这个不召自来者,这德性的主人。

睡眠叩着我的眼:我的眼于是变沉重了。睡眠触着我的唇:我的唇于是张开了。

真的,它蹑手蹑脚地向我走来,这窃贼中最可爱的窃贼,它偷走我的思想:我蠢笨地站在那儿,就像这讲坛一样。

但这时我站不了更久了:我已然躺在那儿。——

当查拉图斯特拉听了这位智者如是说法,他就在心里独自发笑:因为这时他已经恍然大悟了。他对自己的心灵如是说:

这位智者连同他的四十个想法,在我看来真是个傻子:但我相信,他是很精通睡眠的。

谁若居于这位智者近旁,他就是幸福的!这样一种睡眠是会传染的,即便隔着一层厚厚的墙壁也会传染。

甚至他的讲坛都含着一种魔力。少年们端坐在这位德性说教者面前,并非徒劳的。

他的智慧就是说:清醒,才能有好睡眠。说真的,倘若生命没有什么意义,而我不得不选择荒唐,那么在我看来,这也就是最值得选择的荒唐了。

现在我明白了,从前人们寻找德性的教师时,人们首先寻求的是什么。人们是为自己寻求好睡眠,加上罂粟花般的德性!

对于所有这些受称颂的讲坛智者来说,智慧乃是无梦的睡眠:他们全然不识生命的更好意义。

甚至在今天也还有少数人,有如这种德性说教者,却并非总是如此诚实了:不过他们的时代已经完了。他们站不了更久了:他们已然躺在那儿。

这些昏昏欲睡者是有福的:因为他们很快就要打瞌睡了。——

查拉图斯特拉如是说。

*

* *

3.彼世论者

从前,连查拉图斯特拉也如同所有彼世论者①,把自己的虚妄幻想抛到人类之外的彼岸。那时候,我觉得世界就是一个苦难的和受折磨的上帝的作品。

那时候,我觉得世界就是梦幻,是一个上帝的虚构;一个神性的不满足者眼前的彩色烟雾。

善与恶,乐与苦,我与你——我觉得都是创造者眼前的彩色烟雾。创造者意愿撇开自身,——于是他创造了世界。

撇开自己的痛苦并且失去自己,这对于苦难者乃是醉心的快乐。从前我也觉得世界是醉心的快乐和自身的丧失。

这个世界,这个永远不完满的世界,一种永恒的矛盾的映像,不完满的映像——对于其不完满的创造者而言,乃一种醉心的快乐:——从前我觉得世界就是这样的。

从前我也如同所有的彼世论者,就这样把自己的虚妄幻想抛到人类之外的彼岸。是真的抛到人类之外的彼岸了吗?

啊,兄弟们,我所创造的这个上帝,如同所有神祇一样,是人类

---

① 此处"彼世论者"原文为 Hinterweltler,按字面义可直译为"后世论者",似也可译为"遁世者、隐秘世界论者"。尼采以此指那些相信在虚妄的此世背后有一个真实的世界("另一个世界")的人们。——译注

3. 彼世论者

的作品和人类的疯狂!

他原是人类,而且只不过是人类和自我的可怜的一部分:在我看来,他来自人类自己的灰烬和火焰,这鬼魂,而且真的! 他并非来自彼岸!

发生了什么事啊,我的兄弟们? 我克服了自己,我这个苦难者,我把我自己的灰烬搬到了山林,我为自己发明了更光亮的火焰。看哪! 这鬼魂于是离开了我!

现在,相信这种鬼魂,于我而言许是痛苦,于痊愈者而言许是折磨:现在于我许是痛苦和侮辱。我对彼世论者如是说。

那是痛苦和无能——它创造了全部的彼世;以及那种唯有最苦难者才能经验到的幸福的短暂疯狂。

想一跃、致命一跃达到终极的疲倦,一种可怜的、无知的甚至不愿再意愿的疲惫:它创造了所有的诸神和彼世。

相信我,我的兄弟们! 这身体已经对身体绝望,——它用受迷惑的精神的手指摸索着最后的墙壁。

相信我,我的兄弟们! 这身体已经对大地绝望,——它听到存在之腹(Bauch des Seins)对自己说话。

而且它意愿以头颅穿透最后的墙壁,不光是用头颅,——穿越到"那个世界"。

然则"那个世界"却完全对人类蔽而不显,那个非人化的、无人性的世界,它乃是一种天上的虚无;除非作为人类,存在之腹甚至不对人类说话。

真的,一切存在都是难以证明的,也是难以言说的。告诉我,兄弟们,难道一切事物中最神奇者不是依然得到了最佳的证明吗?

是的,这个自我,以及自我的矛盾和纷乱,依然最诚实地言说它的存在,这个创造着、意愿着、评价着的自我,它是事物的尺度和价值。

而且,这种最诚实的存在,即自我——即便当它作诗和狂热时,当它以断翅扑飞时,它也言说着身体,依然意愿着身体。

这个自我总是越来越诚实地学习言说;而且它学的越多,就越能为身体和大地找到词彩和光荣。

我的自我教我一种全新的高傲,我又把它教给人类:不再把头埋入天上事物的沙堆里,而是要自由地昂起头来,一个为大地创造意义的大地上的头!

我教人类一种全新的意志:意愿这条人类盲目地走过的道路,承认这条道路是好的,不再像患病者和垂死者那样悄然离开这条道路!

患病者和垂死者就是那些人,他们蔑视身体和大地,发明了天国和救赎的血滴:但这种甜蜜而阴郁的毒药,他们也还是从身体和大地中获取!

他们本想逃离自己的困苦,而星球离他们太遥远了。于是他们叹息:"啊,但愿有天国的道路呢,使我们得以溜到另一存在和幸福里!"——他们于是为自己发明了一些诡计和带血的小饮料!

他们幻想已经脱离了自己的身体和这片大地,这些忘恩负义的人。然则他们脱离时的痉挛和狂欢归功于谁呢?归功于他们的身体和这片大地。

查拉图斯特拉对患病者是宽厚的。真的,他并没有对他们的安慰态度和忘恩负义态度发怒。但愿他们变成痊愈者和克服者,

3. 彼世论者

并且为自己创造一个更高等的身体!

查拉图斯特拉对痊愈者也不恼怒,即便痊愈者温柔地盯着自己的幻想,半夜里潜行于他的上帝的坟墓周围:但在我看来,甚至他的眼泪也仍然是疾病和病态的身体。

在作诗和渴求上帝的人中间,总是有大量病态的民众;他们恼怒地仇恨认识者,以及德性中那最新的一种,那就是:诚实。

他们总是回顾黑暗的时代:诚然,那时幻想与信仰是不同的东西;理性的错乱乃是类似于上帝的状态,怀疑就是罪恶。

我太清楚地认识这些类似于上帝的人:他们想要人相信他们,怀疑就是罪恶。我也太清楚地知道,他们自己最相信什么。

委实不是相信彼世和救赎的血滴:而不如说,他们最相信身体,对他们来说,他们自己的身体就是他们的自在之物。

然而,身体对他们来说乃是一个病态的东西:而且他们愿意脱去这皮囊。因此,他们倾听死亡的说教者,自己也说教和宣讲彼世。

我的兄弟们啊,宁可倾听那健康身体的声音:这是一种更诚实和更纯粹的声音。

健康的身体,那完满而方正的身体,说起话来更诚实也更纯粹:而且它说的是大地的意义。

查拉图斯特拉如是说。

*

*　　　　　*

4.身体的蔑视者

我要对身体的蔑视者讲句话。在我看来,他们不必改变自己的学和教,而只需向他们自己的身体告别——而且就这样变得默然无声。

"我是身体也是灵魂"——小孩子说。为什么人们不能像小孩子一样来说话呢?

但觉悟者、明智者却说:我完完全全地是身体,此外什么也不是;而且,灵魂只不过是表示身体上某个东西的词语。

身体是一种伟大的理性,一种具有单一意义的杂多,一种战争和一种和平,一个牧群和一个牧人。

我的兄弟啊,甚至你的小小理性,你所谓的"精神",也是你的身体的工具,你的伟大理性的一个小小工具和玩具。

你说"自我",而且以此字眼为骄傲。但你不愿意相信的更伟大的东西,乃是你的身体及其伟大理性:它不是说自我,而是做自我。

感官所感受的东西,精神所认识的东西,就自身而言是从来没有终点的。但感官和精神想要说服你,使你相信它们是万物的终点:它们就是这样的自负。

感官和精神乃是工具和玩具:在它们背后还有自身。这个自

4.身体的蔑视者

身也以感官的眼睛寻找,也以精神的耳朵倾听。

这个自身总是倾听和寻找:它进行比较、强制、征服、摧毁。它统治着,也是自我的统治者。

我的兄弟啊,在你的思想和感情背后,站立着一个强大的主宰,一个不熟悉的智者——那就是自身。它寓居于你的身体中,它就是你的身体。

你身体里的理性比你的最高智慧里的理性更丰富。还有,究竟谁知道何以你的身体恰恰需要你的最高智慧呢?

你的自身嘲笑你的自我及其骄傲的跳跃。[①] 它自言自语道:"思想的这种跳跃和飞翔对我来说是什么呢?达到我的目的的一条弯路而已。我是自我的襻带,以及自我概念的教唆者。"

自身对自我说:"在这里感受痛苦吧!"于是自我便受苦了,并且思索自己如何不再受苦——它正应该为此而思考。

自身对自我说:"在这里感受快乐吧!"于是自我便快乐起来,并且思索自己如何还常有快乐——它正应该为此而思考。

我要对身体的蔑视者讲一句话。他们蔑视,这一点构成他们的尊重。是什么创造了尊重、蔑视、价值和意志?

创造性的自身为自己创造了尊重和蔑视,为自己创造了快乐和痛苦。创造性的身体为自己创造了精神,作为其意志之手。

你们这些身体的蔑视者啊,即便在你们的愚蠢和蔑视中,你们也效力于你们的自身。我告诉你们:你们的自身本身就意愿死去,

---

① 此句中的"自身"原文为 das Selbst,"自我"原文为 das Ich,两者之间有原则性的差别。——译注

背弃生命。

它不再能做自己最喜欢做的事：——超出自身之外进行创造。这是它最喜欢做的事，这是它全部的热情。

但现在要他做到这一点，已经为时过晚了：——所以你们的自身意愿没落，你们这些身体的蔑视者啊。

你们的自身意愿没落，而且因此你们就成了肉体的蔑视者！因为你们不再能超出自身进行创造。

而且因此，你们现在恼怒于生命和大地。在你们的蔑视的睥睨目光中，含着一种不自觉的妒忌。

你们这些身体的蔑视者啊，我不会走上你们的道路！在我，你们绝不是一座通向超人的桥梁！——

查拉图斯特拉如是说。

*

* *

5.快乐与热情

我的兄弟啊,如果你有一种德性,而且它就是你的德性,那么不要与任何人共有之。

诚然,你想直呼它的名字,并且爱抚之;你想扯它的耳朵,与它消遣。

看哪!现在你与民众共同拥有它的名字,以你的德性,你已经变成了民众和牧群!

你更好的做法是说:"使我的灵魂痛苦和甜蜜的东西,使我的内脏饥饿的东西,是不可言说的,是无名的。"

且让你的德性变得过于高贵,容不下名字的亲密性;而且如果你必须谈论它,你也不必羞于对它的结结巴巴的谈论。

你就这样结结巴巴地说:"这就是我的善,我热爱它,所以它十分讨我喜欢,所以只有我意愿这种善。

我并不是意愿它作为上帝的律法,我不是意愿它作为人类的规章和必需;对我来说,它绝不是超尘世和天堂的指南。

那是我所爱的地上的德性:其中少有聪明,最少见所有人的理性。

然而这只鸟儿在我身旁筑了自己的巢:因此我热爱它并且拥抱它,——现在它待在我身旁孵着金卵。"

你应当这样结结巴巴地说,赞颂你的德性。

从前你拥有种种热情,并且把它们称为恶的。而现在你只还有你的德性:它们生长于你们的热情。

你曾让这种种热情来照料你的最高目标:它们于是变成了你的德性和快乐。

而且,无论你是出于暴躁者种类,还是出于淫欲者种类,抑或迷信者种类,抑或复仇者种类:

到最后,你的所有热情都变成了德性,你的所有魔鬼都变成了天使。

从前你的地窖里有野犬:但到最后,它们转变为鸟儿和可爱的歌者了。

你从你的毒药中提炼出了你的香膏;你曾挤出了痛苦母牛的乳汁,——现在你畅饮它们乳房里的甜奶。

从此以后,你身上再也不会产生恶,除非是从你的德性的斗争中产生的恶。

我的兄弟啊,如果你走运的话,你只要有一种德性,而用不着更多:这样你更容易穿越那桥梁。

拥有大量德性是出众的,但却是一种艰难的命运;而且有些人因为倦于充当种种德性的战役和战场,就走进了荒漠,在那里自杀了。

我的兄弟啊,战争和战役是恶的吗?但这种恶是必要的,你的种种德性中间的妒忌、猜疑和毁谤也是必要的。

看哪,你的每一种德性是怎样渴求着至高的东西:它意愿你整个的精神做它的先行者,它意愿你在愤怒、仇恨和爱情方面的全部力量。

每一种德性对另一种德性都是妒忌的,而妒忌是一种可怕的东西。种种德性也可能毁于妒忌。

谁若为妒忌之火焰所包围,他最后就会像蝎子一样,以毒刺来蜇自己。

啊,我的兄弟,你还从未见过一种德性的自谤和自蜇吗?

人类是某种必须被克服掉的东西:因此你应当热爱你的德性,——因为你将毁于自己的德性。——

查拉图斯特拉如是说。

✳

✳　　　　　　　　✳

6.苍白的罪犯

你们这些法官和献祭者啊,在动物没有俯首之前,你们是不愿意杀它的吧?看哪,这苍白的罪犯已经俯首了:他的眼睛道出了他的大蔑视。

"我的自我是某种应当被克服的东西:在我,我的自我就是对人类的大蔑视。"这眼睛道出这样的话。

他审判自己,这是他至高的时刻:别让崇高者重又回到他的卑下地位上!

对于这种苦于自身的人,除了速死是没有任何拯救之法的。

法官们啊,你们的杀戮当是一种同情而不是报复。而且由于你们杀戮,你们可得留意亲自为生命辩护!

你们与你们要杀戮的人和解,这是不够的。且让你们的悲哀化为对超人的爱吧:你们就这样为自己的苟且偷生作了辩护!

你们当说"仇敌"而不说"恶棍";你们当说"病人"而不说"流氓";你们当说"傻瓜"而不说"罪人"。

还有你,赤红的法官啊,如果你想把你在思想中做过的一切事情高声说出来:那么人人都会高呼:"除却这种秽物和毒虫吧!"

然则思想是一回事,行为是一回事,行为的意象又是另一回事。因果之轮并不在它们之间旋转。

6.苍白的罪犯

一个意象使这苍白的人变得苍白。当他行为时,他是胜任自己的行为的;但当行为完成时,他却忍受不了行为的意象了。

他始终把自己看作某一种行为的行为者。我把这一点叫做疯狂:对他而言则是特例倒转为本性了。

一条粉线令母鸡迷惑;他发出的一击迷惑了他可怜的理性——我把这一点叫做行为之后的疯狂。

听啊,法官们!还有另一种疯狂:那就是行为之前的疯狂。啊!在我看,你们还没有足够深地探入这个灵魂!

红色法官如是说:"这罪犯倒是杀害了什么呀?他是想抢劫嘛。"但我要告诉你们:他的灵魂要的是鲜血,而不是要抢劫:他渴求的是刀子之福!

可是,他那可怜的理性并不了解这种疯狂,对他进行劝说。"鲜血算什么啊!难道你不想至少抢掠一下吗?来一次报复?"

他听从了他那可怜的理性:这理性的话铅一般沉重地压在他身上,——他于是在杀人时也行抢劫了。他不愿羞于自己的疯狂。

现在,他的罪责又铅一般重重地压在他身上了,而他那可怜的理性又是那么僵硬,那么麻痹,那么沉重。

只要他能摇头,他的重负就会滚落下来:但谁来摇这个头呢?

这个人是什么啊?是一堆疾病,它们通过精神蔓延于世:它们想在那里获取猎物。

这个人是什么啊?是一团野蛇,它们彼此间少有安宁,——它们于是分头出走,在世上寻找猎物。

看看这可怜的身体吧!它所忍受和渴求的东西,这可怜的灵魂对之作了解说,——解说为杀人的快乐和对刀子之福的渴求。

现在患病者,便为当今的恶所侵袭:他想以令他痛苦的东西使他人痛苦。然而有过别的时代,也有过别的恶与善。

从前,怀疑是恶的,力求自身的意志也是恶的。那时候,患病者变成了异端和巫婆:作为异端和巫婆,他忍受痛苦也想让人受苦。

而这话是你们不愿听的:你们对我说,它损害你们善人。但你们善人于我何干!

你们善人身上有许多东西令我厌恶,而且的确不是你们的恶。我倒是意愿他们会有一种疯狂,他们会因之而毁灭,有如这个苍白的罪犯!

真的,我意愿他们的疯狂就是真理,或者忠诚,或者公正:但他们有自己的德性,为的是能长久地生活,而且以一种可怜的惬意。

我是河流边的栏杆:谁能抓住我,就把我抓住吧!但我不是你们的拐杖。——

查拉图斯特拉如是说。

*

* *

7.读与写

一切写下来的东西当中,我只爱人们用自己的血写成的东西。用血写吧:而且你将体会到,血就是精神。

要领会异己的血是不容易的:我憎恨那些好读书的懒汉。

谁若了解读者,他就不再能为读者做什么了。还有一个世纪的读者——而且,精神本身也将发臭了。

人人都可以学会读书,长此以往,这不仅会败坏写作,也会败坏思想。

从前精神就是上帝,然后精神变成了人,现在甚至变成群氓了。

谁若用鲜血和格言写作,他就不愿被人阅读,而是要被人背诵的。

在群山中,最近的路程是从顶峰到顶峰:但为此你必须有长腿。格言当是山之顶峰:而领受这些格言者当是伟大而高强的人。

空气稀薄而纯洁,危险近在眼前,精神充满一种快乐的恶意:这些都相配得当。

我意愿地神们①簇拥着我,因为我是勇敢的。勇敢驱赶了鬼

---

① 地神们(Kobolde):德国古老民间传说中的家神、地神、小精灵。——译注

魅,而为自己创造出地神们,——这勇敢意愿大笑。

我不再与你们一起感觉:我看到下面的这片云,我嘲笑这片云的乌黑和沉重,——恰恰这就是你们的雷雨云。

当你们要求高升时,你们仰望上方。而我俯视下方,因为我已然高升。

你们当中谁能同时大笑又已然高升?

谁若攀上最高的山峰,他就能嘲笑一切悲哀之游戏和悲哀之严肃[1]。

勇敢地,无忧地,嘲讽地,强暴地——智慧意愿我们如此:智慧乃是一个女人,始终只爱着一个战士。

你们对我说:"生命是难以承受的。"然则何以你们上午趾高气扬而晚上谦恭有加呢?

生命是难以承受的:然则不要让我觉得如此地弱不禁风!我们全体都是可爱的负重的驴子。

我们与那玫瑰花苞有何共同之处,那因为身载一颗露珠而轻轻颤动的玫瑰花苞?

这是真的:我们爱生命,并不是因为我们习惯于生命,而是因为我们习惯于爱。

爱中往往有某种疯狂。而疯狂中也往往有某种理性。

而且即便在我看来,在我这个善待生命的人看来,蝴蝶和肥皂泡,以及人间与此相类的东西,似乎最懂得幸福。

---

[1] 此处"悲哀之游戏和悲哀之严肃"德语原文为 Trauer-Spiele und Trauer-Ernste。这是尼采搞的一个词语游戏,"悲哀之游戏"(Trauer-Spiele)出自"悲剧"(Trauerspiel),是表演的悲剧;而"悲哀之严肃"(Trauer-Ernste)为尼采所生造。——译注

看到这些轻佻而蠢笨、纤细而好动的小精灵翩翩飞舞——这诱使查拉图斯特拉落泪和歌唱。

我只会信仰一个善于跳舞的上帝。

而且当我看到我的魔鬼时,我感到它是严肃的、彻底的、深刻的、庄重的:此乃重力的精神,——万物都因之而下落。

不是用愤怒杀戮,而是用大笑杀戮。起来,让我们杀了这重力的精神!

我已经学会了行走:此后我要让自己跑起来。我已经学会了飞翔:此后我意愿不用推动就能起飞。

现在我轻逸了,现在我飞起来,现在我看到我在自己下面,现在有一个上帝在我心里舞蹈。

查拉图斯特拉如是说。

*

*　　　　　*

8. 山上的树

查拉图斯特拉眼见有一个少年躲开了他。有一天傍晚,他独自穿行于这个叫"彩牛"的城镇周围的山间:看哪,他在行走中发现了这个少年,他看到这少年正倚坐于一棵树旁,以疲惫的目光望着山谷。查拉图斯特拉抓住这少年倚坐的那棵树,如是说道:

倘若我想用双手摇动这棵树,那我是不能够做到的。

然而,我们看不见的风却能随心所欲地摇撼它,使它弯曲。最糟糕的是,我们被不可见的手所弯曲和摇撼。

这少年惊慌失措地站了起来,说道:"我听到查拉图斯特拉在讲话,我方才想着他呢。"查拉图斯特拉答道:

"你因此而害怕什么呢?——对人与对树却是一样的。

它越是想长到高处和光明处,它的根就越是力求扎入土里,扎到幽暗的深处,——深入到恶里去。"

"是的,深入到恶里去!"少年喊起来,"你如何可能发现我的灵魂呢?"

查拉图斯特拉微笑道:"许多灵魂是人们永远发现不了的,除非人们先把它们发明出来。"

"是的,深入到恶里去!"少年再次喊道。

"你说出了真理,查拉图斯特拉。自从我想升往高处,我就不

8. 山上的树

再信任自己了,也无人信任我了,——这到底是怎么回事啊?

我转变得太快了:我的今日反对我的昨日。当我攀登时,我经常跨越台阶,——没有一级台阶会原谅我的。

如果我在上面,我就发觉自己总是孑然一人。没有人跟我说话,寂寞的冰霜使我颤栗不已。我到底想在高处做什么呢?

我的蔑视与我的渴望共同生长。我攀升越高,就越是蔑视那正在攀登的人。他到底想在高处做什么呢?

我多么羞于自己的攀登和跟跄啊!我又怎样嘲弄自己的急喘啊!我多么憎恨那飞翔者啊!我在高处是多么疲惫啊!"

少年于此沉默下来。而查拉图斯特拉察看着他俩身旁的那棵树,如是说道:

这棵树孤独地生长在山间;它长得高过了人和兽。

倘若它想说话,没有人能弄懂它:它长得那么高。

现在它等啊等,——它到底在等什么呢?它住得太靠近云座了:兴许它是在等待第一道闪电?

当查拉图斯特拉说完这话,少年做着激烈的手势叫喊道:"是的,查拉图斯特拉,你讲的是真理。当我想达到高处时,我是渴求自己的没落,而你就是我等候的闪电!看哪,自从你出现在我们这里,我还算什么呀?正是对你的嫉妒毁掉了我!"——少年如是说,并且痛哭起来。而查拉图斯特拉用手臂挽住他,引他与自己一起走。

他俩一起走了一会儿,查拉图斯特拉又开始说道:

这使我心碎呢。比你的话语说得更好的,是你的目光告诉我你所有的危险。

你还是不自由的,你还在寻求自由。你的寻求使你筋疲力尽,而且过度清醒。

你想升往自由的高处,你的灵魂渴求着星辰。然则你恶劣的本能也渴求着自由。

你的野犬们想要获得自由;当你的精神力求解放一切牢狱时,它们在地窖里快乐地吠叫。

在我看来,你依然是一个为自己虚构自由的囚犯:啊,这种囚犯的灵魂变得聪明,但也变得奸诈和恶劣了。

精神获得解放者还必须净化自己。在他心里还留有许多禁锢和污泥:你的眼睛也还必须变得纯净。

是的,我知道你的危险。但凭着我的爱和希望,我恳求你:不要抛弃你的爱和希望!

你依然觉得自己高贵,即便其他人怨恨于你、把恶毒的目光投向你,他们也依然觉得你高贵。你要知道:在任何人的路上都挡着一个高贵者。

甚至在善人的路上也挡着一个高贵者:即便善人们把这个高贵者称为善人,他们也是想以此把他撇在一旁。

高贵者想要创造新事物,以及一种新的德性。善人却需要旧事物,保住旧事物。

但高贵者的危险不在于他会变成一个善人,而在于他会变成一个狂妄者,一个讥讽者,一个毁灭者。

啊!我知道那些丧失了至高希望的高贵者。现在他们诽谤一切崇高的希望。

现在他们放肆地生活在短暂的快乐中,而且几乎不去树立隔夜的目标。

"精神也是淫欲"——他们如是说。他们的精神于是折断了羽翼:现在他们爬来爬去,在咬啮中弄脏了。

从前他们想着做英雄:现在他们成了荒淫之徒。对他们来说,英雄就成了一种悲伤和一种恐惧。

然而,凭着我的爱和希望,我恳求你:不要抛弃你灵魂里的英雄! 神圣地保持你最高的希望!——

查拉图斯特拉如是说。

*

* *

9.死亡说教者

有死亡说教者：大地上也充斥着这样一些人，他们必定受劝告要抛弃生命。

大地上充斥着多余的人，生命已经被太多太多的人败坏了。但愿人们用"永生"把他们从这种生命中引诱开！

"黄色的"：人们这样来称呼死亡说教者，或者称之为"黑色的"。但我想以别种颜色把他们显示给你们。

有一些可怕者，他们内心带有猛兽，除了肉欲或自我折磨之外别无选择。而且，甚至他们的肉欲也还是自我折磨。

他们甚至还没有成为人类，这些可怕者：且让他们说教对生命的抛弃，自己也随之而去！

有一些灵魂的痨病患者：他们刚刚出生，就已经开始死亡了，渴望着有关厌倦和断念的学说。

他们情愿死亡，或许我们应当称赞他们的意志！我们要提防，不要唤醒这些死者，不要损坏了这些活棺材。

他们遇见一个病者，或一个老者，或一具尸体；他们立刻就说："生命已经被驳斥了！"

然而，只有他们自己被驳斥了，以及他们那只看到人生此在之一面的眼睛。

裹入浓厚的忧郁里,渴望着那些致命的偶然小事件:他们就这样等待着,咬牙切齿。

但或者:他们抓取糖果,同时嘲笑自己的孩子气:他们把生命悬于一根稻草上,嘲笑说自己还悬于一根稻草上。

他们的智慧说:"一个依然活着的蠢才,但我们正是这种蠢才!而这恰恰是生命中最愚蠢的东西!"

"生命只不过是痛苦!"——他人如是说,而且并没有说谎:那么倒是设法使你们终止吧!那么倒是设法使只不过是痛苦的生命终止吧!

而且你们的德性学说就是:"你应当杀死自己!你应当把你自己偷走!"——

"淫欲就是罪恶,"——有一些死亡说教者如是说——"让我们回避,不生孩子吧!"

"生育是辛苦的,"——另一些人说——"何以还要生育呢?人们只生出不幸者而已!"这些人也是死亡说教者。

"同情是必需的,"——第三批人如是说——"取去我所拥有的吧!取走我所是的吧!生命对我就会更少些约束!"

倘若他们彻头彻尾是同情者,那么他们就会使他们的邻人厌恶生命。为恶——这或许就是他们真正的善。

然而他们想要离弃生命:若是他们用锁链和赠物更牢固地约束了别人,那是他们不关心的!——

甚至包括你们,对你们来说,生命就是苦工和纷扰:你们不是十分厌倦于生命了么?你们不是已经十分成熟,足以领受死亡的说教了么?

你们所有人都喜爱苦工,都喜欢快速、新鲜、陌生之物,——你们无法忍受自己,你们的勤劳乃是逃避,以及力求遗忘自身的意志。

倘若你们更多地相信生命,你们就会更少投身于当下瞬间。但你们身上没有足够的内涵来等待——甚至不足以偷懒!

到处响起那些死亡说教者的声音:而大地上也充斥着这样一些人,他们必定要接受死亡说教。

或者说必定要接受"永生"说教:这对我是一样的,——只要他们快快离去!

查拉图斯特拉如是说。

*

*　　　　　　*

10.战争与战士

我们不想为我们最好的敌人所宽恕,也不想为我们打心眼里热爱的人们所保护。那么就让我来向你们说出真理吧!

我战争中的兄弟们啊! 我打心眼里爱你们,我过去是、现在依然是你们的同伴。我也是你们最好的敌人。那么就让我来向你们说出真理吧!

我懂得你们心里的怨恨和嫉妒。你们不至于伟大到足以不知道怨恨和嫉妒的程度。那么就要伟大到足以不对它们心生羞愧!

而且,如果你们不能成为知识的圣徒,那么至少要成为知识的战士。知识的战士乃是这样一种神圣性的伴侣和先驱。

我看到许多士兵:而我真希望看到许多战士! 人们把他们的穿着称为"制服"①:但愿他们以此隐藏的东西不是一式制服!

在我看来,你们应当成为这样一种人,这种人的眼睛总是在搜索一个仇敌——搜索你们的仇敌。而且你们当中的一些人,第一眼就生仇恨。

你们当寻找你们的仇敌,你们当作战,而且是为你们的思想而作战! 如果你们的思想落败,你们的诚实当依然高呼胜利!

---

① 原文为 Ein-form,可直译为"一种形式""一式"。——译注

你们当热爱和平，以之为新战争的手段。而且当爱短期的和平甚于长期的和平。

我不劝你们劳作，而要劝你们斗争。我不劝你们和平，而要劝你们战胜。你们的劳作就是一种斗争，你们的和平就是一种战胜！

如果人们拥有箭和弓，人们就只能沉默和静坐：不然人们就会胡说和争吵。你们的和平就是一种战胜！

你们说，好事就是甚至把战争都神圣化的事体吗？我要告诉你们：好的战争就是把任何事体都神圣化的战争。

比起博爱，战争和勇气做了更多伟大的事业。迄今为止，并非你们的同情，而是你们的勇敢，挽救了那些遇难者。

什么是好的？你们问。勇敢就是好的。让小姑娘们说："漂亮而又动人的，就是好的。"

人们说你们没心肠，冷酷无情：但你们的心是真实的，我爱你们那热诚的羞怯。你们羞于自己的涨潮，而他人羞于自己的退潮。

你们是丑恶的吗？那好吧，我的兄弟们！那么就拿崇高包裹你们，这丑恶者的外套！

而且当你们的灵魂变得伟大时，它也变得傲慢自负，在你们的崇高中含着一种恶意。我是知道你们的。

傲慢者与软弱者在恶意中相遇。但他们却相互误解。我是知道你们的。

你们只能拥有可憎恨的仇敌，而不能拥有可轻蔑的仇敌。你们必定为自己的仇敌骄傲：于是你们的仇敌的成功也是你们的成功。

反抗——这是奴隶的高贵。你们的高贵却是服从！你们的命令本身就是一种服从!

在一个好战士听来,"你应当"比"我意愿"更适意。而且你们喜爱的一切,你们应当首先让人下令给你们。

让你们对生命的爱成为对你们的最高希望的爱吧:让你们的最高希望成为生命的最高思想吧!

然而你们的最高思想,应当由我来命令你们——这个思想就是:人是某种应当被克服的东西。

那么就过着你们服从和战斗的生活吧!长命又有何相干!哪个战士想要受到保护!

我不保护你们,我打心眼里爱你们,我战争中的兄弟啊!——

查拉图斯特拉如是说。

*

* *

11. 新偶像

某个地方还有民族和人群,但不是我们这里,我的兄弟们:我们这里只有国家。

国家？这是什么呢？好吧！现在请张开你们的耳朵,因为现在我要来告诉你们诸民族的死灭。

国家乃是所有冷酷的怪物中最冷酷者。它也冷酷地说谎;而且这种谎言就从它口中爬出来:"我,国家,就是民族。"

这是谎言啊！创造者乃是那些人,他们创造了民族,并且把一种信仰和一种爱高悬于民族之上:他们就这样为生命效力。

破坏者乃是那些人,他们为多数人设下陷阱,并且把此类陷阱叫做国家:他们把一把剑和各种欲望悬于多数人之上。

民族依然存在的地方,民族是不理会国家的,民族仇视国家,视之为恶毒的目光,以及风俗和法律方面的罪过。

这个标志是我给你们的:每个民族都讲自己的善与恶的语言:相邻的民族并不理解它这种语言。每个民族都从风俗和法律中为自己发明了语言。

然而国家却用所有善与恶的语言说谎;而且不论它讲什么,它都在说谎——不论它拥有什么,都是它偷窃来的。

它身上的一切都是虚假的;这个咬人者用偷来的牙齿咬人。

甚至它的内脏也是虚假的。

善与恶的语言混乱:这个标志是我给你们的,作为国家的标志。真的,这个标志说明了求死亡的意志! 真的,它暗示着死亡的说教者!

太多太多的人们被生产出来:国家原是为这些多余者而发明的!

看哪,国家是怎样引诱这些多余者的,这些太多太多的人们! 国家是怎样吞食、咀嚼和再咀嚼他们的!

"大地上没有比我更伟大的:我就是上帝发号施令的手指"——这怪物如是嗥叫。而且不光是长耳者和短视者跪倒在地!

啊,甚至在你们身上,对你们这些伟大的灵魂,它也喃喃诉说着阴暗的谎言! 啊,它猜透了那些乐于挥霍自己的富有心灵!

是的,它甚至也猜透了你们,你们这些旧上帝的征服者! 你们在战斗中变得疲惫了,而现在,你们的疲惫还效力于新的偶像!

它想在自己周围树立起英雄和光荣者,这个新偶像! 它在良心的阳光里沾沾自喜,——这冷酷的怪物啊!

如果你们崇拜它,这个新偶像,它就愿意给你们一切:于是它就收购了你们德性的光辉和你们高傲的目光。

它要用你们去引诱太多太多的人们! 是的,在那里早已发明了一种地狱的绝招,一匹死亡之马,在神性荣耀的盛装中发出铿锵之声!

是的,在那里早已发明了许多人的死亡,一种把自己当作生命来颂扬的死亡:说真的,对于一切死亡的说教者,此乃一种衷心的服役！

我所谓的国家，是所有好人和坏人皆成为饮毒者的地方：国家就是好人和坏人统统丧失自己的地方；国家就是人人都慢性自杀的地方——这竟被叫做"生活"。

且来看看这些多余者吧！他们偷窃了那发明者的工作和智慧者的宝物；他们把这种偷窃称为教养——而且在他们看来，一切皆成为疾病和灾殃！

且来看看这些多余者吧！他们总是患病，他们吐出自己的胆汁，并且称之为报纸。他们自相吞食，但根本不能消化。

且来看看这些多余者吧！他们获取财富，因此变得越来越贫困。他们谋求权力，首先是权力的铁棒，大量金钱，——这些无能者啊！

看看他们爬行吧，这些敏捷的猴子们！他们在爬行中互相践踏，就这样扭扯于泥淖和深渊。

他们都想要登上王位：此乃他们的疯狂，——仿佛幸福就端坐于王位上面！其实坐在王位上的经常是烂泥——而且王位也往往在烂泥里。

在我看来，他们统统是一些疯子，爬行的猴子和过度狂热者。他们的偶像发出恶臭，那冷酷的怪物；他们统统在一起发出恶臭，这些偶像崇拜者。

我的兄弟们，莫非你们愿意在他们的嘴巴和肉欲的臭气中窒息！宁可破窗而出，跳到旷野！

避开这恶臭吧！远离了多余者的偶像崇拜吧！

避开这恶臭吧！远离了这些人类祭品的雾气吧！

即便现在,大地也依然为伟大的灵魂敞开。依然有许多空位,留给孤独者和成双结对者,而静默大海的气息就围绕着他们吹拂。

一种自由的生活依然为伟大的灵魂敞开。真的,谁若鲜有占有,他也就愈少被占有:让轻微的贫困受到祝福吧!

国家终止之处,才开始有并非多余的人:那儿才开始有必需者之歌,那独一无二、无可替代的曲子。

国家终止之处,——倒是看哪,我的兄弟们!你们没有看到超人的彩虹和桥梁吗?——

查拉图斯特拉如是说。

＊

＊　　　　　＊

12.市场上的苍蝇

我的朋友,逃到你的寂寞里去吧!我看到你被大人物的喧嚣震聋了耳,被小人物们的针刺刺破了。

树林和岩石,知道威严地对你沉默。再学学你热爱的那棵枝繁叶茂的大树吧:它静静地聆听着,俯身于海面上。

寂寞结束处,市场开始了;而市场开始处,也就开始了大戏子的喧嚣和毒蝇们的嘤嘤。

世上最好的事物,若是没有人首先把它表演出来,也是毫无用场的:民众把这些表演者叫做大人物。

民众理解不了伟大之为伟大,即:创造者。然则对所有伟大事物的表演者和戏子,民众却是兴味盎然。

世界围着新价值的发明者打转:——它不可见地旋转。但围着戏子打转的却是民众和荣誉:这就是世界进程。

戏子也有精神,但少有精神的良知。他总是相信那个最强烈地使他相信的东西,——使他相信自己的东西!

明天他将有一种新的信仰,后天将有一种更新的信仰。与民众一样,他有着敏锐的感官,多变的嗅觉。

颠倒——这在他就意味着:证明。使人发疯——这在他就意味着:使人信服。而且,鲜血被他视为一切理由中最佳的理由。

12.市场上的苍蝇

一个只能进入精微的耳朵中的真理,他称之为谎言和虚无。真的,他只相信在世间闹出大声响的上帝!

市场上充斥着郑重其事的丑角——而民众炫耀自己的大人物! 在民众看来,大人物们就是当今的主人。

然则时间挤迫他们:他们于是挤逼你。甚至关于你,他们也意愿肯定或者否定。啊,你愿意把你的椅子置于赞成与反对之间吗?

你这个真理爱好者啊,不要因为这些绝对者和挤迫者而心生嫉妒! 还从未有真理系于一个绝对者之手臂。

由于这些突如其来者,回到你的安全中去吧:唯有在市场上,人们才会被"是?"或者"否?"所袭击。

对于一切深井,体验是缓慢的:深井必须长期等候,直到它们知道什么东西掉到它们的深处了。

离开市场和荣誉,才有一切伟大的东西:新价值的发明者向来居住在远离市场和荣誉的地方。

我的朋友,逃到你的寂寞里去吧:我看到你被毒蝇刺破了。逃到刺骨的强风吹拂的地方去吧!

逃到你的寂寞里去吧! 你与渺小者和可怜虫生活得太近了。逃离他们不可见的报复! 对于你,他们除了报复再无别的。

不要再抬手去打击他们! 他们是数不胜数的,而你的命运并不是成为蝇拍。

这些渺小者和可怜虫多到数不胜数;一些雄伟的建筑已经因雨点和恶草而致毁坏。

你不是一块石块,但你已经为大量雨点滴穿。你还将被大量雨点滴破而碎裂。

我看到你因毒蝇而疲惫不堪,我看到你身上有许多创口鲜血直流;而你的高傲竟让你不能发怒。

它们全然无辜地要你的血,它们贫血的灵魂渴求鲜血——因而它们全然无辜地刺咬。

但是,你这个深沉者,小小的创伤也使你深深地受苦;而且在你被治好之前,同样的毒虫爬上了你的手。

在我看来,你是太高傲了,不至于杀死这些贪食者。但你得小心提防,不要让承担它们全部的恶毒和不公成为你的厄运!

它们围着你嗡嗡地赞颂你:它们的赞颂乃是一种纠缠。它们是要接近你的皮和血。

它们谄媚于你,好比谄媚于一个上帝或者魔鬼;他们对你哀哭,有如向一个上帝或者魔鬼哀哭。这是怎么搞的啊!它们是谄媚者和哀哭者,此外无他。

它们对你也常常表现得可爱可亲。而这始终是怯懦者的聪明。是的!怯懦者是聪明的!

它们常常以褊狭的灵魂思索于你,——它们总是觉得你可疑!一切被深思熟虑的东西都是可疑的。

它们为你的一切德性而惩罚你。它们从内心深处宽宥你——只是宽宥你的过失。

因为你温和而正直,你便会说:"对于它们卑微的此在生活,它们是无辜的。"但它们褊狭的灵魂却在思忖:"一切伟大的此在生活都是有罪责的。"

即便你对它们温和有加,它们也还感到自己为你所轻蔑了;它们以隐秘的伤害来回报你的善行。

你无言的高傲总是与它们的趣味相背逆；一旦你谦卑到空虚无谓时，它们便幸灾乐祸了。

我们从一个人身上认出什么，我们也能在他那儿把它点燃。所以小心提防小人们吧！

在你面前他们感到自己渺小，他们的卑劣以不可见的报复向你闪烁和燃烧。

难道你没有察觉到，当你走近他们时，他们往往变得哑然无声，他们的力量离开他们，有如正在熄灭的火的余烟？

是的，我的朋友，你是你邻人的坏良心：因为他们配不上你。所以他们仇恨你，喜欢吸你的血。

你的邻人们将永远是一些毒蝇；你身上伟大的东西，——它本身必使它们变得更毒，使它们越来越成其为苍蝇。

我的朋友，逃到你的寂寞里去吧，逃到刺骨的强风吹拂的地方去吧。你的命运并不是成为蝇拍。——

查拉图斯特拉如是说。

＊

＊　　　　　　　　　＊

13.贞洁

我爱森林。在城市里生活是不妙的:在那里有太多发情的人们。

落在一个谋杀者手里,不是比落在一个发情的女人梦里更好些吗?

你们倒是来看看这些男人们啊:他们的眼睛道出这一点——他们不知道世上还有比与一个女人同床共枕更好的事体。

他们的灵魂深处满是烂泥;而且,如若他们的烂泥竟也有精神,那是多么不幸啊!

但愿你们是完满的,至少作为动物!可是动物也有天真无邪之心。

我劝告你们消灭官能么?我劝告你们要保持官能的天真无邪。

我劝告你们保持贞洁么?贞洁在一些人那里是一种德性,而在多数人那里差不多是一种恶习。

这多数人固然能节制自己:但肉欲这只母狗却根据他们所做的一切嫉妒地观望。

甚至进入他们的德性高峰,直至冷酷的灵魂,这只兽及其不满也一直跟随着他们。

13.贞洁

当肉欲这只母狗得不到一块肉时,它懂得多么听话地乞讨一块精神啊!

你们爱悲剧和一切令人心碎的东西吗?但我却不信任你们那只母狗。

在我看,你们的眼睛太过残忍,贪婪地盯着受苦受难者。难道不光是你们的淫欲把自己伪装起来,自诩为怜悯吗?

我也给你们这个譬喻:想要驱赶魔鬼的不在少数,自己却落入猪猡堆里了。

谁若感到贞洁难守,就应当劝阻他去坚守贞洁:以免贞洁成为通向地狱之路——也就是通向灵魂的烂泥和情欲。

我在说肮脏的事物吗?在我看,这并非最坏的东西。

不是因为真理是肮脏的,而是因为真理是浅薄的,认识者才不愿跃入真理之水中。

真的,有骨子里的贞洁者:他们的心灵更温和,他们比你们笑得更可爱、更丰富。

他们也嘲笑贞洁,并且问:"什么是贞洁啊?"

"贞洁不就是愚蠢吗?但却是这种愚蠢走向我们,而不是我们向它走去。

我们为这位客人提供了客栈和心灵:现在他就住在我们这里,——他愿待多久,就让他待多久吧!"

查拉图斯特拉如是说。

*

* *

14. 朋友

"我周围有一个人就总是太多了"——隐士如是思忖。"总是一次一个——长此以往,就成了两个!"

我与我自己①总是过于热忱地在交谈:倘若没有一个朋友,如何受得了呢?

对于隐士来说,朋友始终是第三者:这个第三者乃是一块软木,它阻碍着两人的交谈沉入深渊。

啊,对所有隐士们来说,有太多的深渊。因此,他们是多么渴望一个朋友及其高度。

我们对他人的相信透露出,我们乐于在哪一点上相信我们自己。我们对朋友的渴望就是我们的透露者。

人们常常借助于爱来单纯地跳越嫉妒。人们时常进攻,为自己树敌,为的是掩盖一点,即:自己是可攻击的。

"至少要做我的仇敌吧!"——真正的敬畏如是说,那不敢乞求友谊的敬畏。

如果人们想要有一个朋友,也就必须愿意为朋友作战:而为了作战,人们必须能够成为仇敌。

---

① 此处"我"(Ich)为第一格(主格);"我自己"(Mich)为第四格(宾格)。——译注

14. 朋友

人们应当在自己的朋友身上依然崇敬仇敌。你能够紧密靠近你的朋友而不去触犯他吗?

人们应当在自己的朋友身上拥有自己的最佳仇敌。当你反对他的时候,你应当最亲密地用心接近他。

你愿意在自己的朋友面前一丝不挂吗?向你的朋友显露你的本来样子,这是对他的崇敬么?但他却因此希望你见鬼去!

谁若对自己毫不隐讳,就会令人气愤:于是你们很有惧怕裸体的理由了!是的,倘若你们是神祇,你们就会为你们穿衣服而羞惭。

为你的朋友,你打扮得唯恐不够美:因为对你的朋友来说,你当成为一支箭,以及一种对超人的渴望。

你看见过你朋友的睡态吗,——为了你能经验到他的样子?你朋友的相貌到底是什么样的?那是你自己的相貌,照在一面粗糙而不完满的镜子上。

你看见过你朋友的睡态吗?难道你不曾为你朋友这般样子而吃惊吗?啊,我的朋友,人是某种必须被克服的东西。

朋友应当成为猜度和沉默方面的行家:你必定并不想要看到一切。你的梦当向你透露出你朋友在清醒时的所作所为。

且让你的同情成为一种猜度:你才知道你的朋友是否意愿你的同情。也许他爱你不屈的眼睛和永恒的目光。

对朋友的同情隐藏在一个会让你咬碎一颗牙齿的硬壳里面。于是它就将拥有自己的精细和甜蜜。

对你的朋友来说,你是新鲜空气、寂寞、面包和药物吗?有些人不能解脱自己的锁链,但对朋友而言却是一个解救者。

你是一个奴隶吗？那么你就不可能成为朋友。你是一个暴君吗？那么你就不可能有朋友。

太久了，女人身上隐藏着一个奴隶与一个暴君。因此女人还不能胜任友谊：她只知道恋爱。

在女人的爱情中含有一种对她不爱的一切的不公和盲目。即便在女人自觉的恋爱里，也仍然永远还有光明之外的突袭、闪电和黑夜。

女人还不能胜任友谊：她们永远还是猫和鸟。或者充其量是母牛。

女人还不能胜任友谊。但告诉我，你们男人们，你们当中到底谁胜任友谊呢？

你们男人们啊，你们多么贫困，你们的灵魂多么吝啬！你们给朋友多少，我也愿意给我的仇敌多少，而且也不会因此而变得更穷困。

有伙伴关系：但愿也有友谊！

查拉图斯特拉如是说。

*

* *

15.千个与一个目标

查拉图斯特拉见过许多国家和许多民族:他于是发现了许多民族的善与恶。查拉图斯特拉在世上没有找到一种比善与恶更大的权力。

任何一个民族,倘若它不首先进行估价,就不能生存;而如果它要自我保存,那么它就不能像邻族一样进行估价。

许多事物被这个民族称为善,在另一个民族却意味着嘲弄和耻辱:我感觉就是这样。我发现许多东西在此地被称为恶,而在彼地则被粉饰以紫色的荣光。

一个邻人从来理解不了另一个邻人:他的灵魂时常惊奇于邻人的疯狂和恶劣。

一个财富牌高悬于每个民族之上。看哪,那是记录它的克服和战胜的牌;看哪,那是它的权力意志的声音。

被它视为艰难者,是可赞颂的;必要而艰难者,被叫做善的,依然能摆脱至高的困厄者,稀罕者、最艰难者,——便被称颂为神圣的。

凡使它统治、胜利而闪光者,激起邻人的恐惧和嫉妒者:就被它视为万物中崇高者、首先者,万物的尺度和意义。

真的,我的兄弟,如果你首先认识到一个民族的困厄,认识到土地、天空和邻族:那么你就能猜度这个民族的克服和胜利的法则,以及为什么它从这把梯子向自己的希望攀升。

"你永远应当成为第一人,高他人一头:除了朋友,你嫉妒的灵魂不应爱任何人"——这使一个希腊人的灵魂颤抖:他于是走上了自己的伟大之路。

"讲真话而熟谙弓箭"——在作为我的名字之来源的那个民族看来,这话似乎既可爱又艰难——而这个名字在我是既可爱又艰难的。

"崇敬父母,顺从他们的意志而直至灵魂的根底":这张克服和战胜的表悬于另一个民族之上,因此变成强大和永恒的了。

"保持忠诚,为了忠诚之故把荣誉和鲜血也投置于凶恶而危险的事物之上":在如此教育自己之际,另一个民族征服了自己,而且在如此征服自己之际,它孕育和承荷了伟大的希望。

真的,人类给予自己一切善和恶。真的,人类并没有取得一切善和恶,也没有发现一切善和恶,一切善和恶也不是作为天国的声音降落到他们头上的。

人类为了自我保存,首先把价值投入事物中,——人类首先为事物创造了意义,一种人类的意义!因此人类把自己称为"人类",此即说:估价者。

估价就是创造:听啊,你们这些创造者!估价本身乃是一切被估价物中的宝藏和珍宝。

通过估价方有价值:倘若没有估价,此在的果实就会是空洞的。听啊,你们这些创造者!

价值的变换,——那就是创造者的变换。谁一定要成为创造者,就总是遭毁灭。

创造者原是诸民族,尔后才是个人;真的,个人本身依然是最新的创造。

诸民族曾经把一张善的牌子悬于自身之上。意愿统治的爱与意愿服从的爱共同为自己创造了这个牌子。

对群盲的乐趣比对自我的乐趣更古老;而且只要好良心还是对群盲来说的,则坏良心就只会说:自我。

真的,狡狯的自我,无爱的自我,它在多数人的利益里意求自己的利益:这并非群盲的起源,而是群盲的没落。

始终是热爱者和创造者创造了善和恶。爱火和怒火以一切德性之名燃烧。

查拉图斯特拉见过许多国家和许多民族:查拉图斯特拉在世上没有找到比热爱者的工作更大的权力:"善"和"恶"就是它们的名称。

真的,这种褒和贬的权力乃是一个怪物。告诉我,兄弟们,谁来为我征服它?告诉我,谁能把一条锁链套在这怪兽的千个颈项上?

迄今为止有千个目标,因为有千个民族。只是一直没有套在千个颈项上的锁链,一直没有一个唯一的目标。人类还根本没有一个目标。

然而告诉我,我的兄弟们啊:如果人类还没有目标,岂不是也还没有——人类自身吗?——

查拉图斯特拉如是说。

* * *

16. 邻人之爱

你们簇拥在邻人周围,而且以美好的说辞来表达这一点。但我要告诉你们:你们的邻人之爱①乃是你们对于你们自身的糟糕的爱。

你们从自身逃向邻人,想从中为自己搞出一种德性:但我看透了你们的"无私忘我"。

你比自我更古老;你已经被神圣化了,但还不是自我:所以人类纷纷涌向邻人。

我劝告你们去爱邻人吗?我倒宁愿劝告你们去逃避邻人而热爱最远者!

对最远者和未来者的爱高于邻人之爱;更有甚者,对事物和鬼怪的爱高于对人类的爱。

我的兄弟,这个跑到你面前来的鬼怪比你更美;为什么你不把你的肉和骨给它呢?你却害怕,逃向你的邻人。

你们忍受不了自己,没有充分爱自己:现在你们想把邻人引向爱,用邻人的错误来为自己镀金。

我希望,你们忍受不了任何邻人,以及邻人之邻人;于是你们

---

① 德文原文为 Nächstenliebe,或译为"博爱"。——译注

就必须从自己身上创造出你们的朋友及其洋溢的心灵。

当你们想要说自己好话时,你们便邀来一个证人;而当你们引诱他从心里称赞你们时,你们本身就从心里称赞自己。

不光那个违背自己的知识而说话的人在撒谎,而且尤其是那个违背自己的无知而说话的人在撒谎。你们就在交际中这样谈论自己,用自己来欺骗邻人。

傻瓜如是说:"与人打交道是败坏品性的,特别是当人们毫无品性时。"

这个人走向邻人,是因为他在寻找自己,而那个人走向邻人,是因为他想忘却自己。你们对自身的糟糕的爱,把你们的孤独搞成了一座监狱。

正是疏远者为你们的邻人之爱偿付了代价;即便你们有五人在一起,也总是必须有第六人死掉。

我也不爱你们的节庆:我在那儿发现了太多的戏子,甚至观众的举止也犹如戏子。

我不是把邻人教给你们,而是要把朋友教给你们。对你们来说,朋友乃是大地上的节庆,一种超人的预感。

我把朋友及其丰盈的心灵教给你们。然则如果人们想要被丰盈的心灵所爱,那就必须懂得成为一块海绵。

我把那个朋友教给你们,其中完满地屹立着世界,一种善的外壳,——这个创造性的朋友,总是要赠送一个完满的世界。

而且,正如世界曾为他转动而展开,世界又为他卷成一团,作为经由恶的善之生成,作为经由偶然的目的之生成。

将来和最远者乃是你的今日的原因:在你的朋友身上,你应当把超人当作你的原因来热爱。

我的兄弟们,我不劝你们去爱邻人:我要劝你们爱最远者。

查拉图斯特拉如是说。

＊
＊　　　　　＊

17. 创造者之路

我的兄弟啊,你愿意进入孤独之中吗?你愿意寻找那通向你自身的道路吗?请稍作停留,且听我道来。

"谁若孜孜于寻找,就容易迷失自己。一切孤独皆是罪过":群盲如是说。而你久已归于群盲了。

群盲的声音也还将在你心中回响。而当你说"我不再与你们共有一种良心"时,那将是一种哀怨和一种痛苦。

看哪,这痛苦本身依然由这同一种良心所产生:而这种良心的最后闪光依然在你的哀伤之上熠熠生辉。

然则你意愿走上你的哀伤的道路,那通向你自身的道路吗?那么请向我展示你的权利和你这方面的力量!

你是一种新的力量和一种新的权利吗?一种原初的运动?一个自转的轮子?你也能迫使星球围绕着你转动吗?

啊,有如此之多渴望高空的欲念!有如此之多虚荣者的痉挛!请向我展示你不是一个渴望者和虚荣者!

啊!有如此之多伟大的思想,它们之所为无异于一个风箱:它们鼓胀起来又变得更加空洞。

你把自己称为自由的吗?我意愿听到你支配性的思想,而不是要听到你摆脱了枷锁。

你是这样一个可以摆脱枷锁的人吗？有的人，当他抛掉了自己的奴役义务，也就抛掉了他最后的价值。

哪方面的自由？这与查拉图斯特拉何干？而你的眼睛当向我明白地昭示：为何而自由？

你能够把你的恶和你的善赋予自己，把你的意志高悬于自身之上，犹如一种律法？你能够成为自己的法官以及你的律法的报复者吗？

与自己律法的法官和报复者独处是可怕的。一个星球就这样被抛向广漠的天际和冰冷的孤寂大气之中。

如今，你孑然一人，依然因为大众而受苦受难；如今，你依然完全拥有你的勇气和你的希望。

但有朝一日，孤独将使你疲倦，有朝一日，你的高傲将蜷缩，你的勇气将畏缩。有朝一日，你将高喊："我是孤独的！"

有朝一日，你将再也看不到自己的高度，而太过贴近你的卑贱；你的崇高本身将有如一个鬼魂一般使你害怕。有朝一日，你将高喊："一切都是虚伪的！"

存在着一些情感，它们想要把孤独者杀死；如果它们没有如愿以偿，那么，它们本身必将消亡！然而你能够成为凶手吗？

我的兄弟啊，你已经认识"蔑视"这个词了吗？还有你的公正的折磨，公正地对待那些蔑视你的人们？

你迫使许多人改变对你的看法；为这一点，他们无情地向你要价。你走近他们，但却擦肩而过：对此他们永远不会宽宥你。

你超过他们而去：然则你升得越高，嫉妒之眼便把你看得越小。而飞翔者最受人仇视。

"你们怎能对我公正啊!"——你必定会说——"我为自己选择了你们的不公,以之作为我应得的部分。"

他们对孤独者投以不公和污秽:然而,我的兄弟啊,如果你意愿成为一颗星,你就必须因此丝毫不减地向他们照耀!

而且,要小心提防那些善人和正义者!他们喜欢把那些为自己发明自己的德性的人们钉在十字架上,——他们憎恨孤独者。

也要小心提防那种神圣的单纯性!在它看来,一切不单纯的东西都是非神圣的;它也喜欢玩火——处置异端的火刑。

还有,小心提防你的爱的发作!孤独者会太快地把手伸向他遇见的人。

对于有的人,你不可伸手相迎,而只可伸出巴掌——而且我愿你的巴掌还长有利爪。

但你所能够遇见的最恶劣的敌人,将始终是你自己;你自己躲在洞穴和森林里暗中守候着你。

孤独者啊,你走上通向你自己的道路!而你的道路要经过你自己和你那七个魔鬼!

你将成为自己的异教徒、巫婆、占卜者、蠢材、怀疑者、非神圣者和恶棍。

你须意愿在你自己的火焰中焚烧:如若你没有先化为灰烬,你怎能新生!

孤独者啊,你走上创造者的道路:你想从你那七个魔鬼中创造出一个上帝!

孤独者啊,你走上爱者的道路:你爱你自己,因此蔑视你自己,正如唯有爱者才能蔑视。

爱者因为蔑视而意愿创造！那不必径直蔑视他所爱之物的人,关于爱能懂得什么！

我的兄弟啊,以你的爱和你的创造,进入你的孤独之中吧；而正义以后才会跟上你。

我的兄弟啊,以我的泪水,进入你的孤独之中吧。我爱那人,他意愿超出自身而进行创造,并且因此而归于毁灭。——

查拉图斯特拉如是说。

18. 老妇与少妇

"查拉图斯特拉,你何以如此怯怯地潜行于黄昏之中?还有,你谨慎地隐藏在外套下的是什么呢?

那是你获赠的一件宝物吗?抑或是你生下来的一个婴儿?或者你这恶人的朋友啊,你现在自己也走上了窃贼之路?"——

真的,我的兄弟啊!查拉图斯特拉说,这是我获赠的一件宝物:这是我携带的一个小小真理。

它却像孩童一般顽皮;而且,如果我不捂住它的嘴,它就会大叫起来。

今天太阳落山时分,我独自走自己的路,遇到一位老妇,她对我的灵魂如是说:

"查拉图斯特拉也曾向我们女人们讲过许多,但他从来没有讲过关于女人的话。"

我回答她说:"关于女人,人们是只能向男人们说的。"

"向我说说女人吧,"她说,"我够老了,可以很快又忘掉的。"

我顺从了这位老妇的愿望,对她如是说:

女人身上的一切都是一个谜团,女人身上的一切也只有一个答案:那就是生育。

对女人而言,男人是一种工具:目的始终都是孩子。然则对男人而言,女人又是什么呢?

真正的男人需要两件东西:危险与游戏。因此他想要女人,作为最危险的游戏工具。

男人当被教育成用来战争的,女人则当被教育成用于战士的休养:其他一切皆愚蠢。

太甜的果实——是战士所不喜欢的。因此战士喜欢女人;即便最甜美的女人也还是苦涩的。

女人比男人更懂小孩,但男人比女人更小孩子气。

真正的男人内心中藏着一个小孩:他想要游戏。来吧,你们这些女人们,倒是去发现男人心中的小孩!

让女人成为一个玩具,纯洁而精致,有如宝石,因为一个尚未存在的世界的德性而容光焕发!

让一个星球的光芒在你们的爱情中熠熠生辉!让你们的希望为:"但愿我能够生育超人!"

让勇气充满你们的爱情!你们当以你们的爱情冲向那使你们恐惧者!

让光荣充满你们的爱情!通常女人是不怎么懂光荣的。然而,让你们的光荣体现在:爱人永远甚于被爱,而且决不成为第二人!

让男人惧怕恋爱中的女人:这时女人会作出任何牺牲,而其他任何事物在她看来都毫无价值。

让男人惧怕仇恨中的女人:因为男人的灵魂深处只是恶,而女人的灵魂深处却是坏。

女人最仇恨谁呢?——铁块对磁石如是说:"我最恨你,因为你吸引我,却又没有足够强大,把我吸到你这里。"

男人的幸福是:我要。女人的幸福是:他要。

"看哪,现在世界才变得完美了!"——每个女人出于整个爱情而服从时,都会这样想。

女人必须服从,并且为自己的肤浅寻找一种深度。女人的性情是肤浅,是浅水上一种动荡不定的表面。

男人的性情却是深邃,他的洪流澎湃于地下洞穴里:女人能猜度到他的力量,但理解不了。——

老妇人这时回答我:"查拉图斯特拉说出了许多好东西,尤其对那些还相当年轻的女人来说是这样。

"稀奇的是,查拉图斯特拉对女人了解不多,但他关于女人的说法却很对!之所以这样,难道是因为在女人那儿没有事情是不可能的吗?

"现在请取走一个小小的真理当作谢礼吧!对于这种真理我倒是够老了!

"请把它包裹起来,封住它的嘴:不然它会大叫,这小小的真理。"

"女人啊,给我你那小小的真理吧!"我说道。而那老妇如是说:

"你去女人那里吗?别忘了带上鞭子!"——

查拉图斯特拉如是说。

*

* *

19. 毒蛇之咬

有一天，因为天热，查拉图斯特拉在一棵无花果树下睡着了，并且把手臂搁在脸上。此时来了一条毒蛇，在他的头颈上咬了一口，以至于查拉图斯特拉因为疼痛叫了起来。他把手臂从脸上挪开，定睛看到了那条蛇：那蛇这时认出了查拉图斯特拉的眼睛，笨拙地转过身去，想要逃走。"不要走啊，"查拉图斯特拉说，"你还没有接受我的感谢呢！你适时叫醒了我，我的路途还漫长呢。""你的路不长了，"那蛇伤心地说，"我的毒液是致命的。"查拉图斯特拉笑了，说道："何曾有过一条龙死于一条蛇的毒液？收回你的毒液吧！你并没有富裕到把毒液赠送于我的地步呢。"于是那条蛇重新爬到他的头颈上，舔他的伤口。

有一次，查拉图斯特拉向自己的门徒们讲述了上面这个故事，他们问道："查拉图斯特拉啊，你这个故事的道德寓意是什么呢？"查拉图斯特拉如是答道：

那些善人和正义者把我叫做道德的毁灭者：我的故事是非道德的。

然而，如若你们有一个仇敌，那么不要对他以德报怨：因为这会使他感到羞辱。相反，要证明他也为你们做了某种善事。

宁可发怒，也不羞辱任何人！而当你们受到诅咒时，我也不会因为你们愿意祝福而感到高兴。宁可一起作点诅咒!

而且,如果有一种大不公发生在你们身上,那么,赶快补做五个小小的不公!独自受不公压迫的人,看上去令人厌恶。

你们已经知道这一点?分担的不公乃是半拉子的公正。而且,能够承受不公的人应当担当不公!

一个小小的报复比根本不加报复更人性。而且,如果惩罚之于违犯者并非也是一种公正和光荣,那么,我也不会喜欢你们的惩罚。

屈服于不公而不是维持公正,这是更高贵的,尤其是当人们有道理时。只不过,要做到这一点,人们必须足够富有。

我不喜欢你们那种冷酷无情的公正;而且从你们的法官眼里,我总是看到刽子手及其冷冷的钢刀。

告诉我,哪里可以找到那种公正,也就是那种带有观看之眼的爱?

那么,倒是为我发明那种爱,它不仅承担一切惩罚,而且也承担一切罪责!

那么,倒是为我发明那种公正,它宣判除法官之外人人都无罪!

你们也还愿意听这话么?对于骨子里追求公正的人来说,即便是谎言也会成为善心和博爱。

然则我怎能做到彻底公正!我怎能给予每个人以他之所有!于我,这就够了:我给予每个人我之所有。

最后,我的兄弟们啊,小心提防,不要对所有隐士有不公行径!一个隐士会怎样遗忘啊!一个隐士会怎样报答啊!

一个隐士就像一口深井。要把一块石头投进去不是难事;但倘若这块石头沉到了井底,那么告诉我,谁能把它重新取出来?

小心提防啊,不要侮辱隐士!而如果你们已经侮辱了他,那就干脆杀了他吧!

查拉图斯特拉如是说。

*
*　　　*

20. 孩子与婚姻

我的兄弟啊，我有一个问题只为你而设：有如一块铅锤，我把这个问题投入你的灵魂之中，以便我知道它的深度。

你年轻，想望着孩子和婚姻。但我问你：你是一个可以想望有个孩子的人么？

你是胜利者、自制者、感官的主宰、德性的主人吗？我这样问你。

抑或从你的愿望里在说话的是动物和需要？或者孤独？或者对自己的不满？

我愿你的胜利和自由渴望一个孩子。你当为你的胜利和你的解放建造一个活的纪念碑。

你应当超出自身进行建造。不过，你自己必须首先已经建造好，肉体和灵魂都要造得方方正正。

你不仅要向前繁衍，而且要向上繁衍！让婚姻的园地来助你完成这事吧！

你要创造出一个更高等的身体，一种原初的运动，一个自转的轮子，——你要创造出一个创造者。

婚姻：在我看就是那种成双的意志，要创造一个更为丰富的东西，甚于它的创造者。我所谓的婚姻，就是相互敬畏，也就是对这

20. 孩子与婚姻

样一种意志的意愿者的敬畏。

让这一点成为你的婚姻的意义和真理吧。然而,太多太多的人们,这些多余者们,他们所谓的婚姻,——唉,我怎样来称呼它呢?

啊,这种成双的灵魂的贫困啊!啊,这种成双的灵魂的污秽啊!啊,这种成双的可怜的惬意啊!

他们把这一切称为婚姻;而且他们说,他们的婚姻是在天国里缔结的。

现在,我不喜欢它,这个多余者的天国!不,我不喜欢它们,这些在天国之网中缠结在一起的动物!

让那个上帝也远离于我,他跛足而来祝福他不曾接合起来的东西。

不要嘲笑这样的婚姻!哪个孩子没有理由哭自己的父母呢?

我原觉得这个男人是可敬的,也成熟了,懂得了大地的意义:但当我看到他妻子,又觉得大地仿佛成了一个疯人院。

是的,当一个圣徒与一只蠢鹅结对时,我但愿大地痉挛颤动起来。

这个人有如一位英雄,出去寻找真理,最后他缴获了一个小小的粉饰过的谎言。他称之为婚姻。

那个人冷于交际,择友挑剔。可是,他却一下子永远毁掉了自己的社交伙伴:他称之为婚姻。

那个人寻求一位具有天使德性的使女。可是,他一下子变成了一位夫人的使女,现在他也必须变成一个天使了。

现在我发现所有的买主都小心翼翼的,所有人都有狡诈的眼睛。然而,即便最狡诈者也还是盲目地购买他的老婆。

大量短暂的蠢行——在你们那儿这被叫做爱情。而你们的婚姻把大量短暂的蠢行作了一个了结,成了一种长久的愚蠢。

你们对女人的爱情与女人对男人的爱情:啊,但愿它是对受苦受难的隐蔽诸神的同情!但两个动物多半是要彼此猜测的。

然而,即便你们最佳的爱情也只不过是一种陶醉的比喻和一种痛苦的炽热。它是一个火炬,当能照亮你们通向更高的道路。

有朝一日,你们当超越自身去爱!所以首先要学习爱!而且因此之故,你们不得不啜饮你们那爱情的苦酒。

即便最佳的爱情之杯中也满是苦酒:所以它使人渴望于超人,所以它使你这个创造者感到焦渴!

创造者的焦渴,向着超人的箭矢和渴望:告诉我,我的兄弟啊,这就是你追求婚姻的意志吗?

在我看,这样一种意志和这样一种婚姻都是神圣的。——

查拉图斯特拉如是说。

*

*　　　　　　　*

21. 自由的死亡

许多人死得太晚,有些人又死得太早。更有听起来令人奇特的信条:"要死得其时!"

要死得其时:查拉图斯特拉如是教导。

诚然,生不逢时的人,又怎能死得其时呢?倒是愿他从未降生过!——我这样劝告那些多余者。

但即便多余者也把自己的死看得很要紧,连最空心的核桃也意愿被砸开来。

所有人都看重死亡:然则死亡依然不是一个庆典。人类还没有学会如何来供奉那些最美好的庆典。

我要向你们展示那种臻于完成的死亡,它对于生者将成为一种刺激和一种誓愿。

完成者赴自己的死亡,带有胜利感,为满怀希望者和誓愿者所围绕。

人们就要这样学习死亡;而且,倘若这样一个死者没有向生者宣誓,那就不会有任何庆典了。

这样赴死是最佳的死法;其次却是:死于战斗,挥霍一种伟大的灵魂。

但对于战斗者就像对于胜利者一样,你们那含着冷笑的死亡却是可恨的,它就像一个小偷悄悄地潜入——其实是作为主人到来的。

我要向你们称赞我的死亡,那自由的死亡,它向我走来,是因为我意愿。

那么我何时将意愿之?——谁若有一个目标和一个继承者,他就会在对目标和继承者合适的时候意愿死亡。

出于对目标和继承者的敬畏,他将不再把枯萎的花环悬挂于生命的圣殿。

真的,我不愿与那些搓绳者相似:他们把绳子拉长,同时自己总是往后退。

有的人甚至对于自己的真理和胜利也太老了;一张没有牙齿的嘴再也没有权利去追求任何真理了。

任何意愿享有荣耀的人,都必须时而舍弃光荣,练习那艰难的艺术,适时地——走开。

当人们感到味道最佳时,人们必须停止进食了:愿意长久被爱的人们都知道这个道理。

当然有酸苹果,它们的命运是要等到秋天的最后一日:那时它们将成熟,变得金黄而干瘪。

有人是心先老,有人是精神先老。有人在青年时就显出了老态;而迟来的年轻能保持长久的青春。

有些人生活失败:有一只毒虫在啮蚀他们的心。那么就让他们看看清楚,他们的死更是一种成功。

有些人永远不会变得甜美,他们在夏天就已然腐烂。是懦弱使他们固结于枝头。

21. 自由的死亡

太多太多的人们生活着,太久地悬于枝头。但愿来一场风暴,把树上所有这些腐烂和虫蚀的东西摇落!

但愿来一些宣讲速死的说教者!他们或许是生命之树的真正风暴和摇撼者!然则我只听到人们宣讲慢死,以及对于一切"尘世之物"的忍耐。

啊!你们在宣讲对于尘世的忍耐吗?尘世对于你们这些诽谤者已经太过忍耐了!

真的,为宣讲慢死的说教者们所尊敬的那个希伯来人死得太早了:而他的早死此后成了众人的厄运。

他还只知道希伯来人的泪水和忧郁,连同善人和正义者的仇恨,——这个希伯来人耶稣:死亡的渴望攫住了他。

或许他倒是该留在荒野里,远离善人和正义者的!也许他就学会了生活,学会了热爱大地——还有欢笑!

相信我,我的兄弟们啊!他死得太早了;倘若他活到我这个年纪,他自己一定会收回他的信条!要收回他的信条,他是足够高贵的!

然而他还不成熟。这个年轻人不成熟地爱,也不成熟地恨人类和大地。他的性情和精神的翅翼依然受缚而沉重。

但成年男人比年轻人更多孩子气,而更少忧郁:他更好地懂得死与生。

自由地走向死亡,以及在死亡中自由,如果不再是肯定的时候,那就是一个神圣的否定者:所以他懂得死与生。

我的朋友们啊,愿你们的死不会成为对人类和大地的诽谤:这是我要向你们的灵魂之蜜请求的。

在你们的死之中,你们的精神和德性当依然熠熠生辉,有如晚霞环绕大地:要不然你们的死就是不成功的。

我自己愿这样死去,使你们这些朋友们因为我的缘故而更爱大地;我愿重返大地,化作尘土,使我能在生我的地方安息。

真的,查拉图斯特拉有过一个目标,他抛出了自己的球:现在,朋友们啊,你们就是我的目标的继承者,我把这个金球抛给你们。

我的朋友们,比一切都更可爱,我爱看你们抛掷那金球!所以我还要在大地上逗留一会:原谅我吧!

查拉图斯特拉如是说。

*

* *

22.赠予的德性

一

当查拉图斯特拉告别他所钟情的"彩牛城"时,许多自称为他的门徒的人们跟着他,护送着他。就这样来到了一个十字路口:查拉图斯特拉对他们说,他现在想要独行了;因为他是一个喜欢独行的人。他的门徒道别时,却递给他一根拐杖,在拐杖金色的把柄上雕有一条盘绕着太阳的蛇。查拉图斯特拉很是喜欢这根拐杖,便支撑了起来;然后他对门徒们说了下面这番话。

请告诉我:金子何以获得最高的价值?是因为金子不同寻常,没有用处,闪闪发光,光泽柔和;它总是自我赠予。

只是作为最高德性的写照,金子才获得最高的价值。赠予者的目光有如金子般闪烁。金子的光辉使太阳与月亮达成和解。

最高的德性不同寻常,没有用处,闪闪发光,光泽柔和:一种赠予的德性就是最高的德性。

真的,我的门徒们,我完全猜解了你们:与我一样,你们也在追求赠予的德性。许是你们与猫和狼有什么共性吗?

你们的渴望就是自己变成牺牲和赠礼:因此你们有着渴望,要把所有财富贮积于你们的灵魂里。

你们的灵魂贪得无厌地追求宝藏和珍宝,因为你们的德性在赠予之意愿中贪得无厌。

你们强制万物归于你们,落入你们之中,使得万物要从你们的源泉里倒流出来,作为你们的爱的赠礼。

真的,这样一种赠予的爱必定会变成一切价值的劫掠者;但我认为这种自私自利是完好而神圣的。

存在着另一种自私自利,一种太过贫困而饥馑、总想偷窃的自私自利,是那种患病者的自私自利,病态的自私自利。

它以窃贼的眼睛注视着一切发光的事物;它以饥馑的贪婪打量着食物充足者;它总是蹑手蹑脚地围着赠予者的桌子。

从这样一种欲望中吐露的是疾病和无形的退化;从病恹恹的身体中表现出这种自私自利的窃贼般的贪婪。

我的兄弟们啊,请告诉我:我们视为坏的和最坏的东西是什么呢?难道不就是退化吗?——凡在赠予的灵魂缺失处,我们总是猜到退化。

我们的道路是向上行的,从这个种类上升到超种类(Über-Art)。但我们害怕那种退化的感觉,它的说法是:"一切皆为我。"

我们的感觉是向上飞的:所以它是我们身体的一个比喻,一种提高的比喻。关于此类提高的比喻就是诸种德性的名称。

身体就这样穿过历史,一个生成者和斗争者。而精神——对于身体来说,精神是什么呢?是身体的斗争和胜利的先驱、伙伴和回响。

所有善与恶的名称都是比喻:它们没有表达什么,而只是暗

22.赠予的德性

示。一个傻子才想要从中获得知识!

我的兄弟们啊,请留意每一个时辰,你们的精神想要用比喻来说话的时候:那就是你们的德性的起源。

于是你们的身体已经得到了提高和复苏;它以自己的欢乐使精神心醉神迷,使精神成为创造者、估价者、热爱者,以及万物的行善者。

当你们的心灵有如河流一般汹涌翻滚时,对于居民既是一种恩赐又是一种危险:那就是你们的德性的起源。

当你们超越毁誉褒贬,而你们的意志作为热爱者的意志想要命令万物时:那就是你们的德性的起源。

当你们蔑视舒适和柔软的床铺,而尽力避免与柔软者同睡时:那就是你们的德性的起源。

当你们是同一种意志的意愿者,而一切需要的这种转变是你们的必需时:那就是你们的德性的起源。

真的,它是一种全新的善与恶! 真的,一个全新的深沉澎湃,一个新源泉的声音!

这种新的德性是一种权力;它是一种支配性的思想,围绕这种思想的则是一个聪明的灵魂:一个金色的太阳,知识之蛇围绕着这个太阳。

*

*   *

二

说到这里,查拉图斯特拉沉默了一会儿,爱怜地看着他的门徒们。然后他又继续说话:——而他的声调已然改变了。

我的兄弟们啊,用你们的德性的权力,保持对大地的忠诚吧!让你们的赠予之爱和你们的知识效力于大地的意义吧!我这样请求你们,恳求你们。

不要让你们的德性飞离尘世,并且用双翼拍打永恒的城墙!啊,总是有如此之多迷失了的德性!

像我一样把迷失了的德性引回到大地吧——是的,回到身体和生命:使得它能为大地赋予意义,一种人类的意义!

迄今为止,精神就如同德性一般反反复复地迷失和失误。啊!在我们的身体上,至今还留存着所有这些妄想和失策:它们已经变成了我们的身体和意志。

迄今为止,精神就如同德性一般反反复复地试验和迷误。是的,人类就是一种试验。啊,许多无知和谬误已经变成了我们的身体!

不光是千年的理性——还有千年的疯狂,都在我们身上发作。危险的是成为继承者。

我们依然一步一步与偶然性这个巨人战斗,而直到现在,支配着整个人类的仍然是荒谬,是无意义(Ohne-Sinn)。

我的兄弟们啊,让你们的精神和你们的德性效力于大地的意义吧:一切事物的价值都要由你们来重新设定!因此你们当成为战斗者！因此你们当成为创造者！

身体以知识方式净化自己；它尝试着用知识来提高自己；对认识者来说，一切冲动都把自身神圣化；对提高者来说，灵魂将是快乐的。

医生啊，帮助你自己吧：这样你也帮助了你的病人。对病人的最好帮助就是，让他亲眼看到那个医好自己的人。

有千百条尚未有人行走的小路；有千百种健康和隐蔽的生命之岛。人类和人类的大地始终还是未穷尽的和未发现的。

醒来并且谛听吧，你们这些孤独者！从未来吹来的风悄悄拍打着翅翼；并且向精细的耳朵发出了好消息。

你们这些今日的孤独者，你们这些离群索居者，你们有朝一日当成为一个民族：从你们这些自己选出来的人群中，当有一个特选的民族成长起来：——而且从中产生出超人。

真的，大地还当成为一个康复之所！已然有一股新的气息弥漫于大地，一股带来救治的气息，——以及一个新的希望！

*
*　　　　*

三

当查拉图斯特拉说完这番话，他沉默了，有如一个人还没有说出自己最后的话；他显得疑惑，久久地掂量着手中的拐杖。最后他如是说：——而他的声调又改变了。

我的门徒们，我现在要独自走了！你们现在也得离开，独自走吧！我希望这样。

真的，我要劝你们：离开我吧，小心谨防查拉图斯特拉！而且更好的做法是：为他感到羞耻！也许他欺骗了你们。

知识人一定要不仅爱自己的敌人，而且也能恨自己的朋友。

如果人们永远只做弟子，他就没有好好报答他的老师。为什么你们不想扯掉我的花冠呢？

你们尊敬我；但如果有一天你们的尊敬倒掉了，那又如何呢？小心啊，别让一座石像把你们砸死了！

你们说，你们信仰查拉图斯特拉？然而查拉图斯特拉有何要紧！你们是我的信徒：然而所有信徒有何要紧！

你们尚未曾寻找自己：你们就找到了我。所有信徒都是这样做的；因此一切信仰都是如此无关紧要。

现在我要叫你们丢掉我，去寻找你们自己；唯当你们把我全部否弃时，我才意愿回到你们身边。

真的，兄弟们啊，那时我就将用另一双眼睛寻找我的失落；那时我就将以另一种爱情来爱你们。

有朝一日，你们当仍旧成为我的朋友，以及一种希望的孩子：然后我愿第三次与你们同在，与你们一起庆祝伟大的正午。

所谓伟大的正午，就是人类正站在野兽与超人之间的路中央的时刻，也是人类把他通向傍晚的道路当作他最高的希望来庆祝的时刻：因为这也是通往一个崭新早晨的道路。

这时候，没落者将祝福自己成为一个过渡者；而他的认识之太阳也将处于正午时分。

"所有诸神都死了：现在我们要使超人活起来。"——在这伟大的正午,就让这一点成为我们最后的意志吧! ——

　　查拉图斯特拉如是说。

*
*　　　　　*

查拉图斯特拉如是说

一本为所有人而又不为任何人的书

第二部

"——唯当你们把我全部否弃时,我才意愿回到你们身边。

真的,兄弟们啊,那时我就将用另一双眼睛寻找我的失落;那时我就将以另一种爱情来爱你们。"

《查拉图斯特拉如是说》(第一部,"赠予的德性"第三节)

23.持镜的小孩

于是,查拉图斯特拉又回到山林,回到他的洞穴的孤寂之中,避开了人世的尘嚣:就像一位撒好了种子的播种者,满怀期待。然则他的灵魂充满了焦躁和渴望,对于他所爱的人们的渴望:因为他还有许多东西要给他们。因为,出于爱收回展开的手,并且作为赠予者保持着羞愧之心,这乃是最艰难的事了。

这个孤独者就这样度过了许多岁月;但他的智慧却不断地增长,终于由于充满智慧而痛苦了。

而有一天早晨,他在黎明之前就醒了过来,躺在铺上沉思良久,最后他对自己的心灵说道:

"何以我竟在梦中吃惊而醒了过来呢?不是有一个持镜的小孩向我走来吗?

'哦,查拉图斯特拉'——那小孩对我说——'照照这镜子吧!'

而当我望着镜子时,立刻尖叫了起来,我的心灵受到了震动:因为我在镜子里没有看到自己,而是看到了一个魔鬼的鬼脸和嘲笑。

说真的,我太明白这梦的预兆和警示了:我的学说处于危险中,莠草要被叫做小麦了!

我的敌人们变得强大了,他们歪曲了我的学说的面目,这样一来,我最亲爱者必定会羞于我给他们的礼物。

我丢失了我的朋友们;现在,寻找我的丢失者的时候到了!"——

讲完这番话,查拉图斯特拉便跳了起来,但不是像一个寻求透气的恐惧者,而倒是更像一个神灵附体的先知和歌者。他的鹰和蛇惊异地看着他:因为一种即将到来的幸福闪现在他的面孔上,犹如朝霞一般。

我的动物们啊,我到底发生什么事了?——查拉图斯特拉说。我不是已经改变了么?福乐不是像风暴一般向我袭来么?

我的幸福是愚蠢的,它将说些蠢话:它还太过年轻——因此你们对它要有耐心啊!

我为我的幸福所伤害了:一切痛苦者都应当成为我的医生!

我何妨再次下去,到我的朋友们那里,也去我的敌人们那里!查拉图斯特拉又可以演讲,赠予,行至爱于所爱者!

我焦急的爱情湍流一般奔腾而下,向着日出和日落。从沉寂的山脉和痛苦的雷暴中,我的灵魂轰鸣着进入山谷。

我已经渴慕太久,遥望太久。我领受寂寞太久:我就这样忘掉了沉默。

我已经完全成了滔滔大嘴,以及从高高的山崖奔腾而下的溪流:我要把我的话语投向山谷。

而且,就让我的爱之洪流奔向难以通行之地吧!何以一条洪流不能最后找到通向大海的道路呢!

我心中诚然有一个湖,一个幽静的、自足的湖;然而我的爱之洪流却把它挟持而下——奔向大海！

我走上新路，我生出一种新的话语；就像一切创造者，我已经厌倦于陈词滥调。我的精神再也不愿穿着破鞋漫游。

所有话语对我而言都太过迟钝：——狂风啊，让我跳入你的飙车中！即便对你，我也要用我的恶意来鞭策！

犹如一声大喊和一阵欢呼，我想要穿越大海，直到我找到那幸福之岛，那是我的朋友的逗留之所：——

而且他们当中也有我的敌人！眼下，我是多么爱每一个我只能对之讲话的人啊！即便我的敌人也归于我的福乐。

而且如果我想要骑上我最狂野的骏马，那么，我的长枪总是能最好地助我上去：那是我的双脚常备的奴仆：——

这支我投向敌人的长枪啊！我是多么感谢我的敌人们，使我终于能把它投掷出去！

我那云层的张力是太大了：在雷电的纵笑之间，我要把阵阵冰雹投向深谷。

这时我的胸将强烈地鼓胀，将强烈地卷起风暴袭向群山：我的胸于是得以舒缓。

真的，我的幸福和自由犹如一阵风暴袭来！但我的敌人们会以为，那是恶魔在他们头上咆哮。

是的，我的朋友们，连你们也将惊恐于我那狂野的智慧；也许你们将连同我的敌人们一起逃避之。

啊，我晓得用牧笛把你们引回！啊，我的智慧母狮学会了柔和地吼叫！而且，我们已经互相学习了许多东西啊！

我那狂野的智慧曾受孕于孤寂的山上；它在嶙峋巉岩中产下

其幼儿,那最幼小者。

现在,它发疯地在荒漠中奔跑,寻找柔软的草地——我那老迈的狂野智慧啊!

在你们心灵的柔软草地上,我的朋友们!——它想把自己的至爱安顿于你们的爱意中!

查拉图斯特拉如是说。

* * *

24. 在幸福岛上

　　无花果从树上掉落下来，美好而甜蜜；而在它们掉落时，它们红色的外壳裂开了。我是使无花果成熟的北风。我的朋友们啊，这些学说也就这样地，像无花果落在你们身上：现在，饮取它们的果汁和甜美的果肉吧！周遭一片秋色，是朗朗晴天和午后阳光。

　　看哪，我们周围是何种丰盈！而从这种充溢向远海眺望出去，真是美妙。

　　从前，当人们眺望远海时，就会说到上帝；而现在，我却教你们说：超人。

　　上帝是一种猜想；然而我所意愿的却是，你们的猜想不要超出你们创造意志的范围。

　　你们能创造一位上帝么？——那么，就不要对我谈任何诸神了！但你们却能够创造超人。

　　也许并不是你们亲自创造超人，我的兄弟们啊！但你们可以把自己改造为超人的父亲和祖先：而且这就是你们最佳的创造！——

　　上帝是一种猜想：但我所意愿的却是，你们的猜想当限于可思议的范围之内。

　　你们能够思想一个上帝吗？——而对你们来说，这就意味着求真理的意志,即是说,一切都被转变为人类可思议的、人类可见的、人类可感触的东西!你们应当透彻地思考自己的感官和意识!

而你们所谓的世界应当首先由你们所创造:你们的理性,你们的形象,你们的意志,你们的爱,应当由它自身变成!而且真的,是为着你们的福乐,你们这些认识者啊!

而且如果没有这种希望,你们这些认识者,你们要怎样忍受生命?你们既不能生于不可捉摸的东西中,也不能生于非理性的东西中。

然则我要向你们完全敞开心扉,我的朋友们啊:倘若有诸神,那么,我如何受得了不变成一个上帝!所以说,根本没有诸神。

是的,我得出过这个结论;而现在,这个结论却牵引着我。——

上帝是一种猜想:但谁能饮尽这种猜想的全部苦酒而不至于丧命呢?难道是要剥夺创造者的信仰,是要使飞鹰不能在高空盘旋吗?

上帝是一种思想,它使一切直者变曲,使一切站立者倒转。那又怎样?时间或许已经过去,而一切倏忽短暂者只不过是谎言吗?

思考这一点,会使人类肢体旋转而眩晕,更能引起胃的呕吐:真的,去猜想此类东西,我把它叫做头晕病。

我把它叫做恶的和敌视人类的:所有这些有关唯一者、完满者、不动者、满足者和不朽者的学说!

一切不朽者——这只不过是一个譬喻!诗人们说谎太多。——

而最好的比喻应当谈论时间和生成:它们应当成为一种赞扬,

一种对一切倏忽短暂者的辩护!

创造——这是对于痛苦的大解脱,以及生命的缓解。但为了成为创造者,本就必须有痛苦和大量的转变。

是的,你们这些创造者,在你们的生命中必有痛苦得多的死亡!如果你们要成为一切短暂性的代言人和辩护者。

为了使创造者本人成为新生的婴儿,他就必须也愿意成为孕妇,承担孕妇之苦。

真的,我曾在自己的路途中穿越千百个灵魂,经过千百个摇篮和分娩之痛。有几次我已经道别,我知道那令人心碎的最后时光。

然则我的创造意志、我的命运却意愿这样。或者,我要更诚实地对你们说:此种命运恰恰就是——我的意志所意愿的。

一切感受都因我而备受痛苦,且被囚禁起来:而我的意愿之于我,却始终作为我的解放者和慰藉者。

意愿有所解放:此乃关于意志和自由的真正学说——查拉图斯特拉就是这样把它传授给你们的。

不再意愿,不再估价,不再创造!啊,愿这大疲倦永远远离于我!

即使在认识中,我也只感受到我的意志的生产和生成的快乐;而如果我的认识中还存有纯真,那是因为其中有求生产的意志。

引诱我离开上帝和诸神的就是这种意志;倘若诸神——在此,那还有什么要创造的啊!

而我那炽热的创造意志,却总是重新驱使我走向人群;锤子就这样被砸向石头。

啊,你们人类啊,在我看来,石头中沉睡着一个形象,那是我的形象之象！啊，它必定沉睡于最坚硬、最丑陋的石头中！

现在，我的锤子无情地敲击它的囚牢。石头上碎石纷飞：这于我有何相干呢？

我意愿把它完成：因为曾有一个阴影向我走来——那万物中最安静和轻巧的东西一度向我走来。

超人之美作为阴影向我走来。啊，我的兄弟们！诸神——还于我有何相干！——

查拉图斯特拉如是说。

*

*　　　　　　*

25.同情者

我的朋友们,你们的朋友受到了一种挖苦:"看看查拉图斯特拉吧! 他在我们当中游走,不就像在动物中间游走一样么?"

不过更好的说法是:"认识者游走于人类中,就是游走于动物中。"

而对于认识者,人类本身就等于:有着红红面颊的动物。

这是怎么回事呢? 难道不是因为人类必定太过经常地感到羞耻吗?

啊,我的朋友们! 认识者如是说:羞耻,羞耻,羞耻——这就是人类的历史!

而且因此之故,高贵者要求自己不羞耻:他要求在一切苦难者面前的羞耻。

真的,我不喜欢那些以同情为乐的慈善者:他们太缺乏羞耻之心了。

如果我不得不同情,我也不愿把它叫做同情;如果我真的要同情,那也宁愿远远地。

我也宁愿蒙住自己的头,在别人认出我之前赶紧逃离:而且我叫你们也要这样做,我的朋友啊!

但愿我的命运总是把你们这样的无苦难者引上我的道路,以及这样一些我可以与之共享希望、盛宴和蜂蜜的人们！

确实，我曾为苦难者做这个做那个；而当我学会了更好地获得快乐时，我就觉得自己总要做些更好的事。

自从有人类以来，人类就少有快乐：我的兄弟们啊，唯这一点才是我们的原罪！

而如果我们要学会更好地使自己快乐，那么，我们最好是忘掉使他人受苦，忘掉对痛苦的臆想。

因此，我要洗净我那帮助过苦难者的双手，因此，我也要把我的灵魂擦拭干净。

因为当我目睹苦难者受苦，我为着他的羞耻之故而感到羞耻；而当我援臂相助时，我就严酷地强暴了他的高傲。

伟大的义务并不让人感恩，倒是使人生出强烈的报复欲；而如果细小的善举不被忘记，那就会从中生出一条啃蚀的蠕虫。

"要矜持于获取！要以你们的获取来表现你们的出色！"——我就这样来劝告那些无可赠予的人们。

但我却是一个赠予者：我喜欢赠予，作为朋友赠予友人。而外人和穷人满可以自己来采撷我树上的果实：这样便少些羞耻。

至于乞丐，却是我们应当完全取缔的！说真的，无论是给予他们还是不给予他们，都令人生气。

同样地，也要取缔罪人和坏良心！相信我，我的朋友们啊：良心的谴责就是教人到处乱咬。

而最恶劣的却是卑琐狭隘的思想。说真的，行恶使坏也胜于卑琐地思想！

诚然，你们会说："行小恶的快感能使我们免除一些大恶行。"

但是,我们在此本就不该意愿省免。

恶行有如一种脓疮:它发痒、刺痛,然后溃烂,——它实话实说。

"看哪,我就是疾病"——恶行如是讲;这是它的老实相。

然而,卑琐狭隘的思想就像病菌:它徐徐爬行,缩头缩脑,哪里都不想久留——直到整个身体都为细小的病菌所腐蚀而变得干枯不堪。

而对那个被魔鬼缠身的人,我要悄悄地说这个话:"更佳的做法,是把你的魔鬼拉扯大!即使对你来说,也还有一条通向伟大之路!"——

啊,我的兄弟们!我们对每个人都了解得过多了些!有些人对我们来说是透明的,但我们因此还远不能把他们洞穿!

与人类一起生活是困难的,因为沉默是如此艰难。

而且,并非对于反对我们的人,我们最为不公,而是对于与我们根本不相干的人。

而如果你有一个受苦受难的朋友,那么你就要成为他的苦难的休养所,然则可以说是一张硬床,一张行军床:这样你对他才最有用处。

而如果有一个朋友作恶于你,你就说:"我原谅你对我所做的;但你对自己也做同样的事,——我又怎能原谅你!"

一切大爱都如是说:它甚至也超越了宽恕和同情。

我们应当守住自己的心灵;因为如果我们放任自己的心灵,则我们的头脑就会多么快地失去控制!

啊,比起在同情者那里,世界上哪里还有更大的蠢事呢?而且,比起同情者的蠢事,世界上还有什么更能引发痛苦呢?

一切热爱者多么不幸啊,他们还没有一个超越他们的同情的高度!

魔鬼曾经对我如是说:"连上帝也有自己的地狱:那就是他对人类的爱。"

而最近我又听到魔鬼说这番话:"上帝死了;上帝死于他对人类的同情。"——

所以你们就要警告我提防同情:由此还会给人类带来一片重重的乌云! 真的,我是精通气象的!

但也要记住这句话:一切大爱都高蹈于自己的全部同情:因为一切大爱都还意愿把所爱者——创造出来!

"我把我自己奉献给我的爱,而且对我的邻人就像对我自己"——所有创造者的讲法都是如此。

而所有创造者都是严厉无情的。——

查拉图斯特拉如是说。

*

* *

26. 教士们

有一天,查拉图斯特拉给他的门徒们一个手势,并且对他们说了下面这番话:

"这是一些教士:尽管他们是我的敌人,但你们还是悄悄地从他们身边走过去吧,不要动武了!

即便在他们当中也有英雄好汉;他们中的许多人受过太多苦难——:所以他们也想使他人受苦。

他们是一些凶恶的敌人:没有比他们的谦卑更具报复欲的了。而且,攻击他们的人容易把自己玷污了。

然而,我的血是与他们的血相近的;而且,我意愿知道我的血也还在他们的血中受到尊重。"——

当他的门徒们离开后,查拉图斯特拉突然陷入痛苦之中;而与痛苦抗争了没多久,他就开始如是说道:

这些传教士让我觉得可怜。他们也有悖于我的趣味;不过,自从我来到人们中间,这种事在我看来是微不足道的。

但我曾与他们一起受苦,而且正在与他们一起受苦:在我看来,他们就是囚犯,被画了押的囚犯。他们所谓的救世主为他们戴上了镣铐:——

那虚伪价值和虚妄言辞的镣铐!啊,但愿有人把他们从救世主那里解救出来!

当大海使他们晕头转向时,他们以为是登上了一座岛屿;但看哪,那只是一个沉睡的怪物!

虚伪价值和虚妄言辞:这对于凡人来说是最恶劣的怪物,——厄运早就在其中潜伏和等待了。

但它终于来了,苏醒过来,吞噬了在它身上安家落户的东西。

啊,看看这些教士们为自己建造的这个居所吧!他们把自己芬芳的洞穴称为教堂。

啊,这伪造的光明,这沉闷的空气!在这里,灵魂不能飞升——到它自己的高度!

相反,他们的信仰倒是如此要求:"你们这帮罪人,屈膝爬上阶梯吧!"

真的,我宁可看到一个厚颜无耻的人,胜于看到他们为羞耻和虔诚所扭曲的眼睛!

谁为自己创造了这样一些洞穴和忏悔之阶梯?难道不是那些想隐匿自己、在晴朗天空下感到羞耻的人们吗?

而只有当晴朗天空重又穿透破败的屋顶,照射到断墙残壁上的蔓草和红罂粟时,——我才意愿把心思转回到这个上帝的居所。

他们把违抗他们、令他们痛苦的东西称为上帝:而且说真的,他们的崇拜中非常具有英雄气概!

而且,除了把人钉在十字架上,他们根本就不知道如何去爱他们的上帝!

他们想要行尸走肉般地生活,为尸体铺上黑衣;甚至从他们的话语中,我也还能嗅出停尸间的恶臭。

26. 教士们

而且谁若住在他们近旁,就是住在污黑池塘近旁,池塘里的癞蛤蟆以甜蜜的奥义唱出自己的歌。

他们必得为我唱更动听的歌,使我学会信仰他们的救世主:在我看,他的门徒们必定更有得救的样子!

我想看他们赤身裸体:因为只有美才能劝人忏悔。但这种伪装的苦恼能劝说谁啊!

真的,他们的救世主本身并非来自自由和自由的第七重天!真的,他们的救世主本身从未踏上过知识的地毯!

这些救世主的精神充满缺陷;但他们在每个缺陷中都投入了自己的妄想,即他们称之为上帝的代用品。

他们的精神淹没在自己的同情中,而当他们为同情所充满并且过于膨胀时,总有一种大愚蠢浮现出来。

他们热切地叫喊着,驱赶羊群穿过自己的小径:仿佛就只有这一条小径通向未来似的!说真的,连这些牧人也仍然属于羊群!

这些牧人具有狭小的精神和广博的灵魂:然而我的兄弟们啊,即便是最广博的灵魂,迄今也是何等狭小的疆域!

他们把血的标记写在他们走过的路上,而且他们的愚蠢教人要以鲜血来证明真理。

然则鲜血却是真理最坏的见证人;鲜血还能毒化最纯粹的学说,使之成为心灵的妄想和仇恨。

而当有人为自己的学说赴汤蹈火时,——这证明了什么啊!真的,从自己的火焰中更能得出属己的学说!

郁闷的心灵和冷峻的头脑:在两者相遇处,便出现暴风,即"救世主"。

确实，比起被民众称为救世主的，这种肆虐的暴风，还有更伟大、更高贵的天资呢！

而且你们，我的兄弟们啊，如果你们要找到通向自由之路，那就还必须由比一切救世主更伟大者来解救！

还从未有过一个超人。我已见了两者的裸身，那最伟大的人与最渺小的人：——

他们彼此还过于相似。真的，即使最伟大的，我感到——也太人性了！

查拉图斯特拉如是说。

* * *

27.有德性者

我们必须带着雷霆和天国烟火,向松弛而昏沉的心智讲话。

然则美之音调却是轻柔的:它只悄然潜入那最清醒的灵魂。

今天,我的盾牌轻轻颤动,并且对我发笑;那是美的神圣的发笑和颤动。

今天,我的美在嘲笑你们,你们这些有德性者。我的美的声音对我如是说:"他们还意愿——得到报偿呢!"

你们还想要得到报偿,你们这些有德性者啊!莫非要为德性求奖赏,为大地求天空,为你们的今日求永恒吗?

现在,因为我宣称没有奖赏者和出纳员,你们就要对我发怒吗?说真的,我甚至根本没有宣称,道德就是它自己的奖赏。

啊,这便是我的悲哀:人们已经把赏与罚投放入事物的根基之中——现在,甚至也投放入你们灵魂的根基之中,你们这些有德性者啊!

但犹如公猪的嘴,我的话语要撬开你们灵魂的根基;我愿被你们叫做犁铧。

你们根基上的全部隐秘内情都要得到揭示;而当你们被翻掘和打碎之后大白于天下,则你们的谎言与你们的真理也将分离开来。

因为这就是你们的真理:就复仇、惩罚、奖赏、报应之类的词语的肮脏来说,你们太纯洁了。

你们爱自己的德性,就像母亲爱自己的孩子;然而,我们何曾听说过一个母亲因为她的爱而要得到报偿的呢?

这就是你们最可爱的自身,你们的德性。你们心中有圆环的渴望:为了重新达到自身,每个圆环都要争斗和旋转。

而且你们的德性的任何一种作业,就像一颗黯然的星:它的光总是还在途中,游移不定——它何时不再在途中呢?

即是说,即便这种作业已经完成,你们的德性的光依然在途中。即使它现在被遗忘和消逝了:它的光芒依然,而且游移不定。

你们的德性就是你们的自身,而不是一个外来物,一个表皮,一种掩饰:这就是基于你们灵魂根基深处的真理,你们这些有德性者啊!

但诚然有这样一些人,对他们来说,德性意味着一种鞭挞之下的痉挛:而你们已经听了太多他们的叫喊声!

还有另一些人,他们把德性叫做他们的恶习的腐败;一旦他们的仇恨和嫉妒使四肢放松时,他们的"正义"便醒了过来,揉着惺忪的睡眼。

还有一些人,他们被往下拉扯:他们的魔鬼在拉扯他们。然则他们愈是下沉,他们的眼睛就愈炽热,对他们的上帝的渴望也愈是热烈。

啊,他们的叫喊声也传到了你们耳朵里,你们这些有德性者:"凡我所不是的,在我看来就是上帝和德性!"

还有一些人,他们就像运石头下山的车子,笨重而叽叽嘎嘎地

27. 有德性者

迎面而来:他们奢谈尊严与德性,——他们把制动器叫做德性!

还有一些人,他们就像上紧了发条的日常时钟;他们滴答作响,并且要人们把这种滴答之声叫做——德性。

说真的,我对于这种人大有兴致:遇到此类时钟,我就将用我的嘲讽上紧它们的发条;而且在此它们还得对我嗡嗡作响。

还有一些人,他们对自己的一丁点儿公正感到骄傲,并且因为这个缘故而对一切事物胡作非为:就是使世界溺死于他们的不公正中。

"德性"一词出自他们的口中是多么恶劣啊!而当他们说:"我是公正的,"这话听起来始终就好比说:"我受了报复!"①

他们想要用自己的德性抠出敌人的眼睛;他们抬高自己,只是为了贬抑他者。

再还有这样一些人,他们坐在自己的泥沼里,从芦苇中说出这样的话:"德性——那就是静静地坐在泥沼里。

我们不咬任何人,也避开那想要咬人的人;而且对于一切事物,我们有人们提供给我们的意见。"

再还有这样一些人,他们喜欢各种姿态,并且认为:德性就是一种姿态。

他们的膝总是礼拜,他们的手乃是德性的赞美,但他们的心灵却对此一无所知。

再还有这样一些人,他们认为说"德性是必然的"这样的话就

---

① 此处"我是公正的"(ich bin gerecht)与"我受了报复"(ich bin gerächt)在德语中发音极相似。——译注

是德性了；然则根本上他们只相信警察是必然的。

有些人看不到人类的高贵，却认为德性就是像他这样把人类的卑下看得十分真切：所以他也把自己凶恶的目光叫做德性。

有些人想要得到提高和建树，而且把这叫做德性；但另一些人想要被推翻，想要得到彻底改变——而且把这叫做德性。

这样一来，几乎所有的人都相信自己分有了德性；至少每个人都愿意成为分辨"善"与"恶"的行家。

然而，查拉图斯特拉不至于对所有这些说谎者和傻瓜说："你们知道什么德性啊！对于德性你们能够知道什么啊！"——

事情毋宁是，你们，我的朋友们，将厌倦于那些老话，你们从傻瓜和说谎者那里学来的老话。

你们将厌倦于"奖赏""报复""惩罚""公正的复仇"之类的老话——

你们将厌倦于说："一个行为是善的，因为它是无私的①。"

啊，我的朋友们！你们的自身（Selbst）在行为中，要像一个母亲之于孩子：这在我看来就是你们的德性格言了！

说真的，可能我剥夺了你们许许多多的格言和你们德性最可爱的玩具；而现在你们就像小孩一般对我发怒。

孩子们在海边玩耍，——一个海浪打来，把他们的玩具卷到深处了：于是他们便哭了起来。

不过，那同一个海浪也会给他们带来新的玩具，在他们面前撒下新的多彩贝壳！

---

① 原文为 selbstlos，字面直译为"无自身的"。——译注

于是孩子们得到了安慰；我的朋友们，你们就像他们一样，也会有自己的慰藉——而且是新的多彩贝壳！——

查拉图斯特拉如是说。

*
*　　　　　　*

28. 流氓痞子

生命乃是欢乐的源泉;然而,在流氓痞子也一起来饮用的地方,所有井泉都被毒化了。

我喜爱一切纯洁的东西;但我不喜欢看到奸笑的嘴脸和不洁者的饥渴。

他们俯视于井泉:于是从井泉向我映射出他们可恶的笑容。

他们已经以自己的肉欲把这神圣的泉水毒化;而当他们把自己肮脏的梦想称为欢乐时,他们也还毒化了言辞。

当他们把自己潮湿的心灵投向火,火焰便生起气来;当流氓痞子走近火时,精神本身就要沸腾和冒烟了。

他们手中的果实会变甜和腐烂:他们的目光会使果树摇摆不定,使树梢干枯。

有些人抛弃生命,其实只不过是抛弃流氓痞子:他们不愿与流氓痞子共享井泉、火焰和果实。

有些人遁入荒野,与野兽一起忍受饥渴,其实只是不愿与肮脏的骆驼夫一道坐在水池旁。

有些人像一个毁灭者一般走来,犹如冰雹之于所有果园,其实只是想把他们的脚塞到流氓痞子的咽喉里,从而堵住后者的喉头。

弄懂生命本身需要敌对、死亡和死刑十字架,这并不是最令我哽塞的食物:——

相反,我曾经追问,而且几乎因我的这个问题而窒息:怎么?生命也必需流氓痞子么?

毒化的泉、发臭的火、污秽的梦以及生命面包里的蛆虫,都是必需的吗?

饥饿地咬啮我生命的,不是我的仇恨,而是我的厌恶!啊,当我发现甚至流氓痞子也富于精神时,我就常常厌倦于精神了!

当我看到统治者现在把什么称作统治时,我就背弃了统治者:为了权势进行买卖和交易——与流氓痞子!

我居住在讲陌生语言的民族中间,充耳不闻:这样我就与他们买卖时讲的话和他们为权势做的交易格格不入了。

我掩住鼻子,恼怒地穿过一切昨天和今天:真的,一切昨天和今天都有股文痞流氓的恶劣气味!

就像一个既聋又哑又盲的残废人:我就这样长久地生活,方不至于与那些权力痞子、文字痞子和淫欲痞子一起生活。

我的精神吃力地、小心地爬上阶梯;欢乐的施舍乃是它的清醒剂;生命在盲者的手杖上悄悄溜掉。

然则我出了事?我如何来解脱厌恶呢?谁使我的眼睛变得年轻了?我怎样飞到了那个高处,那个不再有流氓痞子坐在井泉旁的高处?

难道是我的厌恶本身为我提供了飞翔的翅膀和预感泉源的力量吗?真的,我必须飞到最高处,才能重新找到欢乐的源泉!

啊,弟兄们,我找到了它!在这里,在最高处,欢乐的源泉向我涌流!而且有一种生命,没有一个流氓痞子共饮之!

欢乐之泉啊,你几乎太猛烈地涌来!而且,因为你想要把杯子注满,你常常又把杯子倒空!

我还必须学会更谦卑地接近于你:我的心太过猛烈地向你喷涌:——

我的心啊,我的夏天就在我心上燃烧,这个短促、炎热、忧郁、极度快乐的夏天:我的夏天之心是多么渴望你的清凉!

我那春天的踌躇的悲伤过去了!我那六月雪花的恶毒过去了!我已经完全成了夏天和夏天的正午!

一个至高的夏天,带着清凉的泉水和福乐的宁静:啊,我的朋友们,来吧,让这份宁静变得更福乐!

因为这就是我们的高空和我们的家乡:对于所有不洁者及其渴望来说,我们在此居住得太高太陡峭了。

朋友们啊,只管把你们纯洁的眼光投向我那欢乐的源泉!它怎会因此变得浑浊呢?它当以它的纯洁对你们微笑。

我们在未来树上建筑我们的窝巢;而鹰当为我们这些孤独者叼来食物!

真的,没有那些不洁者可以分享的食物!他们会误以为自己吞了火焰,烧了自己的嘴!

真的,我们在此根本没有为不洁者们准备住所!对于他们的肉体和精神来说,我们的幸福或许就是一个冰洞!

我们意愿像狂风一般生活在他们之上,与鹰为邻,与雪为邻,与太阳为邻:狂风就是这样生活的。

有朝一日,犹如一阵风,我还要吹到他们中间,以我的精神夺取他们精神的呼吸:我的未来就意愿如此。

真的,查拉图斯特拉乃是席卷一切低地的狂风;对于自己的敌人和所有吐唾沫者,他给出这样的忠告:"当心啊,不要逆风而唾!"

查拉图斯特拉如是说。

*

* *

29. 毒蛛

看哪,这是塔兰图拉毒蛛①的巢穴!你想亲眼目睹它们吗?这里结着它们的网:碰触一下吧,使它抖动起来。

毒蛛自愿来了:欢迎,毒蛛!在你黝黑的背上有你的三角形和标志;我也知道你的灵魂中有些什么。

在你的灵魂中满是复仇:你所咬的地方,就长出黑色的疮痂;因为复仇,你的毒汁使灵魂眩晕!

所以我就要用比喻对你们说话,你们这些使灵魂眩晕者,你们这些宣扬平等的说教者啊!在我看来,你们就是毒蛛,隐藏的复仇者!

然而,我就要把你们的藏身之处揭露出来:因此我将以我崇高的大笑,直面笑你们。

因此我就要撕破你们的网,让你们的狂怒把你们从自己的谎言之穴中引诱出来,也让你们的复仇从你们的"公正"格言背后跃出。

因为人类是要解脱复仇的:在我看来,这就是通向最高希望的

---

① 塔兰图拉毒蛛(Tarantel):一种产于南欧的毒蜘蛛,据传被它咬伤后需要长时间狂舞方能消除蛛毒。——译注

桥梁,漫长暴风雨之后的一道彩虹。

而毒蛛当然是另有所愿了。"让世界充满了我们复仇的暴风雨,这在我们看来恰恰就是公正"——它们相互间这样说道。

"我们要实施复仇,辱骂所有与我们不同者"——毒蛛的心里这样许愿。

还有,"求平等的意志"——从此以后,这本身当成为德性的名称;而对于一切拥有权力者,我们也要提高我们的呼声!

你们这些平等的说教者啊,是那种昏聩无能的暴君式疯狂,就这样从你们口中大呼"平等":你们最隐秘的暴君式欲望就这样在德性话语里伪装起来!

苦恼的狂妄,克制的嫉妒,也许是你们父辈的狂妄和嫉妒:作为火焰,以及复仇的疯狂,从你们身上爆发出来。

父亲所默然不表者,在儿子身上得以流露;我经常发觉儿子是他父亲赤裸裸的秘密。

他们类似于激动者:然则使他们激动的并不是心灵,——而是复仇。而如若他们会变得机敏和冷静,那么,使他们变得机敏和冷静的不是精神,而是嫉妒。

他们的妒忌也把他们引向思想者之路;而且这就是他们的妒忌的标志——他们总是走得太远:以至于他们的困倦最后还必定让他们落睡于雪地上。

在他们每一声悲叹中都透出复仇,在他们每一句颂词中都有一种伤人之举;而成为法官在他们看来好像是一种福乐。

不过,朋友们啊,我要这样奉劝你们:不要相信任何具有强烈惩罚欲的人!

那是种族和出身恶劣的民众;从他们脸上透出刽子手和警犬之气。

不要相信那些侈谈自己的公正的人们!说真的,他们灵魂中缺失的不只是蜂蜜。

如若他们把自己称为"善人"或"公正者",那么,可别忘了,他们要成为法利赛人,所缺的无非是——权力!

我的朋友们,我可不愿被混淆,与他人混为一谈。

有一些人在宣传我的生命学说:而同时,他们也是平等的说教者和毒蛛。

这些毒蛛,他们口头拥护生命,尽管他们端坐于巢穴里,而且背弃于生命:那是因为他们想要以此伤害于人。

他们想要以此伤害那些眼下拥有权力者:因为关于死亡的说教在这些人那里最为到家。

倘若不然的话,毒蛛们就会有别种说教:恰恰他们从前就是最佳的世界诽谤者和焚烧异教徒的人。

我不愿与这些平等的说教者相混淆,被混为一谈。因为公正是这样对我讲的:"人类是不平等的。"

而且他们也不该成为平等的!倘若我另有说法,则我对于超人的爱会是什么呢?

他们当走上千百座桥,涌向未来,而且在他们中间会有越来越多的争斗和不平:我的大爱让我如是说!

以他们的敌意,他们会成为各种幻象和幽灵的发明者,而且以他们的各种幻象和幽灵,他们还会在彼此间进行一场至高的战斗!

善与恶、富与贫、贵与贱,以及一切价值名称:这些都会是武器,也是响亮的标志,表明生命必须一再克服和战胜自己!

生命本身,它意愿用石柱和阶梯往高处筑造自己:它意愿眺望广阔的远方,遥望福乐的美景,——因此它需要高度!

而且由于它需要高度,所以它就需要阶梯,以及阶梯与攀登者之间的矛盾! 生命意愿攀登,意愿在攀登中战胜自己。

倒是看啊,我的朋友们! 在这里,在毒蛛之巢穴,矗立着一座古代庙宇的废墟,——倒是用明亮的眼睛仔细瞧瞧啊!

真的,谁曾在此用石头把自己的思想层层叠加起来,类似于那个最智慧者,知道一切生命的奥秘!

即便在美中也还有争斗和不平,也有围绕权力和权势的战斗:他在此用最清晰的譬喻教导我们。

在摔打中,这些穹隆和拱顶是怎样在这里神性地激荡的:它们怎样以光和影彼此相抗相争,这些神性地奋争者——

那么,我的朋友们啊,让我们也确实而美好地成为仇敌吧! 我们意愿神性地彼此相抗相争!——

哎呀! 那毒蛛,我的老仇敌啊,竟在这时咬了我! 神性地,坚实而美好,毒蛛咬了我的手指!

"惩罚和公正是必须有的,"——毒蛛如是想,"并非徒然地,他①当在此歌颂仇敌的!"

是的,毒蛛已经报仇了! 唉! 现在它也还将以复仇使我的灵魂眩晕!

然而,我的朋友们,把我牢牢地绑在这根柱子上吧,我才不至

---

① 从上下文看,此处"他"应指被咬的"我"。——译注

于眩晕!我宁愿成为柱子上的神圣者,而不愿成为报复的旋风!

真的,查拉图斯特拉决不是令人眩晕的旋风;而且如若他是一个舞者,那也绝不是一个毒蛛般的舞者!——

查拉图斯特拉如是说道。

※ ※ ※

30. 著名智者

你们是为民众和民众的迷信效力的,一切著名的智者啊!——而不是为真理服务的!恰恰因此,人们向你致以敬仰。

而且因此之故,人们也容忍了你们的不信仰,因为这种不信仰对于民众来说是一个笑话和一段弯路。主人就这样放任他的奴隶们,而且还对奴隶们的放肆感到愉快。

然则谁为民众所憎恨,犹如一头狼之于猎狗:他就是自由思想者,锁链之敌,不做礼拜者,隐居山林者。

把他从他的藏身之所驱逐出来——这在民众那儿始终被叫做"正义的意义":民众有利齿的猎犬还老是对之进行攻击。

"因为真理在此:民众即在此!唉,寻求者多么不幸!"——历来就有这样的声音。

在民众的敬仰中你们意愿为他们提供正义:这被你们叫做"求真意志",著名的智者啊!

而你们的心灵总是对自己说:"我来自民众:在我看,上帝的声音也是从那里来的。"

顽固而聪明地,有如驴子,你们总是成了民众的辩护人。

而且有些强权者意愿与民众和善相处,还在他们的马前驾上——一匹小驴,一个著名的智者。

而现在我希望,著名的智者啊,你们终于完全把你们的狮皮抛掉!

那斑驳的野兽的皮,以及研究者、探寻者、征服者的毛发!

啊,要我学会相信你们的"真诚性",那你们就必须首先为我粉碎掉你们的敬仰的意志。

真诚的——对于那个进入无神的荒漠之中、粉碎掉了自己敬仰的意志的人,我就称其为真诚的。

在黄沙中,为太阳所炙烤,他十分渴望地,对那多泉的、绿荫葱葱的岛屿垂涎欲滴。

然则他的渴望并不能说服他,与这些安适者相类同:因为凡有绿洲处,也有偶像。

饥饿的、残暴的、孤独的、无神的:狮子的意志如此意愿自己。

摆脱奴隶的幸福,挣脱诸神和礼拜,无畏而可怕,宏伟而孤独:真诚者的意志就是这样的。

真诚者、自由思想者,向来作为荒漠之主人居住在荒漠中;而在城市里,则居住着那些被喂得好好的、著名的智者,——那些役畜。

因为他们总是作为驴子拉着——民众的车!

并不是我因此对他们生出怒气:尽管他们从金色挽具中发出光芒,但在我看来,他们依然是奴仆和被套上挽具的役畜。

而且他们经常是好奴仆,物有所值的奴役。因为德性如是说:"如若你必为奴仆,就要寻找到你能最佳地为之效力的那个主人!"

"你主人的精神和德性当因为你是他的奴仆而不断增进:而你

自己也将随他的精神与德性而不断成长！"

真的，著名的智者啊，你们这些民众的奴仆！你们自己将随着民众的精神和德性而不断成长——而民众也因你们而增进！我道出这一点，是向你们表示敬意！

然则在我看来，你们纵有自己的德性，也还是民众，目力笨拙的民众，——不知道精神是什么的民众！

精神就是自行阉割的生命：生命因自己的痛苦而丰富自己的知识，——你们已经知道了这一点么？

而且精神的幸福就在于：涂上了圣油，通过眼泪而被供奉，成为献祭之牺牲品，——你们已经知道了这一点么？

而且盲者之盲目以及他的寻求和摸索，依然能见证他观望过的太阳的强力，——你们已经知道了这一点么？

而且认识者当与高山一道学会建造！精神移山，一件小事而已，——你们已经知道了这一点么？

你们只知道精神的火花：但你们看不到精神是一块铁砧，看不到它的铁锤的残暴性！

真的，你们不知道精神的骄傲！但你们更加不会容忍那精神的谦卑性，倘若它一旦想要发言！

而且你们永远不能把自己的精神抛入一个雪坑里：要做这事，你们还不够热呢！所以你们也不知道它的冷酷的欣喜。

而在我看来，在任何方面，你们都与精神太亲热了；你们经常把智慧搞成坏诗人的救济所和医院。

你们并不是兀鹰：所以你们也未曾经验过精神惊恐时的幸福。谁若不是飞鸟，他就不该在深谷之上筑巢。

在我看，你们是温热的：但一切深邃的知识皆寒冷地流动。精神最内在的泉流是冰冷的：对于热的手与热的行动者来说却是一种振奋。

你们这些著名的智者啊，你们可敬地站在我面前，硬邦邦，挺直了背！——没有一种强风和意志能推动你们。

你们从未见过船帆行于大海上，那在暴风之下鼓胀成圆形，战栗着向前的船帆吗？

犹如船帆，战栗于狂暴的精神，我的智慧行于大海之上——我的野性的智慧啊！

然而你们这些民众的奴仆，你们这些著名的智者啊，——你们怎能与我同行！——

查拉图斯特拉如是说。

*

*　　　　　　*

31. 夜歌

是夜里了：现在所有的喷泉越来越响亮。而我的灵魂也是一个喷泉罢。

是夜里了：现在爱人们的全部歌声才刚刚唤起。而我的灵魂也是一个爱人的歌罢。

在我心里有一个从未平静也不可平静的东西；它想要声张。在我心里有一种对爱的渴望，它本身说着爱的语言。

我是光明：啊，但愿我是黑夜！然则我被光明所萦系，此乃我的孤独。

啊，但愿我是昏暗的和黑夜般的！我要怎样吮吸光明之乳！

而且，我依然要祝福你们自己，你们这些闪耀之星以及天上发光的虫啊！——而且因为你们的光之赠礼而欢欣。

但我生活在自己的光明中，我饮回从我身上爆发出来的火焰。

我不知道获取者的幸福；而且我经常梦想，偷窃一定比获取更福乐。

我的贫困在于，我的手从未停止过赠予；我的妒忌在于，我看到期待的眼睛，以及渴望的被照亮的夜。

啊，一切赠予者的不幸！我的太阳的阴暗化啊！对渴望的渴望啊！满足中的馋饿啊！

他们从我这儿获取：但我还能触及他们的灵魂吗？在给予与获取之间有一道鸿沟；而且最小的鸿沟是要最后被跨越的。

从我的美中生出一种饥饿：我要伤害那些被我照耀的人们；我要劫掠我的那些受馈赠者：——我是如此渴望作恶。

即便你们迎面伸出手来，我也会缩手；迟疑犹如瀑布，在骤落时依然迟疑的瀑布：——我是如此渴望作恶！

这样一种报复心乃起于我的丰富；这样一种奸诈乃源自我的孤独。

我赠予时的幸福消失于赠予，我的德性已经因其富裕过剩而厌倦了自己！

谁若一味给予，就有失去羞耻之心的危险；谁若总是分发，他的手和心就会因纯然分发而生出胼胝。

我的眼不再因为乞求者的羞耻而流泪；我的手已经变得太坚硬，不能感受那盈盈满握之手的颤动。

我眼里的泪水何往？我心里的绒毛又何往？啊，一切赠予者的寂寞啊！啊，一切发光者的沉默啊！

许多太阳绕行于寂寥天际：它们以自己的光明向一切黑暗之物诉说，——对我却默然无语。

啊，此乃光明对于发光者的敌视，它毫无同情地变换自己的轨道。

在内心深处对发光者不公：横眉冷对众多太阳，——每一个太阳都这样变换。

犹如暴风雨一般，众多太阳飞行于自己的轨道，这就是它们的变换。它们循着自己不可阻挠的意志，这就是它们的冷酷。

啊，你们这些黑暗者，你们这些漆黑如夜者，唯有你们才能从发光者那里取得自己的热量！啊，唯有你们才从光明之乳房里畅饮乳汁和琼液！

啊，我的四周都是冰，我的手在寒冰上烧焦！啊，我心中的渴望啊，它渴望着你们的渴望！

是夜里了：啊，我是必定成为光明的！还有对黑夜的渴望！还有寂寞！

是夜里了：现在我的渴求就像一道泉水喷涌而出，——我渴求言说。

是夜里了：现在所有的喷泉越来越响亮。而我的灵魂也是一个喷泉罢。

是夜里了：现在爱人们的全部歌声才刚刚唤起。而我的灵魂也是一个爱人的歌罢。——

查拉图斯特拉如是歌唱。

*

* *

32. 舞曲

一天傍晚,查拉图斯特拉和他的弟子们穿过森林;而当他寻找一汪泉水时,看哪,他来到一片为树林和灌木丛所围绕的绿草地上:有一群少女在那里跳舞。一俟少女们认出了查拉图斯特拉,她们便骤然停止了跳舞;查拉图斯特拉却以友好的姿态走向她们,跟她们说了下面这番话:

别停止跳舞嘛,可爱的少女们!到你们这里来的,不是一个眼光恶毒的扫兴之人,也不是少女的仇敌。

在魔鬼面前,我是上帝的辩护者:但这魔鬼却是重力之精神。[①] 你们这些轻盈的少女啊,我怎能对神性的舞蹈怀有敌意呢?抑或我怎能厌恶少女们美丽的脚踝呢?

诚然,我是一片森林,幽暗树林下的一个黑夜:可是谁若不怕我的黑暗,他也会在我的柏树下找到玫瑰花盛开的山坡。

他也可以找到那少女们最爱的小神:他就躺在泉边,静静地,闭着眼睛。

真的,他在白天也沉睡,这个懒汉!他是不是抓蝴蝶太多了呢?

[①] "重力之精神"德文原文为 der Geist der Schwere,或译为"重力之精灵"。——译注

32. 舞曲

你们这些美丽的舞者啊，要是我稍稍责罚一下这个小神，别对我动怒！他一定会叫喊起来，并且哭泣起来，——但即便他哭了，也是可笑的！

而且他应当两眼含泪，请求你们跳一个舞；而我自己愿为他的舞蹈唱一支歌：

一支舞曲，一支针对重力之精神、我那最高又最强的魔鬼的讽刺歌曲，这个魔鬼被说成是"世界的主人"。——

这就是当丘比特①与少女们共舞时查拉图斯特拉唱的歌曲。

啊，生命，新近我曾观入你的眼睛！在那里，我似乎沉入深不可测的东西中了。

但你用你的金钩把我拉了出来；当我说你深不可测时，你便讥笑了。

"所有的鱼都这么说的，"你说道，"它们没有探测的东西，就是深不可测的。"

"但我只不过是变化无常的，野性的，完完全全是一个女人，而且并不是一个有德性的女人：

虽然你们男人们把我叫做'深沉者'或'忠实者'、'永恒者'、'神秘者'。

可你们男人们常常把自己的德性赠予我们——啊，你们这些有德性者啊！"

---

① 丘比特（Cupido）：古罗马神话中的小爱神，长有双翼、手持弓箭的美童。——译注

这个不可置信的,它就这样笑了;但当它说自己坏话时,我是决不相信它和它的笑的。

而且当我私下里与我的野性智慧谈话时,它便对我愤怒地说:"你意愿,你渴求,你热爱,唯因此你才颂扬生命!"

这时我几乎恶狠狠地作了回答,向这个发怒者说出了真理;而且人们能做的最狠毒的回答莫过于,人们对自己的智慧"说出真理"。

因为在我们三者之间情形就是这样。根本上我只爱生命——而且说真的,当我恨生命时我爱之最甚!

可我也喜欢智慧,经常是太过喜欢了:这是因为它竟能十分强烈地回想到生命!

智慧有自己的眼,自己的笑,甚至自己的金色钓竿:两者之间看起来如此相似,我又能何为?

有一次生命问我:这究竟是谁呢,这智慧?——我热切地答道:"对呀!智慧嘛!

人们渴望着它,不厌其烦,人们只能隔着面纱观看之,人们只能透过网格捕捉之。

它美吗?我知道什么呀!但最老滑的鲤鱼也还不免受它的引诱。

它是变化无常的,又是固执的;我经常见它咬牙切齿,逆着自己的头发梳头。

也许它是凶恶而虚伪的,而且完全是一个女流之辈;然则当它说自己坏话时,它恰恰最有诱惑性。"

当我对生命说了这些话,生命便奸笑起来,闭上了眼睛。"你到底在说谁呀?"它说,"是在说我罢?

倘若你说得对,——你竟当面跟我说这个!但现在,你倒也来说说你自己的智慧罢!"

啊,现在你重又张开你的眼睛,亲爱的生命啊!而我似乎又沉入深不可测的东西中了。——

查拉图斯特拉如是歌唱。但当舞蹈结束,少女们离去时,他却悲伤起来。

"太阳早就已经下落了,"他终于说,"草地潮湿,树林里吹来一阵凉风。

一个未知之物在我周围,若有所思地观看。怎么!你还活着吗,查拉图斯特拉?

何故?为何?由何?何往?在哪?如何?依然生活下去,这岂不是蠢事一桩?——

啊,我的朋友们,是黄昏在我身上这样发问。原谅我的悲伤吧!

是黄昏时分了:原谅我,已是黄昏了!"

查拉图斯特拉如是说。

*

* *

33.坟墓之歌

"那里是坟墓之岛,沉默的坟墓之岛;那里也是我的青春的坟墓。我要把一个常绿的生命花环带到那里去。"

心里这样下着决定,我渡过了大海。——

啊,你们,我青春的面容和仪表!啊,你们,所有爱的目光,神性的瞬间!对我,你们消逝得多快啊!今天我想念你们,有如想念我的死者。

我最亲爱的死者啊,从你们那里向我飘来一种甜蜜的气息,一种宽慰心灵、消解泪水的气息。真的,它激动和宽慰着孤独航海者的心。

我永远地还是最富有者和最为人妒忌者——我这个最孤独者啊!因为我曾经拥有过你们,而你们依然拥有着我:告诉我,这树上玫瑰花般的红苹果,曾对谁而掉落下来——像对我一样地掉下来?

我永远地还是你们的爱的继承者和土壤,向你们的记忆开放着多彩的野生的德性,我最亲爱的人们啊!

啊,你们这些可爱的陌生的奇物啊,我们是注定了要相互亲近的;而且,你们并不像胆怯的鸟儿一般走近我和我的渴望——不,是作为信赖者走向信赖者!

是啊,像我一样,也是注定为了忠诚和温柔的永恒:难道我现

33.坟墓之歌

在必须按你们的不忠来称呼你们吗,神性的目光和瞬间啊:我还没有学会别的名称。

真的,你们对我是消逝得太快了,你们这些逃亡者。然则你们没有逃避我,我也不曾逃避你们:以我们的不忠,我们彼此是无辜的。

为了杀死我,人们便扼死你们,我的希望的歌鸟啊!是的,恶总是向你们射箭,你们这些最可爱者——那是要击中我的心!

而且它们已经击中了!你们却始终是我最心爱的,我的占有物和我的占有状态:因此之故,你们就必定要少年早逝,而且也太早了!

向我所占有的最易受伤者,人们射出箭来:那就是向你们射箭,你们,皮肤犹如一种绒毛,更犹如那一瞥即逝的微笑!

然而我意愿向我的仇敌说出这话:比起你们对我所做的,一切杀人罪又算什么啊!

你们对我所做的恶事,甚于一切杀人罪;你们从我身上夺走了不可挽回的东西:——我对你们如是说,我的仇敌们啊!

你们倒是杀死了我青春的面容和最可爱的奇物啊!你们夺走了我的游伴,那福乐的精神!为了它们的纪念,我将安置这个花环和这种诅咒。

这种诅咒针对你们,我的仇敌们!你们倒是缩短了我的永恒,有如一种声音在寒夜里破碎!我几乎只是发现了神性眼睛的闪光——那瞬间!

在某个好时光,我的纯洁曾对我如是说:"万物在我看来都应该是神性的。"

于是你们就以污秽的鬼魂来突袭我；啊，现在那好时光逃往何方！

"所有的日子在我看来都应该是神圣的"——我青春的智慧曾经如是说：真的，那是一种快乐的智慧的说法！

但你们这些仇敌窃取了我的黑夜，把它卖给了那无眠的痛苦：啊，现在那快乐的智慧逃往何方了？

我曾经渴求那幸福的飞鸟的征兆：你们于是引来一只猫头鹰怪物穿越我的道路，一个不吉的征兆。啊，我那温柔的渴望逃往何方了？

我曾经发誓要断掉一切厌恶之念：你们于是把我的切近之物转变为脓包。啊，我最高贵的誓愿逃往何方了？

我曾经作为盲者行走于福乐的路上：你们于是把污秽抛在盲者的路上；而现在他厌恶那盲者的旧路。

而且当我做我最艰难之事，庆贺我胜利地克服时：你们便使那些爱我的人们高呼，我使他们最痛苦了。

真的，这永远都是你们的行为：你们败坏了我的最好蜂蜜，败坏了我那些最佳蜜蜂的辛劳。

对于我的善行，你们总是派遣最放肆的乞丐；对于我的同情，你们总是驱来无可救药的无耻者将它包围。于是你们损害了我的德性信仰。

而且，我还献出我的最神圣者为牺牲品：你们的"虔诚"立刻端出了你们更为优厚的礼品：如此使得我的最神圣者愈加窒息于你们那肥脂的气息中。

而且，我曾想要像我从未跳过的那样跳舞：我意愿在九天之外跳舞。而你们当时说服了我最亲爱的歌者。

而且,现在他唱起了一支可怕而阴沉的曲子;啊,他呜呜作响,传到我耳里有如阴郁的号角!

杀人的歌者,恶的工具,最无辜者啊!我已经准备好最佳的舞蹈:而你的音调谋杀了我的迷醉!

唯有在舞蹈中,我才懂得比喻那至高的事物:——而现在,我那至高的比喻还不曾通过我的四肢来传达!

我的最高希望还不曾被传达,还不曾被释放!而且,我青春的所有幻象和慰藉都已经死灭了!

我是怎样一味忍受的?我怎样经受和克服了这种创伤?我的灵魂是怎样从这些坟墓里复活的?

的确,我身上有一个不可损伤、不可掩埋的东西,一个能炸毁岩石的东西:那就是我的意志。它默然穿越岁月,丝毫不曾改变。

我的老意志,它意愿以我的双脚走它的路;它的性情是冷酷的,不可损伤的。

我唯有在脚跟上才是不可损伤的。你始终还在那儿生活,最忍耐者啊,你永远不变地存在!你永远还在冲破一切坟墓!

在你身上也还有我未释放的青春;而且作为生命和青春,你在此满怀希望,端坐于黄色的荒坟之上。

是的,对我来说,你依然是所有坟墓的破坏者:祝福你,我的意志!唯在有坟墓的地方才有复活。

查拉图斯特拉如是唱道。

*

* *

34. 自我克服

你们这些大智者啊,那驱使你们并且使你们热烈的东西,你们把它称为"求真理的意志"①吗?

求一切存在者之可思状态的意志:我如是称你们的意志!

你们意愿使一切存在者首先变成可思的:因为你们满怀猜疑,怀疑一切存在者是否已经可思。

然则一切存在者当顺从和屈服于你们!你们的意志就意愿如此。它当变得光滑,听命于精神,成为精神的镜子与反照。

大智者啊,这是你们的整个意志,作为一种权力意志;即便你们谈论善与恶,谈论价值评估,情形亦然。

你们还意愿创造一个你们能够对之下跪的世界:这就是你们最后的希望和醉态。

可是,非智者们,即民众,——他们犹如一条河流,有一只小船继续漂浮其上:而在此小船上,端坐着那些价值评估,庄严而伪装。

你们曾把你们的意志和价值置于生成之河流上;被民众当作善与恶来相信的东西,向我透露出一种旧的权力意志。

大智者啊,那是你们,是你们把这种客人置于小船上,且赋予

---

① 德文原文为 Wille zur Wahrheit,或译为"求真意志"。——译注

他们富丽堂皇和骄傲大名,——你们和你们支配性的意志啊!

现在这条河继续载负着你们的小船:它必须载负这小船。尽管汹涌波浪溅起泡沫,愤怒地抵抗小船的龙骨,那也无关紧要!

大智者啊,你们的危险和你们的善与恶的终结,并不是这条河:而是那种意志本身,是权力意志,——那种不竭的创生的生命意志。

但为了使你们理解我关于善与恶的说法:我还要把我关于生命和一切生命体之本性的说法告诉你们。

我探究过生命体,为认识生命体的本性,我走遍了最大和最小的路。

当生命体闭嘴时,我还用百倍明镜捕捉它的目光:使它的眼睛能对我说话。而它的眼睛的确对我说话了。

然而,但凡我发现了生命体的地方,我也听到了关于服从的说法。一切生命体都是服从者。

还有,这是第二点:不能服从自己者,就得受命令。生命体的本性就是这样。

而我听到的第三点则是:命令比服从更难。不只是因为命令者担负着一切服从者的重负,而且是因为这种重负容易把他压碎:——

在我看来,一切命令中都含着一种试验和冒险;而且当生命体发出命令时,它本身就在冒险。

是的,甚至于当生命体命令自己之时:这时候,它也必须为自己的命令付出代价。对它自己的法律而言,它必须成为法官、报复者与牺牲者。

这是如何发生的呢？我曾这样问自己。什么东西劝说生命体，使之服从和命令，并且在命令之际也服从呢？

大智者啊，现在且听我的话吧！请严肃地加以检验，看看我是否已经探入生命之心脏，并且直抵其心脏的根底！

凡在我发现生命的地方，我都发现了权力意志；即便在奴仆的意志中，我也发现了做主人的意志。

弱者服役于强者，这是弱者的意志劝它这样做的，而弱者的意志意愿主宰更弱者：它不想放弃的只是这样一种快乐。

正如弱小者献身于强大者，以便它能在最弱小者身上获得快乐和权力：最强大者也还同样地献身，为权力之故而冒险——冒生命之险。

冒险和面临危险，甚至于孤注一掷以死相搏，这就是最强大者的奉献。

凡有牺牲、服役和爱之目光的地方：也有做主人的意志。弱者取隐秘路径潜入强者的堡垒，直抵强者的心灵——在那儿窃取权力。

而生命本身向我说出了这个秘密。它曾说："看哪，我是一个必须永远克服自身的东西。

诚然，你们把它叫做求创生的意志，或者力求目的的冲动，力求达到高者、远者和多样者的冲动：但所有这一切都是一体的，是同一个秘密。

我宁可没落，也不愿放弃这个唯一者；真的，凡有没落的地方，凡有落叶飘飘的地方，看哪，就有生命的牺牲——为了权力！

我必须成为斗争，成为生成和目的，成为目的之对立面：啊，

34. 自我克服

谁猜到了我的意志,也就一定能猜到,他必须走上何种曲折的道路!

无论我创造什么,无论我怎样爱它——我必须很快成为它的对手,以及我的爱的对手:我的意志意愿这样。

甚至于你,认识者啊,你也只不过是我的意志的小径和脚印:真的,我的权力意志也紧跟着你的求真理的意志!

以'求此在的意志'这种说辞射向真理者,当然击不中真理:这样一种意志——是没有的!

因为:不存在的东西是不可能意愿的;但在此在(Dasein)中存在的东西,如何还可能意愿此在呢!

只不过,凡有生命处,就有意志:但不是求生命的意志,而是——我要如是教你——求权力的意志!

对于生命体,许多东西被高估了,高于生命本身;然则在这种评估本身中说话的——就是权力意志!"——

生命曾这样教导我:大智者啊,我还要据此为你们解开你们心中的谜团。

真的,我要告诉你们:永远不变的善与恶——是没有的!出于自身,善与恶必须总是一再克服自己。

你们这些价值评估者啊,你们以你们的善与恶的价值和说辞来实施威力:而这就是你们隐蔽的爱和你们灵魂的闪光、战栗和洋溢。

然则从你们的价值中生长出一种更强大的威力,以及一种新的克服:蛋和蛋壳破碎于此。

而且,谁若必须在善与恶中成为一个创造者:真的,他就必须先成为毁灭者，必须先打碎价值。

所以，至高的恶归属于至高的善：而这种善却是创造性的善。——

让我们只是谈论这事，大智者啊，尽管这是糟糕的。沉默更糟糕；一切默然不表的真理会变成毒药。

让一切破碎吧，——能够在我们的真理上破碎的一切！有许多房屋还有待建造！

查拉图斯特拉如是说。

＊

＊　　　　　　＊

35.崇高者

我的海底是平静的:谁能猜测它隐藏着诙谐的怪物!

我的深渊是不可动摇的:但它发出飘浮的谜团和大笑的光芒。

今天我看到了一个崇高者,一个庄严者,一个精神的忏悔者:啊,我的灵魂是怎样因他的丑陋而发笑!

胸部高挺,有如那些吸气者:他就这样站在那儿,这个崇高者,而且默然无声。

悬挂着丑陋的真理,他的猎物,而且浑身衣衫褴褛;他身上也布满了刺——但我还没有看到一朵玫瑰。

他还未曾学会笑和美。这个猎手阴沉地从知识之林回来。

他从与野兽的战斗中回来:但从他的严肃神情上,也还透出一只野兽的模样——一只未被战胜的野兽。

他总还站在那儿,就像一只跃跃欲试的老虎;但我不喜欢这些紧张的灵魂,我的趣味也对所有这些退却者怀有敌意。

朋友们啊,你们告诉我,趣味和口味是无可争执的吗?然则一切生命就是关于趣味和口味的争执啊!

趣味:它既是重量,也是天平和衡量者;多么不幸啊,一切生命体,它们都想要对于重量、天平和衡量者毫无争执地生活!

这个崇高者,倘若他已厌倦于自己的崇高:这时他的美才会开始,——而且这时我才会中意他,觉得他好有味道。

而且唯当他背弃自己时,他才能跳越自己的阴影——真的!并且跳入他的太阳之中。

他在阴影里坐得太久了,这精神的忏悔者已经面颊苍白了;他几乎饿死于期待了。

他的眼里依然含着蔑视;他的嘴里藏着厌恶。诚然他现在安静了,但他的安静尚未置于太阳底下。

他应当像公牛一样行动;而且他的幸福应当带有泥土的气息,而不是带有对大地的蔑视的气息。

我想看见他成为一头白色公牛,在犁铧前面喘息着、吼叫着:而它的吼叫应当仍然赞颂大地上的一切。

他的面容依然是黑暗的;手的影子遮住了它。他眼睛的感觉依然被蒙上阴影了。

他的行为本身依然是遮着他的阴影:手掩蔽了行动者。他还不曾克服自己的行为。

我满心喜欢他那公牛般的脖颈:而现在我也还愿意看见天使般的眼睛。

他也还必须忘却自己的英雄意志:他应当成为一个高升者,而不只是一个崇高者:——苍穹①本身当能使之高升,这个无意志者啊!

他曾制伏过怪物,他曾解答过谜团:然而他也还应当解救自己的怪物和谜团,还应当使它们转变为天国的孩子。

---

① 苍穹(Aether):一译"以太"。——译注

35. 崇高者

他的知识还未曾学会微笑和毫无妒忌;他涌动的热情还不曾在美里安静下来。

真的,他的渴望不应在餍足中沉默和隐匿,而是要在美中!优美风姿属于心思宏伟者的慷慨大度。

把手臂放在头上:英雄当这样休息,也当这样克服自己的休息。

但恰恰对英雄来说,美是万物中最艰难者。对于一切热烈的意志,美都是不可获取的。

一点点过多,一点点过少:在这里这恰恰是多,在这里这就是最多。

以松懈的肌肉,卸下鞍羁的意志,兀自站立:崇高者啊,这对你们所有人来说都是最艰难的!

当权力变成仁慈,并且下降为可见之物:我把这样一种下降叫做美。

而且我就要向你,你这强力者啊,而不是向其他任何人,径直要求美:让你的善成为你最终的自身克服吧。

我相信你能作一切恶:因此我意愿你的善。

真的,我时常笑那些弱者,他们因为跛足而自以为善!

你当追求柱子的德性:柱子升得越高,就变得越来越美,越来越温柔,但内部却越来越坚硬,越来越有负荷力。

是的,你崇高者啊,有朝一日你还当成为美的,当持镜映照你自己的美。

然后你的灵魂将因为神性的欲望而战栗;而且在你的虚荣中也将有一种崇拜!

因为这就是灵魂的秘密:唯当英雄离弃了灵魂,方能在梦中接近灵魂,——那超英雄。

查拉图斯特拉如是说。

*

*   *

36.教养之邦

我飞向未来太远了:一种恐惧攫住了我。

而且当我环视四周,看哪!时间是我唯一的同伴。

于是我往回逃,逃回家去——而且越来越急促:你们当代人啊,我就这样来到你们这里了,而且进入教养之邦了。

我第一次为你们带来观看的眼睛,以及美好的欲望:真的,我是心怀渴望而来的。

但对我是怎样一回事呢?尽管我那么畏惧,——我也必得笑了!我的眼睛从未见过如此斑杂多彩的东西。

我笑啊笑,而我的腿和我的心还在战栗:"这里是一切颜料罐的家乡啊!"——我说道。

面孔和肢体被涂上五十种颜料:你们就这样端坐于此,令我惊奇,你们当代人啊!

你们周围还有五十面镜子,迎合和传布着你们的色彩游戏!

真的,当代人啊,你们根本不可能戴上一副比你们自己的面孔更好的面具!谁能——认识你们啊!

写满了过去时代的符号,这些符号上面又涂上新的符号:这样你们就很好地隐蔽起来,让所有解密者都认不出你们了!

即便有肾脏检查者:但谁还会相信你们有肾脏!你们似乎是

由颜料和胶布条烘出来的。

从你们的面纱看去,所有时代和民族都是五彩缤纷的;从你们的姿态上说,所有习俗和信仰都是五光十色的。

谁若除去你们的面纱、包裹、色彩和姿态:他剩下来的恰好够用来吓唬麻雀。

真的,我自己就是一只受惊的鸟儿,曾见过你们赤裸而毫无色彩;而当这具骨骼向我示爱时,我便飞走了。

我倒宁愿在阴界与过去的幽灵一起,依然当一位临时工!——因为阴界的鬼魂也比你们更肥硕和丰富!

这一点,是的,就是这一点,乃我内心的痛苦:我既不能忍受你们赤裸,又不能忍受你们穿着,你们这些当代人啊!

未来的一切阴森可怕,以及向来使迷路之鸟战栗的东西,委实都比你们的"现实"更隐秘和更亲切。

因为你们说:"我们完全是现实的,毫无信仰和迷信":你们就这样自鸣得意——啊,也还没有自夸的胸腔!

是的,你们这些斑杂多彩者啊,你们如何能够信仰!——你们乃是一切向来被信仰的东西的图画!

你们乃是信仰本身的变化不定的反驳,以及对一切思想的肢解。不可信者:我这样叫你们,你们这些现实者啊!

所有时代都在你们的精神里彼此喋喋不休;所有时代的梦想和闲言都要比你们的清醒更现实!

你们是不会生育者:因此你们缺乏信仰。但谁若必须创造,他也就总是有自己的真实梦想和星象——而且也相信信仰!——

你们是半开半掩的门,掘墓者就守候在门旁。而且,这就是你

36. 教养之邦

们的现实:"一切皆值得毁灭。"

啊,一如你们站在我面前,你们这些不会生育者,肋骨多么瘦削!而你们当中,有人一定能够看清楚自身。

他说:"也许有一个上帝,当我睡着时,暗暗盗去了我的某个东西?真的,那足够制造一个女人了!"

"我的肋骨的贫瘠是奇异的!"许多当代人就这样说了。

是的,你们让我发笑了,你们这些当代人啊!尤其是当你们对自己感到惊奇时!

倘若我不能笑你们的惊奇,而且不得不从你们的杯中喝下一切令人厌恶的东西,那我是多么不幸啊!

然而,我愿轻松对待你们,因为我必须承担重负;如果我的负担上再加上些甲虫和飞虫,那有什么关系啊!

真的,我的负担不会因此变得更重些!而且,你们这些当代人啊,我的大疲倦并不来自你们。——

啊,现在以我的渴望,我还当升向何方!我从群山上遥望着祖国和故乡。

但我在哪里都找不到家乡:我在所有城市都不能安居,所有门户都是我启程之所。

我的心灵刚刚把我逐向当代人,而当代人于我格格不入,构成一种嘲讽;我被逐出祖国和故乡了。

所以我只还爱我的孩子们的国度,①那未发现的远隔重洋的

---

① 上句的"祖国和故乡"(Vater- und Mutterländer)可直译为"父国和母国",适与此处"孩子们的国度"相对照。——译注

国度：我叫我的船帆求索复求索，驶向这个国度。

我愿将功赎罪，补偿我的孩子们，因为我是我的父辈的孩子：也要补偿全部未来——这个当代！

查拉图斯特拉如是说。

*
*　　　　　*

37. 无瑕的知识

昨夜月亮升起时,我便以为它想要生产一个太阳:它那么广博而丰满地躺在地平线上。

然而,它是用自己的怀孕来欺骗我;我更愿意相信月亮上有男人,而不是相信月亮上有女人。①

诚然,这个胆怯的夜游神,它也是少有男人气的。真的,它带着坏良心漫游于屋顶。

因为它是贪婪而妒忌的,这月亮上的僧侣,它渴望大地,渴望一切爱恋者的欢乐。

不,我不喜欢它,这屋顶上的雄猫啊!我讨厌所有在半掩的窗户周围潜行者!

它虔敬而静默地游走于群星的地毯上:——但我不喜欢一切轻移的脚步,其中甚至不会发出一点靴刺的声响。

每个诚实者的步履都是有声响的;但猫儿却从地上偷偷溜走。看哪,月亮像猫儿似的走来,不诚实地走来。——

我把这个比喻给你们这些敏感的伪善者,你们这些"纯洁的认识者"啊!我把你们叫做——贪婪者!

---

① 德语中"月亮"(der Mond)为阳性名词。——译注

连你们也爱大地与尘世：我猜透了你们！——但你们的爱中含着羞耻和坏良心，——你们有如月亮！

人们曾劝说你们的精神去蔑视尘世之物，但不曾劝说你们的内脏：可这内脏却是你们身上最强壮者！

而现在你们的精神羞于服从你们的内脏的意志，而且因为自己的羞愧而走上隐蔽小路和欺骗之路。

"这许是我最高的事情了"——你们虚伪的精神对自己这样说——"毫无欲求地去观看生活，而不像狗似的伸着舌头。"

"在静观中享福，以死寂的意志，没有自私的花招和贪婪——全身冰冷而苍白，但有着陶醉的月亮之眼！"

"这许是我最爱的事情了"，——这个受诱惑者这样诱惑自己——"热爱大地，一如月亮之爱大地，①而且仅仅以眼光触摸大地之美。"

"而且，这在我看来就是关于万物的无瑕的知识，我对于事物毫无所求：唯求能躺在事物面前，犹如一面具有千百只眼睛的镜子。"——

啊，你们敏感的伪善者，你们这些贪婪者啊！你们的欲求中缺少天真无邪：因此你们现在诽谤欲求！

真的，你们热爱大地，并非作为创造者、生育者和乐于生成者！

天真无邪在哪儿呢？在有生育意志的地方。谁意愿超出自身进行创造，他就具有最纯洁的意志。

美在哪儿呢？在我必须以全部意志去意愿的地方，在我意愿

---

① 此处"大地"（Erde）或译为"地球"。——译注

37. 无瑕的知识

热爱和没落、使得一个形象不只是形象的地方。

热爱与没落：两者是永远合拍的。爱的意志：那就是，也愿意去死。我对你们怯懦者如是说！

然而现在，你们被阉割了的斜视竟想要成为"沉思"！而怯懦者的眼睛能够触摸的东西，竟要被命名为"美"！啊，你们这些高贵名称的玷污者！

但你们无瑕者啊，你们纯洁的认识者啊，你们所得的诅咒当是你们永远不会孕育：尽管你们广博而丰满地躺在地平线上！

真的，你们嘴里充斥着高贵的话语：而我们要相信你们的心灵充溢着吗，你们这些撒谎大王？

但我的话语是微不足道的、受蔑视的、曲曲折折的话语：我愿意拾起你们进餐时掉到桌子下的弃物。

我总还能够与你们——伪善者——言说真理！是的，我的鱼刺、贝壳和带刺的叶子应当——使伪善者的鼻子发痒！

恶劣空气总是围绕着你们和你们的筵席：你们贪婪的思想、你们的谎言和隐秘勾当，其实就在空气里！

不妨先大胆相信你们自己吧——你们和你们的内脏！谁不相信自己，他就永远撒谎。

你们把一个上帝的面具悬挂在你们自己面前，你们这些"纯洁者"啊：你们的可怕的蛇爬进了一个上帝的面具里。

真的，你们这些"沉思者"啊，你们骗人呢！连查拉图斯特拉也一度成了傻子，为你们的神性的外皮所蒙蔽；他没有猜到这神性外皮下充塞着蛇。

一个上帝的灵魂，我曾以为它在你们的游戏里游戏，你们这些纯洁的认识者啊！我曾以为没有比你们的艺术更好的艺术了！

距离为我隐瞒了蛇的秽物和恶臭：还有，一只蜥蜴的狡计贪婪地在此潜行。

可我走近你们了：白昼来到我这里——而现在白昼也走向你们，——月亮的恋情到头了！

看哪！它被逮住了，苍白地站在那儿——在曙光面前！

因为灼热的红日已经到来，——她对大地的爱到来了！全部太阳的爱是天真无邪，是创造欲！

看哪，她多么不耐烦地来到大海上！难道你们没有感到她的爱的焦渴和热烈吗？

她想要吸吮大海，把大海的深渊吸到她的高度：大海的欲求于是随着千百只乳房高涨起来。

大海意愿为太阳的焦渴所亲吻和吮吸；大海意愿成为空气，成为高空，成为光的路径，甚至成为光本身！

真的，如同太阳一样，我也热爱生命和一切深邃的大海。

而且在我，这就是知识：一切深渊当上升——达到我的高度！

查拉图斯特拉如是说。

38. 学者

当我睡着时,一只羊吃了我头上的常春藤花环,——它吃着,而且说:"查拉图斯特拉再也不是一个学者了!"

说了这话,它便牛哄哄地走开了。一个孩子向我讲述了这件事。

我喜欢躺在这里,孩子们游戏的地方,在断墙残壁间,在蓟草和红罂粟花下。

对于孩子们,同样也对于蓟草和红罂粟花,我依然是一个学者。他们是天真无邪的,即便有恶意也还是天真无邪的。

但对于羊群,我再也不是学者了:我的命运意愿如此——让它得到祝福吧!

因为这就是真相:我已经迁出了学者之家;而且我猛地把身后的门关上了。

我的灵魂饥饿地坐在他们的桌旁已经太久了;我不像他们那样被定向于知识,有如被定向于轧碎核桃。

我爱自由和清新大地上的空气;我宁愿睡在牛皮上,而不愿睡在他们的尊严和尊重上!

我太热了,而且为自己的思想所烧灼:这常常要剥夺我的呼吸。于是我必须进入旷野中,离开所有满是灰尘的房间。

但他们冷漠地坐在冷漠的阴暗处：对于一切事物，他们都只愿当旁观者，而且小心提防着，不愿坐在太阳晒着台阶的地方。

有如那些站在街上瞅着路过者的人们：他们也这样等待着，瞅着别人想出来的思想。

如果人们用手去抓他们，他们就像面粉袋一样在四周扬起灰尘，而且是不自愿地：但谁能猜到他们的灰尘来自谷物，来自夏日田野的黄色欢乐呢？

如果他们装出聪明的样子，他们短小的箴言和真理就使我不寒而栗：他们的智慧经常带着一股气味，仿佛这种智慧起于泥沼：而且真的，我也已经听到青蛙在其中呱呱地叫。

他们是机敏的，他们有着聪明的手指：我的单纯对于他们的繁复意愿什么啊！他们的手指善于做一切穿针引线、编织纺线的活计：他们就是这样编织精神之袜的！

他们是好的钟表：人们只要操心把它们正确地上紧发条！然后它们无误地指示时辰，发出一种轻微的噪声。

他们像磨坊和木夯一般工作：只要向它们投入谷粒！——他们已经知道把谷粒磨细，把谷粒弄成白面粉。

他们相互严密地监视，没有很好地彼此信任。点子多而有小机灵，他们等待着那些人们，其知识跛足而行的人们，——他们像蜘蛛一般等待着。

我总是看到他们在小心地准备毒药；而且这时总是在手上戴上玻璃手套。

他们也知道玩假骰子；我发现他们如此热心地玩着，以至于汗水直淌。

我们彼此陌生,而且他们的德性更让我讨厌,甚于他们的虚伪和他们的假骰子。

而且当我居于他们身边时,我是居于他们之上。由此他们对我生出了怨恨。

他们根本不愿意知道有人在他们头上游走;所以他们就在我与他们的脑袋之间,放置了木头、泥土和垃圾。

他们就这样压低了我的脚步声:而且迄今为止,我都最难被最大的学者所听到。

他们把所有人的过错和软弱置于他们与我之间:——他们把这个叫做自己家里的"假天花板"。

但尽管如此,我仍以自己的思想游走于他们的头顶之上:而且即便我愿踩着我自己的缺陷,我还会在他们和他们的头顶上。

因为人类是不平等的:公正如是说。我意愿的东西,他们是不可意愿的!

查拉图斯特拉如是说。

*

*   *

39.诗人

"自从我更好地认识身体之后,"——查拉图斯特拉对他的一个门徒说——"精神于我就只还仿佛是精神了;而一切'永不消逝的东西'——也只不过是一个比喻。"

"我是有一次听你这样说过的,"这个门徒答道,"当时你还加了一句:'但诗人们撒谎太多。'为什么你竟说诗人们撒谎太多呢?"

"为什么?"查拉图斯特拉说,"你问为什么吗?我并不是那种人们可以问其为什么的人。"

"难道我的体验是昨天的么?我体验到了我的意见的理由,其实很久了。"

"倘若我想要自己拥有我的理由,我岂不是必得成为一只记忆之桶了?"

"保存我的意见本身,这于我已经太多了;许多鸟儿飞离了。"

"间或我也在我的鸽棚里发现一只飞来的鸟,是我所陌生的,而当我伸手去摸它时,它战栗起来。"

"然则查拉图斯特拉曾向你说过什么呢?是说诗人们撒谎太多吗?——但连查拉图斯特拉也是一个诗人。"

"那么你相信他在此说出了真理吗?你为什么相信这一点呢?"

那个门徒答道:"我信仰查拉图斯特拉。"但查拉图斯特拉摇着头笑了。

"信仰并没有使我幸福,"他说,"尤其是对我的信仰。"

但假如有人十分严肃地说,诗人们撒谎太多:那么他是对的,——我们撒谎太多。

我们知道得也太少了,我们是糟糕的学习者:所以我们就不得不撒谎。

而且在我们诗人当中,谁没有伪造过自己的酒呢?我们的酒窖里出现过许多毒液,我们在那儿干过许多难以形容的事。

而且因为我们知道得少,所以我们打心眼里喜欢精神上的贫者,尤其是当他们是一些年轻女子时!

而且即便是老女人们夜间讲述的事儿,我们也还是渴望的。我们把这一点叫做我们身上的永恒女性。

而且仿佛有一条特殊的隐秘的知识通道,它对于要学点什么的人们是掩埋着的:所以我们相信民众及其"智慧"。

但所有诗人都相信这一点:谁躺在草地上或者躺在荒凉的山坡上,竖起耳朵仔细听,总能体会到天地之间的事物的某些东西。

而且如果他们发生温柔的激动,诗人们就总是以为自然本身爱上他们了:

还有,自然潜入他们的耳朵,说着隐秘之事和爱恋的奉承话:这是他们在所有凡人面前自鸣得意和自吹自擂的!

啊,天地之间有如此之多的事物,只有诗人们才能让人梦想它们!

而且尤其是在天空之上:因为一切神祇都是诗人的比方、诗人的诈骗!

真的,我们总是被上引——也即被引向白云国度:我们把自己多彩的皮囊置于上面,然后把它们叫做神祇和超人:——

他们倒是恰好相当轻巧,适合于这种座椅!——所有这些神祇和超人。

啊,我是多么厌倦于所有这些难以达到的、据说完全能成就大事的东西!啊,我是多么厌倦于诗人们!

当查拉图斯特拉这样说话时,他的门徒愤愤然,但他沉默无语。而查拉图斯特拉也默然了;他的眼睛向内返观,就仿佛在极目远望。最后他叹息,喘了一口气。

我属于今天和从前,他于是说道;但我身上有某种东西,它属于明天、后天和未来。

我已经厌倦于诗人,老诗人和新诗人:在我看来,他们都是浅薄的,都是浅海。

他们未曾充分思入深处:因此他们的感情不曾深入根底。

一点淫乐和一点无聊:这还是他们的最佳思索了。

他们所有竖琴的声音,在我看来是鬼怪的呼吸和倏忽;迄今为止,对于音调的热情,他们知道什么啊!——

在我看,他们也不够纯洁:他们完全把水搅浑,使之显得深深的。

而且他们喜欢由此装作和解者:但在我看来,他们一直是中间人、搅拌者、半拉子和不洁者!——

啊,我确实曾把我的网投向他们的大海,想要捕捉好鱼;然而

39.诗人

我总拉上来一个古老神祇的脑袋。

大海就这样把一块石头给饥馑者。而且他们自己固然也可能来自大海。

确实,人们在他们当中也能找到珍珠:由此他们就更像坚硬的介壳类动物。在他们那儿,我没有找到灵魂,而是常常找到咸的黏液。

他们向大海也还学到了虚荣:难道大海不是孔雀中的孔雀么?

即便在最丑的水牛面前,它也展开自己的尾巴,它永远不会厌倦于它那银丝绒的尖屏。

水牛抵触地观望着,它的灵魂接近沙地,更接近于丛林,而最接近于泥淖。

对它来说,美、大海和孔雀的盛装是什么啊!这个比喻是我对诗人们说的。

真的,他们的精神乃是孔雀中的孔雀和一片虚荣之海!

诗人的精神需要旁观者:即便那是水牛!——

然而我已经厌恶于这种精神:而且,我看到它厌倦于自己的时候就要到了。

我已经看到诗人们已经转变了,把目光转向自己了。

我看到精神的忏悔者就要到来:后者是从他们中生长出来的。

查拉图斯特拉如是说。

*

*　　　　　　*

40. 大事件

大海里有一个岛——离查拉图斯特拉的幸福之岛不远——上面总有一座火山在冒烟；民众在说它，尤其是民众中那些老女人，说它犹如一块岩石被放置在阴界大门前：但穿过火山而下却是一条狭路，通向这阴界大门。

当查拉图斯特拉逗留在幸福之岛上的时候，发生了一件事：有一只船到这个火山冒烟的岛旁抛锚；而它的船员们上岸去狩猎兔子了。但正午时分，船长和水手们重新集合时，他们忽然看见一个人凭空向他们走来，有个声音清晰地说道："是时候了！是至高的时候了！"而当这形象最接近他们时——它却犹如一个幽灵迅速地飞过，朝着火山所在的方向——他们极为惊恐，认出那是查拉图斯特拉；因为除了船长本人，他们所有人都看到过查拉图斯特拉，而且他们像民众一样热爱查拉图斯特拉：于是等量的热爱与畏惧并存。

"看哪！"老舵手说，"查拉图斯特拉奔向地狱了！"——

当这些水手们登上这火山岛时，同时谣言四起，说查拉图斯特拉已经失踪了；而且当有人问他的朋友们时，朋友们讲：查拉图斯特拉夜里坐船走了，没有说要去哪儿。

于是产生了一种惶恐不安；三天以后，这种惶恐不安又辅以水手们讲的故事——而且现在所有人都说,魔鬼把查拉图斯特拉抓走了。虽然他的门徒们嘲笑此类闲言;其中有一个门徒甚至于说:"我宁愿相信是查拉图斯特拉抓来了魔鬼。"但在他们的灵魂深处,他们全体都满怀忧虑和渴望:所以当第五天查拉图斯特拉在他们中间露面时,他们快乐极了。

下面描述了查拉图斯特拉与火犬的谈话:

地球有一层皮,查拉图斯特拉说;而且这层皮有种种病。例如,其中有一种病被叫做"人类"。

还有另一种病被叫做"火犬":关于这种火犬,人类已经对自己撒了许多谎,而且一任自己撒谎。

为了探究这个秘密,我曾越洋过海:而且我看到真理赤裸裸的,真的啊!从脚一直裸到颈。

现在我知道了火犬是怎么回事;同样知道了所有那些不唯老妇人才害怕的喷发和颠覆之魔鬼是什么意思。

出来吧,火犬,出于你的深渊!我喊道,而且坦白吧,这深渊有多深!你那儿呼呼地吹上来的东西从何而来?

你在海上喝足了:你那带盐味的雄辩口才透露了这一点!真的,对于一只深渊的犬来说,你从浅处取食太多了!

我充其量把你看作大地的腹语表演者:而且当我听到喷发和颠覆的魔鬼说话时,我总感到它们与你相似:带盐味的、说谎的和肤浅的。

你们懂得吼叫,懂得用灰尘来掩盖!你们是最佳的大言不惭者,充分学会了使泥淖沸腾的艺术。

你们在哪儿,那儿必定总是烂泥围在近处,还有大量臃肿的、空洞的、受压迫的东西：它们意愿进入自由。

你们所有人都最爱吼叫"自由"：可是，一旦"大事件"周围充斥大量吼叫和烟雾，我便失却了对它们的信仰。

相信我吧，恶魔般嘈杂的朋友啊！最大的事件——不是我们最喧闹的时候，而是我们最寂静的时刻。

这个世界并不是绕着新嘈杂声的发明者而旋转的：而是绕着新价值的发明者而旋转的。世界无声地旋转。

而且只管承认吧！当你的嘈杂和烟雾消失时，总是只有微少的事发生。一座城市变成了木乃伊，一个石像倒在烂泥里，这有何要紧的呢！

而且我还要对石像的颠覆者说这个话。把盐投到海里，把石像投向泥淖，这大抵是最大的愚蠢了。

石像躺在你们的蔑视的泥淖里：但它的定则恰恰在于，从蔑视中重又长出生命和活生生的美！

现在它以更具神性的面貌站起来，楚楚动人；而且真的！它还要向你们表示感谢，谢谢你们把它颠覆了，你们这些颠覆者啊！

然而，我要以此劝告君王和教会，以及所有老弱者和德性衰弱者——就让你们被颠覆吧！使得你们重又获得生命，重又获得自己——德性！——

我在火犬面前如是说：它于是快快不乐地打断了我的话，问道："教会么？那究竟是什么呢？"

教会？我答道，那是国家之一种，而且是最会撒谎的一种。但沉默吧，你这伪善之犬啊！你当然最了解自己的种类！

与你自己一样，国家也是一只伪善之犬；与你一样，国家也喜欢用烟雾和吼叫来说话，——与你一样，它要使人相信它是从万物之腹来说话的。

因为它根本上意愿成为大地上最重要的动物，这个国家；而人们也相信它是这样的。

当我说完这话，火犬的举止犹如因嫉妒而胡闹了。"怎么啊？"它叫喊道，"是大地上最重要的动物吗？而人们也相信它是这样的吗？"从它的喉管里发出如此大量的雾气和可怕的声音，以至于我以为，它会因愤怒和嫉妒而窒息。

终于，它稍稍平静些了，而它的喘息也减弱了；但一俟它平静下来，我便笑着说：

"你发怒了，火犬：所以对于你，我讲的是有道理的！

而为使我依然保持我的道理，且听我说另一只火犬：它真的是从大地的心脏来说话的。

它的气息成了黄金和金雨：它的心脏意愿如此。灰尘、烟雾和热的黏液，于它还算什么啊！

欢笑就像一片彩云从它那儿飞舞起来；它厌恶你的漱口、呕吐和内脏的绞痛！

然则黄金与欢笑——这是它从大地的心脏中获取的：因为，你无妨知道这一点，——大地的心脏是黄金的。"

当火犬听了这番话，它再也受不了听我讲话了。它羞怯地夹起自己的尾巴，小声地叫了两声汪！汪！就爬到自己的洞里去了。——

查拉图斯特拉如是讲述。然而他的弟子们几乎没有听他的：他们十分急切地想跟他讲讲水手、兔子和飞行者。

"对此我当怎样设想呢！"查拉图斯特拉说，"难道我竟是一个鬼怪？

但那也许是我的阴影吧。你们一定已经听到过漫游者及其阴影吧？

然而有一点是确凿的：我必须更迅速地抓住它——不然它还会败坏我的名誉。"

查拉图斯特拉再次摇摇头，感到惊奇。"对此我当如何设想呢！"他再次说道。

"那鬼怪究竟为什么叫喊：'是时候了！是至高的时候了！'

何以竟是——至高的时候了？"——

查拉图斯特拉如是说。

*

* *

41. 预言家

"——而且我看到有一种巨大的悲哀袭击人类。最优秀的人们已经厌倦于自己的事业了。

流行着一种学说,随之而来有一种信仰:'一切皆空虚,一切皆相同,一切皆过往!'

而所有山丘都发出回响:'一切皆空虚,一切皆相同,一切皆过往!'

我们固然收获过:但为何我们的全部果实都腐烂而变成褐色了呢?昨夜从凶恶的月亮里掉下了什么呢?

所有工作都是徒劳,我们的美酒变成了毒药,凶恶的目光炼焦了我们的田地和心灵。

我们全体都干枯了;而且,如果火落在我们身上,则我们就会像灰尘一样飞散:——是的,我们使火本身也厌倦了。

所有井泉都为我们枯涸了,连大海也已经退去。整个的地基要撕裂开来了,而深渊却不愿吞咽!

'啊!哪里还有一片大海是人们可以溺死的呢?':我们发出这样的悲叹声——越过浅平的泥沼。

真的,我们已然厌倦于死亡了;现在我们依然醒着而且活下去——在墓室里!"——

查拉图斯特拉听到一个预言家如是说；而且这预言家的预言打动了他的心，把他改变了。他悲哀地四处溜达，感到疲倦；他变得与预言家所讲的人们一样了。

真的，他对自己的门徒们说，只消一会儿，这漫长的黄昏就要到来了。啊，我该怎样来挽救我的光明！

使得我不至于在这种悲哀里窒息！对于更遥远的世界，即便对于最遥远的黑夜，它当是光明啊！

如此这般心里含着忧伤，查拉图斯特拉四处溜达；有三天之久，他不饮也不食，没有休息，失了言语。最后他竟沉沉睡去。而他的门徒们坐在他周围，长夜相守，忧切地等着他醒来，等着他重新讲话，从他的哀伤中恢复过来。

而这就是查拉图斯特拉醒来后所讲的话；不过，他的声音传到他的门徒们那儿，犹如来自远方。

朋友们啊，且听我所做的梦吧，并且帮我猜出它的意思！

这个梦对于我还是一个谜团；它的意思隐藏在它里面，还不能以自由的翅膀飞越它自身。

我梦到自己已经拒绝了全部生命。在那荒凉的死神之山堡上，我已经成了守夜者和守墓者。

我在那上面守护着死神的棺材：阴沉的穹窿下站满了这种胜利的标志。被战胜了的生命穿过玻璃棺材盯着我。

我呼吸着满是灰尘的永恒之气息；我的灵魂抑郁而尘封。谁在那里也还能够揭开自己的灵魂呢！

子夜的光亮总是环绕在我周围，孤独蹲在它旁边；此外还有，

41. 预言家

呼噜呼噜的死之寂静,那是我的朋友当中最坏的一个。

我带着钥匙,那所有钥匙中最锈迹斑斑的;而且我也懂得,用它去打开所有大门中最嘎嘎作响的那一扇。

当大门的门扇开启时,那声响犹如一种凶狠的鸦噪声传遍了长长的通道:这只鸟恶意地啼叫,它是不愿被吵醒的。

但当周围又归于默然无声,变得寂静,而我独自坐在这种险恶的沉默里,那是更可怕和更揪人心扉的了。

如果还存在着时间的话,那么时间就这样流逝了,令人难耐地过去了:对此我知道什么啊!但终于,把我唤醒的事情发生了。

门上敲了三下,犹如雷声,穿窿里又有三次回响:我于是走到大门口。

啊哈!我叫道,谁把他的灰搬到山上来了?啊哈!啊哈!谁把他的灰搬到山上来了?

我按动钥匙,推门,费了好大劲。但那门打开得还没有一指宽:

其时有一阵怒吼的风扯开了门扇:这阵风呼啸着、尖厉地、刺骨地,向我抛来一口黑棺材:

而且,在怒吼、呼啸和尖厉中,这黑棺材爆裂了,吐出千百种大笑。

而且,千百具面孔,孩童的、天使的、夜鹰的、傻瓜的和婴儿般大小的蝴蝶的面孔,都冲着我大笑、讥讽和怒吼。

我因此害怕极了:惊恐把我推倒在地。而且我因恐惧而大叫起来,一如我从未这样大叫过。

然而我自己的叫声把我唤醒:——我苏醒过来了。——

查拉图斯特拉就这样讲述了自己的梦,然后沉默了:因为他还不知道怎样解说自己的梦。但他最喜欢的一个门徒迅速站了起来,一把抓住查拉图斯特拉的手,说道:

"你的生活本身已经为我们解说了这个梦,查拉图斯特拉啊!

你自己不就是那阵尖厉地呼啸的风,把死神之城堡的大门撕开的吗?

你自己不就是那口黑棺材,充满着生命中多彩的恶意和天使的面孔吗?

真的,就像千百种孩童的大笑一样,查拉图斯特拉走进所有墓室,嘲笑这些守夜者和守墓者,以及把阴沉的钥匙弄得丁当作响的人们。

你将用你的大笑恐吓他们,推翻他们;昏聩和清醒将证明你对于他们的支配权力。

而且,即便那漫长的黄昏和致死的疲倦到来,你也不会在我们的天空上没落,你这生命的代言人啊!

你曾让我们看到新的星球和新的夜之壮丽;真的,你把笑本身张开,有如一个多彩的帐篷张开在我们头上。

现在,将总是有孩童的笑从棺材里汩汩流出;现在,将总是有一阵强风凯旋而来,战胜一切致死的疲倦:在我们看来,你本身就是它的担保者和预言者!

真的,你梦见了他们本身,你的仇敌们:这是你最艰难的梦!

然而,正如你从他们中醒来,回到你自己,同样地他们也当从自身中醒来——而且是来到你这儿!"——

这个门徒如是说;其他人现在都簇拥在查拉图斯特拉周围,抓住他的手,想要劝他离开床席和悲哀,回到他们这里来。但查拉图斯特拉直直地坐在床上,带着异样的目光。就像一个从遥远异乡返回故里的人,他凝视着门徒们,审视他们的面庞;他还没有认出他们。但当他们把他扶起来,让他站着,看哪,他的眼睛一下子发生转变了;他明白了发生的一切,将着胡须,用有力的声音说:

"好吧!这刚好是时候了;不过,我的门徒们,我们去弄一顿美餐吧,而且要快点!我是想这样来为噩梦赎罪!

然而,那预言家应当在我身边一起吃喝:真的,我还要向他指示一片大海,是他能在其中溺死的!"

查拉图斯特拉如是说。然后,他久久地盯着那个充当释梦者的门徒的脸,同时摇着头。——

*

* *

42. 救赎

有一天,当查拉图斯特拉走过大桥时,一群残废者和乞丐围住了他,有一个驼背者对他如是说:

"看哪,查拉图斯特拉!连民众也向你学习,获得对你的学说的信仰;然则要使民众完全信仰你,还需要有一样东西——你首先还必须说服我们这些残废者!在这里,你现在有一个美好的选择,而且真的,是一个可以多次把握的机会!你可以医好盲者,使跛者跑步;而且对于负担太多的人,你也蛮可以轻减他们一点:——我以为,这许是使残废者信仰查拉图斯特拉的正确方法!"

查拉图斯特拉却如是回答这位讲话者:"如果人们取走了驼背者的驼背,那就取走了驼背者的精神——民众这样说。如果人们给予盲者以眼睛,盲者就会看到世上太多的坏事:于是他就会诅咒那个把他医好的人。而使跛者跑步的人,就使跛者遭受最大的伤害:因为当他无法抑制自己的恶习时,他就几乎不能跑步——关于残废者,民众就是这样说的。而且,当人们向查拉图斯特拉学习时,查拉图斯特拉为何不也向民众学习呢?

然而这在我看是最无关紧要的,自从我在人群里面,看到:'这人少一只眼睛,那人缺一只耳朵,另一人没了腿,还有人失了舌头或鼻子或者脑袋。'

42. 救赎

我看见而且看到过更坏的事情,以及各种各样如此可恶的事情,以至于我既不想说所有的事,又不想对有些事保持沉默:那就是,人们什么也没有,除了他们太多地拥有一件东西——他们无非是一只大眼睛,或者是一张大嘴巴,或者是一个大肚子,或者是无论何种大东西,——我把这种人叫做颠倒的残废者。

而且当我走出了自己的孤独,第一次走过这座桥时:我不相信自己的眼睛,我再三望过去,终于我说:'这是一只耳朵嘛!一只与人一般大小的耳朵!'我更好地望过去:确实的,耳朵下面还活动着某个东西呢,它渺小、贫乏和瘦弱得可怜。而且真的,这只硕大的耳朵落在一根瘦小的杆子上——而这杆子就是一个人!谁若在眼睛上戴上一副眼镜,他甚至还能认出一张妒忌的小脸孔;还有一个浮肿的小灵魂在杆子上晃悠。但民众却告诉我,这只大耳朵不只是一个人而已,而是一个伟人,一个天才。然而,当民众谈论伟人时,我是从不相信他们的——而且我保持着自己的信仰,就是说:这是一个颠倒的残废者,对于全体他拥有太少,而在一件东西上他又拥有太多。"

当查拉图斯特拉对驼背者以及驼背者所代言的人说了这番话,就带着深深的恼怒转向自己的门徒们,说道:

"真的,我的朋友们啊,我在人群里游走,犹如游走于人类的残片和断肢中间!

我发现人类被捣毁而零落不堪,就像在战场和屠场上似的,这对于我的眼睛来说乃是最可怕的事。

而且我的眼睛从现在逃往从前:所发现的始终相同:残片、断肢和可怕的偶然性——但没有人类!

世上的现在和从前——啊！我的朋友们——这是我最不能忍受的东西；而且，倘若我还不是一个先知，还不能预见将来必定到来的东西，那么我就不知道如何生活。

一个先知，一个意愿者，一个创造者，一种未来本身以及一座通向未来的桥梁——啊，也还仿佛是这座桥上的一位残废者：查拉图斯特拉是这一切。

还有，连你们也常常问自己：'对于我们，查拉图斯特拉是谁呢？我们该如何称呼他？'与我自己一样，你们也给出种种问题来做答案。

他是一个允诺者吗？抑或一个执行者？是一个征服者吗？抑或一个继承者？是一个秋天吗？抑或一把犁铧？是一位医生吗？抑或一个痊愈者？

他是一个诗人吗？抑或一个真诚者？是一位解放者吗？抑或一个束缚者？是一个好人吗？抑或一个坏人？

我游走于人群中，犹如在未来的残片中：我所能观望的那种未来。

而且，我的全部心力，全部创作和追求，就是把残片、谜团和可怕的偶然性诗意地编织起来，集为一体。

还有，倘若人也不是诗人、解谜者和偶然性的救赎者，那么，我如何能忍受成为人呢！

把过去者救赎出来，并且把一切'它曾是'改造为一种'我曾如是意愿它！'[①]——这在我看来才叫救赎！

---

① 此句中"它曾是"原文为：Es war，"我曾如是意愿它！"原文为：So wollte ich es! ——译注

42. 救赎

意志——此乃解放者和令人愉快者的名称:我的朋友们啊,我曾这样教导你们! 现在也请学着这一点吧:意志本身还是一个囚犯。

意愿得到解放:但那个甚至要给解放者戴上镣铐的东西,又叫做什么呢?

'它曾是':这就是意志的咬牙切齿,以及它最孤独的悲伤。对于已经做过的事昏聩无能——对于一切过去者,它是一个凶恶的旁观者。

意志不能意愿返回;它不能打破时间以及时间的渴望,——这就是意志最独孤的悲伤。

意愿得到解放:意愿本身何以想到要摆脱自己的悲伤,嘲笑自己的牢狱呢?

啊,每个囚犯都变成傻子! 被囚的意志也傻子般解救自己。

时光不能倒退,这正是意志的愤怒;'曾是者'——就是意志推不动的石头。

于是意志就出于愤怒和不满推动石头,向那些不像它那样感到愤怒和不满的东西实施报复。

意志这个解放者就这样成为一个令人痛苦者:而且对一切能受苦者,它都加以报复,因为它自己不能返回。

这个,的确,只有这个,才是复仇本身:意志对时间及其'曾是'的憎恶。

真的,我们的意志中蕴含着一种大愚蠢;而且,这种愚蠢学会了精神,这实在是对一切人性的诅咒!

复仇精神:我的朋友们啊,这是迄今为止人类的最佳沉思;而且,哪里有痛苦,哪里就总该有惩罚。

'惩罚',复仇这样称呼自己:它用一句谎言伴装自己有一个好良心。

而且,因为意愿者由于不能意愿返回而本身就有一种痛苦,——所以意愿本身和一切生命都应当——成为惩罚!

而现在,精神上堆积起层层乌云:直到最后,疯狂宣扬说:'一切皆消逝,故一切皆值得消逝!'

'而且时间必定要吞噬自己的孩子,这本身就是公正,就是那种时间定律。'疯狂这样宣扬。

'万物是按照正义和惩罚,以道德的方式安排好了的。啊,哪里有对万物之流和"此在"(Dasein)之惩罚的救赎呢?'疯狂这样宣扬。

'如果有一种永恒的正义,那么可能有一种救赎吗?啊,"它曾是"这块石头是不可推翻的:一切惩罚也必定是永恒的!'疯狂这样宣扬。

没有一种行为是能消灭的:它如何能通过惩罚而被搁置呢!此在也必定永恒地又成为行为和罪责,这一点,正是这一点构成'此在'之惩罚的永恒性!

'除非意志终于解救了自己,意愿变成非意愿——':但我的兄弟们啊,你们是知道这个疯狂的虚幻歌曲的!

我曾引你们远离这虚幻歌曲,当时我教导你们:'意志乃是一个创造者。'

一切'它曾是'都是一个残片,一个谜团,一种可怕的偶然性——直到创造性的意志补充说:'但我曾如是意愿它!'

42. 救赎

——直到创造性的意志补充说:'但我如是意愿它!我将如是意愿它!'

但它已经如是说了吗?而这事是何时发生的呢?意志已然卸下了它自己的愚蠢的羁具吗?

意志已然成为它自己的救赎者和令人愉快者了吗?它已经荒废了复仇之精神以及一切切齿仇恨吗?

还有,谁教过它与时间和解,以及比一切和解更高的东西?

意志,作为权力意志的意志,必定要意愿比一切和解更高的东西——:但这事是怎样发生的呢?谁也还把那种返回意愿教给过它呢?"

——但他的话讲到这里,发生了一件事:查拉图斯特拉突然停止了,完全像一个惊恐到极点的人一样。他用惊恐的眼睛望着门徒们;他的眼睛利箭一般穿透他们的思想和隐秘之念。可过了一小会儿,他就又笑了起来,平静地说:

"与人们一起生活是艰难的,因为沉默是多么艰难。尤其是对于一个好讲话的人来说就更是如此。"——

查拉图斯特拉如是说。驼背者倒是倾听了这番谈话,原已掩了自己的脸;但当他听到查拉图斯特拉的笑声时,就好奇地抬头看了,缓缓地说道:

"不过为什么查拉图斯特拉对我们讲话,不同于对自己的门徒们讲话呢?"

查拉图斯特拉答道:"这有什么可奇怪的!人们当可以驼背的方式与驼背者讲话嘛!"

"好啊,"驼背者说,"人们自可以学校的方式与学生们胡扯了。但为什么查拉图斯特拉对自己的学生讲话——不同于对他自己讲话呢?"——

＊

＊　　　　＊

43. 人类的聪明

高不可怕:可怕的是斜坡!

在斜坡上,眼光向下投,双手却向上抓。于是心灵因这双重的意志而眩晕。

啊,朋友们,你们也能猜到我心灵的双重意志么?

这,这就是我的斜坡和我的危险:我的眼光投向高处,而我的双手却想守持和支撑——在深处!

我的意志依附于人类,我用锁链把自己系缚于人类,因为它把我拉升而达乎超人:因为我的另一种意志意愿达乎超人。

而且,为此我盲目地生活在人群中;仿佛我不曾认识他们似的:我的双手不至于完全丧失它们对于坚固之物的信仰。

我不认识你们人类:这样一种黑暗和慰藉经常在我周围展开。

我坐在为每个流氓无赖而设的大门通道上,问道:谁要骗我啊?

这是我的第一种人类的聪明:我让自己受骗,为的是不要留神防着骗子了。

啊,倘若我留神防着人类:则人类如何可能成为我的气球的拉线!它很容易把我往上拉,很容易把我扯离了!

这种天意支配着我的命运,那就是:我必定是毫不谨慎的。

而且,谁若不想在人群中受煎熬,就必须学会从所有杯子中喝水;而且,谁若想在人群中保持纯洁,就必须懂得也用污水洗涤。

还有,我为安慰自己经常如是说:"好吧!来吧!衰老的心灵!一种不幸不曾落到你头上:享受之,把它当作你的——幸福吧!"

然而这是我的另一种人类的聪明:我爱护虚荣者胜于骄傲者。

难道受伤的虚荣不是一切悲剧之母吗?但在骄傲受伤的地方,就可能长出某种比骄傲更好的东西。

为使生命好看,它的戏必须好好演:而为此就需要有好演员。

我感到所有虚荣者都是好演员:他们表演,并且要人们喜欢观看他们,——他们全部的精神都寓于这种意志。

他们表演自己,他们发明自己;我喜欢在他们近处观看生命,——这能医好忧郁症。

因此我爱护虚荣者,因为他们是医好我的忧郁症的医生,使我拘执于人类有如拘执于一出戏。

而且还有:谁能测出虚荣者之谦逊的全部深度呢!因为他的谦逊,我善待他,同情于他。

他意愿从你们那儿学会对于自身的信仰;他以你们的目光为生,他从你们双手中吞食颂扬。

如果你们说谎称赞他好,他就依然相信你们的谎言:因为他的心深深地叹息:"我是什么啊!"

而且,如果真正的德性就是不自知的德性:那么,虚荣者是不知道自己的谦逊的!——

然而,这是我的第三种人类的聪明:我不会让你们的畏惧来败坏我对恶人面貌的兴致。

我极其快乐地看到炽热的太阳所孕育的奇迹：老虎、棕榈树和响尾蛇。

即便在人群中，也有炽热太阳的美好孵化，也有恶人身上许多值得惊奇的东西。

诚然，正如你们的大智者在我看来根本就没有那么智慧：我感到人类的恶也是名不副实的。

我常常摇着头问：你们这些响尾蛇啊，为什么还发出响声呢？

真的，甚至对于恶来说，也还有一个未来！最炽热的南方还没有为人类所发现。

现在，多少事已经被叫做最坏的恶，实际上，它们也只不过是十二尺宽和三个月之久而已！但有朝一日，更伟大的龙将来到世上。

因为超人也不能没有自己的龙，那配得上超人的超龙①：为此必须有十分炽热的太阳，依然在潮湿的原始森林里燃烧！

你们的野猫必须先变成老虎，你们的毒蟾蜍必须首先变成鳄鱼：因为好的猎人当有好的猎物！

而且真的，你们善人和正义者啊！你们身上有许多可笑的地方，尤其是你们对那种一直被叫做"魔鬼"的东西的畏惧！

你们的灵魂对于伟大者是多么疏异，以至于以超人之善也会令你们觉得可怕！

还有，你们这些智者和知识者啊，你们会逃避智慧的灼热阳

---

① "超龙"原文为 Über-Drache，与"超人"(Übermensch)对应。——译注

光,而超人就在其中快乐地赤身沐浴!

你们这些我亲眼见到的最高等的人啊!这就是我对你们的怀疑和我隐秘的笑:我猜测,你们或许会把我的超人——叫做魔鬼!

啊,我已经厌倦于这些最高等的和最优秀的人了:我要求自己从他们的"高处"上去、出去、离去,直抵那超人!

当我看到这些最优秀的人赤裸着时,我突然战栗起来:于是我长出了翅膀,飞向遥远的未来。

飞向更遥远的未来,飞向比艺术家向来梦想的还更南方的南方:到那诸神羞于任何衣裳的地方!

然而,我愿看到你们是经过装饰的,而且打扮得好好的,虚荣的,庄严的,作为"善人和正义者",——

而且,我自己也愿经过装饰,端坐于你们中间,——使得我认不出你们与我自己:这就是我的最后一种人类的聪明。

查拉图斯特拉如是说。

*

* *

44.最寂静的时刻

我的朋友们啊,我身上发生了什么事?你们看到我错乱了,被放逐了,不愿服从,准备走人——啊,是要离开你们!

是的,查拉图斯特拉必须再次回到他的孤独里:然而这一次,这头熊不乐意回到它的洞里!

我身上发生了什么事呢?是谁要求这事的?——啊,是我愤怒的女主人意愿如此,她对我说过话的:我曾对你们说过她的名字吗?

昨天傍晚时分,我最寂静的时刻对我说:这就是我那可怕的女主人的名字。

而且事情就是这样,——因为我必须把一切都告诉你们,使你们的心灵不会对突然离别者变得冷酷无情!

你们知道沉睡者的恐惧吗?——

他从头到脚彻底害怕了,因为他的根基就要陷落,梦就要开始了。

我要打比方告诉你们这一点。昨天,在最寂静的时刻,我的根基陷落了:梦开始了。

时针在移动,我生命的钟在喘息——,我从来没有听到过我四周如此寂静:所以我的心害怕了。

188　　然后有某种声音无声地对我说:"你知道这个吗,查拉图斯特拉?"——

我听到这轻声低语便惊叫起来,我的脸上褪去了血色;但我默然不响。

于是那声音再次无声地对我说:"你知道这个的,查拉图斯特拉,但你不说!"

我终于像一个固执者一样,回答道:"是的,我知道这个,但我不愿说!"

于是那声音又无声地对我说:"你不愿意吗,查拉图斯特拉?这是真的吗?不要把你藏在自己的固执中!"——

我像一个孩子一般哭泣和战栗起来,并且说:"哎呀,我原是愿意的,但我怎能做到! 只免了我这事吧! 它超乎我的力量!"

于是那声音又无声地对我说:"你有什么要紧,查拉图斯特拉!说出你的话,粉身碎骨算了!"——

我回答道:"啊,那是我的话么? 我是谁呀? 我等着更有价值者;哪怕只是因他而粉身碎骨,我还不值呢。"

于是那声音又无声地对我说:"你有什么要紧? 在我看,你还不够谦恭。谦恭是有最坚硬的皮毛的。"——

我回答道:"我的谦恭之皮毛还有什么没有忍受过啊! 我住在我的高山脚下:我的顶峰有多高呢? 还没有人告诉我。但我是满知道我的山谷的。"

于是那声音又无声地对我说:"啊,查拉图斯特拉啊,谁若要移山,也得移动山谷和凹地的。"——

我回答道:"我的话还不曾移过什么山,我说的话还不曾达到人类。我固然曾走向人群,但我还不曾达到过人群。"

于是那声音又无声地对我说:"于此你知道什么嘛!黑夜最静默的时候,露珠才落在草上。"——

我回答道:"当我找到并且走上自己的道路时,他们讥笑我了;而且实际上当时我的双脚是哆嗦的。

他们对我这样说:你荒废了道路,现在你也荒废了行走!"

于是那声音又无声地对我说:"他们的讥笑有什么要紧啊!你是一个荒废了服从的人:现在你应当下命令!

难道你不知道所有人都最需要的是谁吗?那就是命令大事业者。

完成大事业是艰难的:但更艰难的是命令大事业。

这是你最不可宽恕的地方:你拥有权力,而你却不愿支配。"——

我回答道:"我没有狮子的声音去发布全部命令。"

于是那声音又如耳语一般对我说:"最寂静的言语最能激起风暴。以鸽足轻轻到来的思想驾驭着世界。

啊,查拉图斯特拉,你当行进,作为必定要到来者的阴影:于是你将命令,而且在命令之际前行。"——

我回答道:"我害羞呢。"

于是那声音又无声地对我说:"你还必须变成孩童,毫不害羞。

青春的高傲依然在你身上,后来你已经变得年轻了:但谁要变成孩童,也还必须克服自己的青春。"——

我思忖良久,不免战栗。但最后,我还是说了起先说过的话:

"我不愿意。"

这时我四周发出了一阵笑声。哎哟,这笑声是怎样撕裂我的内脏,剖开我的心灵啊!

那声音最后一次对我说:"啊,查拉图斯特拉,你的果实成熟了,但对于你的果实,你还没有成熟!

所以你必须重又回到孤独里去:因为你还要软化的。"——

又发出了一阵笑声,然后逃逸了:"于是我四周变得寂静无声了,犹如有了双重的寂静。但我躺在地上,四肢冒汗。

——现在你们听到了一切,知道我为何不得不回到孤独里去。我的朋友们,我丝毫没有对你们隐瞒。

相反,甚至这一点你们也听我说了,谁依然是所有人当中最静默者——而且意愿如此。

啊,我的朋友们啊!我原本还有些话要对你们说,我原本还有些东西要给你们!但为什么我不给呢?难道是我吝啬吗?"——

但当查拉图斯特拉讲完了这些话,他突然感到了强烈的痛苦,又痛感朋友们离别的临近,于是放声大哭起来;也没有人知道如何安慰他。而在夜里,他便独自离去了,离开了他的朋友们。

查拉图斯特拉如是说

一本为所有人而又不为任何人的书

第三部

"当你们要求高升时,你们仰望上方。而我俯视下方,因为我已然高升。

你们当中谁能同时大笑又已然高升?

谁若攀上最高的山峰,他就能嘲笑一切悲哀之游戏和悲哀之严肃。"

《查拉图斯特拉如是说》(第一部,"读与写")

45. 漫游者

午夜时分,查拉图斯特拉取道岛上山脊,以便他能在清晨抵达另一边海滨:因为他想在那里上船。因为那里有一个良好的锚地,外来船只也喜欢在那里抛锚;这些船只带走许多想要渡海离开幸福岛的人们。当查拉图斯特拉如是登上山岭时,他在途中回想起自己从青年时代开始的许多孤独漫游,以及他已经登上过的许多山脊和山峰。

我是一个漫游者和登山者,他对自己的心灵说,我不喜欢平原,而且看起来,我不能长久静坐。

而且,无论我还会遭遇什么命运,获得什么体验,——其中将不免有一种漫游和一种登山:因为说到底,人们只还能体验自身。

我可以遭遇种种偶然的时代已经过去了;而且,不曾为我所有的东西,现在还有什么可能落到我身上呢!

它只是返回来了,它终于回到我这里了——我自己的自身(Selbst),以及它身上久已在异乡、散落于万物和偶然中的东西。

我还知道一件事:现在我面对我最后的顶峰,面对这最长久地为我贮存下来的东西。啊,我必须走上我最艰难的道路!啊,我已经开始了我最孤独的漫游!

然而,谁若是我的同类,就不会放过这样一个时刻:这时刻对他说:"现在你就走上你通向伟大的道路吧!顶峰与深渊——现在已经包含于一体了。

你走上你通向伟大的道路吧:以往所谓你最后的危险,现在成了你最后的庇护之所!

你走上你通向伟大的道路吧:在你身后再也没有什么路了,现在这一点必定是最佳的勇气了!

你走上你通向伟大的道路吧;在这里当没有人会盯你的梢!你的脚本身消抹了你身后的路,而在这路上写着:不可能。

而且,如果你现在没有了全部梯子,你也必须懂得依然登上你自己的头顶:不然你想要怎样向上登呢?

登上你自己的头顶,超越你自己的心灵吧!现在你身上最温柔的东西还必须成为最坚强而冷酷的。

谁若总是大量体恤自己,最后就会因自己的大量体恤而患病。赞美那使人坚强的东西吧!我并不赞美那国度——那流溢着奶油和蜂蜜的国度!

为了观看大量,就必须学会撇开自身:这样一种坚强是每个登山者所必要的。

然而,谁若作为认识者以自己的眼睛而纠缠不休,则对于万物,除了它们的表皮原因,他怎能看到更多的东西!

可是你,查拉图斯特拉啊,你却意愿观看万物的基础和背景:①所以你就必须上登,越过你自己,——上去,上升,直到你的

---

① 此处上下文中未充分显明"表皮原因"(vordere Gründe)、"基础"(Grund)和"背景"(Hintergrund)之间的字面和意义联系。——译注

星辰也落在你之下!

是呀!俯视我自己,甚至更要俯视我的星辰:唯有这个才是我的顶峰,它依然为我保留下来,作为我最后的顶峰!——"

查拉图斯特拉在登山时对自己如是说,以严厉的格言来慰解自己的心灵:因为他心灵的创痛是前所未有的。而当他来到了山脊高处,看哪,另一片大海展现在他面前:他静静地站着,久久地沉默。但在这高处,夜是冷的,爽朗清澈,满天星斗。

我知道自己的命运,他终于悲伤地说道。好吧!我已经准备好了。刚才开始了我最后的孤独。

啊,我下面这黑暗的悲伤的海啊!啊,这妊娠的黑夜的恼怒啊!啊,命运与大海啊!现在我必须向着你们下降!

我面对着我最高的山,面对着我最长久的漫游:因此我首先必须下降得更深,甚于我曾经达到的:

——更深地下降到痛苦中去,甚于我曾经达到的,直至深入到它最黑暗的潮流!我的命运意愿如此:好吧!我已经准备好了。

最高的山从何处而来?我曾如此发问。那时我得知,它们来自大海。

这证词刻写在高山的岩石上,刻写在顶峰的峭壁上。最高者必定从最深者而来获得自己的高度。——

查拉图斯特拉在那寒意袭人的山巅上如是说道;而这时他走近大海,终于独自站在巉岩之下了,他在途中便已经疲倦了,而且比以前更热切了。

现在一切都还沉睡着,他说;连大海也睡了。大海的眼睛睡意矇眬,奇怪地望着我。

但它的呼吸是温热的,这我是感觉到了。而且我也感到,它正在做梦。它做着梦,蜷缩于坚硬的枕头上。

听啊!听啊!它怎样以凶恶的回忆呜咽低诉!抑或是以凶恶的期待?

啊,我与你一道悲伤,你这黑暗的怪物,而且因为你的缘故,我还怨恨我自己了。

啊,我的手没有足够的强力!真的,我乐于把你从噩梦中解救出来!——

当查拉图斯特拉如是说时,他也忧郁而愤恨地嘲笑自己。"怎么样!查拉图斯特拉!"他说道,"你还想对大海唱安慰之歌吗?

啊,查拉图斯特拉,你这热诚的傻子,你这因信赖而太过福乐者啊!但你总是这样:你总是亲密地走向一切可怕之物。

你还要抚摸每一个怪物。一丝温热的呼吸,爪子上一点柔软的茸毛——:而且你立刻就准备好了,要去爱它和引诱它。

这种爱是最孤独者的危险,这种对一切只要是活着的东西的爱!我在爱中的愚蠢和谦卑真的是可笑的!"——

查拉图斯特拉如是说,同时又一次笑了;而这时,他想起了他那些已离弃的朋友们——,而且仿佛他以自己的想念触犯了他们似的,就对自己的想念生气了。随即这笑者又哭了起来:——因为愤怒和渴望,查拉图斯特拉痛哭了。

*
*　　　　*

46.幻觉与谜团

一

当查拉图斯特拉在船上的消息在水手们中间流传开来时,——因为同时有一个来自幸福岛的人,与查拉图斯特拉一道上了船——,他们心中就产生了一大好奇和期待。但查拉图斯特拉沉默了两天,悲哀得冷酷而麻木,也就是说,无论是对别人的目光还是别人的提问,他都不予答复。不过,到第二天傍晚,他的耳朵又张开了,虽然他还沉默无语:因为在这艘远道而来、还要到远方去的船上,可以听到许多稀奇和危险的事儿。而查拉图斯特拉是所有那些喜欢远游、不冒险就无法生活的人们的一个朋友。而且看哪!在谛听中,他的舌头终于解放了,他心灵的冰块终于解冻了:——于是他开始如是说:

向你们,你们这些勇敢的探求者和冒险者,以及总是随狡猾的帆船在恐怖大海上航行的人啊,——

向你们,你们这些沉醉于谜团者,欣喜于黄昏者,你们的灵魂被笛声引向每一个迷津:

——因为你们不愿用胆怯的手摸索一根引线;而且,在你们能够猜解的地方,你们就仇视推断——

向你们,我只向你们讲述我看见过的谜团,——那最孤独者的幻觉。——

新近我阴郁地穿过带有死尸色彩的黄昏,——阴郁而冷酷,紧抿着嘴唇。在我,不止一个太阳没落了。

一条小路,顽强地穿过乱石而上,一条险恶的、荒凉的小路,再也长不出杂草和灌木的小路:一条山路在我顽强的脚步下嚓嚓作响。

默然无声地走过砾石讥笑的丁当之声,践踏着使小路变得滑溜的石头:我的双脚就这样强制自己向上。

向上:——不顾那把脚往下拉、拉向深渊的精灵,那重力的精灵,我的魔鬼和死敌。

向上:——虽然那精灵坐在我身上,一半侏儒一半鼹鼠;麻木;也令人麻痹;把铅滴入我的耳里,把铅点般的思想滴入我的脑里。

"啊,查拉图斯特拉,"他一字一顿地讥诮道,"你这智慧的石头啊!你把自己高高抛出,但每一块被抛的石头都必将——掉落下来!

啊,查拉图斯特拉,你这智慧的石头,你这石弹,你这星球的毁坏者啊!你把自己抛得那么高,——但每一块被抛的石头——都必将掉落下来!

已经注定要成为你自己,成为你自己的投石击毙:啊,查拉图斯特拉,你确实把石头抛得很远,——但它将回落到你自己身上!"

于是侏儒沉默了;而且持续了很久。但他的沉默却压迫着我;如此成双,真的比成单还要孤独!

我攀登又攀登,我梦想又梦想,——但一切都压迫着我。我就像一个病人,他恶劣的折磨使他疲倦,而一种更为恶劣的梦想又把他从沉睡中唤醒。——

但在我身上有某种东西,我把它叫做勇气:它一直以来为我杀死了所有不满和恼怒。这种勇气终于令我站着不动,说道:"侏儒!不是你就是我!"——

因为勇气乃是最佳的杀戮者,——进行攻击的勇气:因为每一种攻击都伴有军乐声。

然而人却是最勇敢的动物:他因此克服了每一种动物。伴以军乐声,他还克服了每一种痛苦;但人类之痛苦却是最深刻的痛苦。

勇气也杀死面临深渊的眩晕:而人在哪儿会不面临深渊呢!难道观看本身不就是——看深渊吗?

勇气乃是最佳的杀戮者:勇气也杀死同情。而同情却是最深的深渊:人多么深刻地观入生命,他同样也多么深刻地观入痛苦。

然则勇气是最佳的杀戮者,攻击的勇气:它还杀死死亡,因为它说:"这就是生命吗?好吧!那就再来一次!"

但这样一种说法却伴着大量军乐声。长耳朵的来听吧。——

*

* *

二

"站住!侏儒!"我说道,"不是我就是你!不过我们当中,我总是强者——:你无法得知我那深邃的思想！这——是你所不能忍受的！"——

接着发生的事使我变得轻松了一些:因为这侏儒,这个好奇的家伙,从我肩上跳了下来。他蹲坐在我面前的一块石头上。而就在我俩停住的地方,有一个出入口。

"看这出入口！侏儒！"我继续说,"它有两个面孔。两条道路在这里会合:还没有人走到路尽头呢。

这长路往回走:它延续着一种永恒。而那长路往前走——那是另一种永恒。

它们背道而驰,这两条道路;它们恰好彼此碰了头:——而且在这里,在这个出入口,正是它们会合的地方。出入口的名字被刻在上面了:'瞬间'。

但倘若谁循着两条道路中的一条继续前行——而且一直前行,越来越远:侏儒,你相信这两条路会永远背道而驰吗？"

"一切笔直者都是骗人,"侏儒不屑地嘟哝道,"所有真理都是弯曲的,时间本身就是一个圆圈。"

"你这重力的精灵！"我怒声斥道,"你不要弄得太轻松了！否则我会把你丢弃在你现在蹲坐的地方,你这瘸子！——而且我已经把你带到了高处！"

"看吧,"我继续说,"看看这瞬间吧！从瞬间这个出入口出发,有一条长长的永恒小道向后延伸:在我们背后隐藏着一种永恒。

万物中可能跑动者,难道不是已经跑过了这条路吗？万物中可能发生者,难道不是已经发生过了、做过了、跑过去了吗？

而且,如果一切已经在此存在过了:你侏儒对这个瞬间有何看法呢?——难道这个出入口不是也一定已经——在此存在过了吗?

还有,难道万物不是如此坚固地纠结在一起,以至于这个瞬间吸引了所有将来的事物吗?那么——它自身也是吗?

因为,万物中可能跑动者:也在这长路上出去——还必定再次跑这条路!——

而且,这个在月光下爬行的缓慢的蜘蛛,以及这月光本身,还有在出入口的我与你,一起低语,低声诉说着永恒的事物——难道我们全体不是一定已经在此存在过了吗?

——而且难道我们不是一定要返回来,在那另一条路上跑,跑出去,跑到我们前面,在这条可怕的长路上——难道我们不是一定要永恒地返回吗?——"

我如是说,而且越来越低声:因为我害怕我自己的思想和隐秘之念。突然,我听到一只狗在近处吠叫。

我曾听到过一只狗如此吠叫吗?我的思想跑回去了。是呀!当我还是小孩时,在最遥远的童年:

——那时我曾听到过一只狗如此吠叫。而且我也看到,它毛发直竖,仰着头,浑身战栗,在那最寂静的午夜,在那连狗也相信鬼怪的午夜里:

——于是让我起了怜悯之心。因为其时满月当空,死寂地悬于屋顶之上,它正好静止不动,一轮余辉,——静静地落在平屋顶上,仿佛落在别人的财产上:——

因此这狗当时就惊慌了:因为狗也相信窃贼和鬼怪。而且当我重又听到这般吠叫声时,又一次让我起了怜悯之心。

现在侏儒去了哪里?还有出入口?还有蜘蛛?还有一切轻声低语呢?我做梦了吗?我醒了吗?我一下子站在巉岩危石间,孤独,荒凉,在荒凉无比的月光中。

然而那里躺着一个人!而且就在那里!那狗跳跃着,毛发直竖,哀鸣着,——现在它看见我来了——于是它又吠了起来,于是它又大叫起来:——我曾听到过一只狗如此大叫求救吗?

而且真的,我所见的,是我从来没有见过的。我看到一个年轻的牧人,蜷缩着,哽咽着,抽搐着,脸都变形了,一条粗黑的蛇正挂在他的嘴外。

我曾见过在一张面孔上有如此之多的厌恶和苍白的恐怖吗?也许他已经睡着了?于是那蛇便爬入他的喉咙里——它在那儿紧紧咬住了。

我用手去拉那条蛇,拉啊拉:——徒然无功!我的手没有把蛇从喉咙里拉出来。于是我就高喊:"咬吧!咬吧!"

"把头咬下来!咬吧!"——我就这样高喊,我的恐怖、我的仇恨、我的厌弃、我的怜悯,我所有的善与恶,都以一声大叫喊了出来。——

你们这些在我周围的勇士啊!你们这些探求者和冒险者,以及总是随狡猾的帆船在未经探索的大海上航行的人啊!你们这些欣喜于谜团者啊!

那么,为我猜解我当时看到的谜团吧,为我解说那最孤独者的幻觉吧!

因为这是一种幻觉和一种预见:——我当时在比喻中看见了

什么呢？还有，谁是那必定还要到来的人呢？

谁是那喉咙里爬进了一条蛇的牧人呢？谁是那喉咙里将要爬进一切最艰难、最黑暗的东西的人呢？

——但这牧人却咬了，就像我的叫喊劝告他的那样；他好生咬了一口！他把蛇头远远吐出——：而且跳了起来。——

不再是牧人，不再是人，——一个变形者，一个周身发光者，大笑着！世间任何人都不曾像他这般笑过！

啊，我的兄弟们，我听到一种笑声，它不是一个人的笑声，——而且现在，有一种焦渴吞噬着我，一种永不平静的渴望。

我对于这种笑声的渴望吞噬着我：啊，我如何还受得了生活啊！我又如何受得了现在赴死呢！——

查拉图斯特拉如是说。

*

* *

47. 违愿的幸福

心里怀着这些谜团和辛酸,查拉图斯特拉渡过了大海。但在他离开幸福岛和他的朋友们四天以后,他已经克服了他所有的痛苦:——他胜券在握,以坚实的脚步重又站立在他的命运之上。当时,查拉图斯特拉对自己欢欣的良心如是说:

我又孤独了,而且我愿意这样,独自与纯洁的天空和自由的大海在一起;而我四周又是下午了。

我曾在下午第一次找到我的朋友们,另一次同样也在下午:——那是一切光都变得更宁静的时刻。

因为依然在天与地之间行进的幸福,眼下还要为自己寻求一个光明的灵魂来寄宿:由于幸福,一切光明现在都变得更宁静了。

啊,我生命的下午啊!我的幸福也曾降到了山谷,以便为自己寻求一个寄宿之所:于是它找到了这些开放的、好客的灵魂。

啊,我生命的下午啊!我没有把什么交出来,以便我拥有一件东西:我的思想的这种活生生的栽培,以及我至高的希望的这种晨光!

创造者曾寻求过同伴以及他的希望的孩子:而且看哪,他发现他找不到他们,除非他首先把他们本身创造出来。

所以我在工作中间,走向我的孩子们,又从他们那儿回来:为自己的孩子们之故,查拉图斯特拉必须完成自己。

因为人们根本上只爱自己的孩子和事业;而且,凡有伟大的对自身的爱之处,爱就是孕育的标志:这是我发现了的。

我的孩子们依然在他们第一个春季里抽芽发绿,彼此相互依傍,共同为春风所吹拂,那是我院子里最佳土壤里的树木。

真的!这种树木并肩矗立的地方,就是幸福之岛!

但终有一天我要把它们连根挖出,把每一棵树都单独栽种:使每一棵树都学会孤独、顽强和谨慎。

然后它应该为我矗立在大海边,多节而弯曲,带着柔顺的坚强,不可征服的生命的一座活灯塔。

在那里,暴风俯冲向大海,群山的大嘴痛饮海水,每一棵树都当有一次值日和守夜,使之得到考验和识别。

它应该得到考验和识别,看看它是不是我的同类和同系,——看看它是不是一种长久意志的主宰,即便在说话时也默然无声,而且如此谦恭,以至于它在给予时也取得:——

——以至于它有朝一日能成为我的同伴,以及查拉图斯特拉的一个共同创造者和共同庆祝者——:这样一个东西,它能把我的意志写在我的榜上:为了万物更完满的完成。

而且为它与它的同类的缘故,我必须自己完成自己:因此,我现在逃避自己的幸福,把自己献给一切不幸——使我得到最后的考验和识别。

真的,是我离去的时候了;漫游者的阴影、最长久的时光和最寂静的时刻——一切都对我说:"是至高的时候了!"

47. 违愿的幸福

风从钥匙孔里向我吹来,并且说:"来吧!"门狡诈地突兀弹开,并且说:"去吧!"

但我被紧紧拴在对我的孩子们的爱上了:渴望,对于爱的渴望,已经为我设下了这个圈套,使我成了我的孩子们的猎物,因他们而失去了自己。

渴望——对我来说就是:失去了自己。我拥有你们,我的孩子们啊! 这种拥有中,当有全部安全而全无渴望。

可是我的爱的太阳在我头上蒸晒,查拉图斯特拉在自己的汁液里煎熬,——这时阴影和怀疑飞离了我。

我已经希求严寒和冬天了:"啊,愿严寒和冬天重又使我碎裂和寒颤吧!"我叹息道:——于是从我身上升起了冰冷的雾。

我的过去破碎了它的坟墓,许多被活埋的痛苦苏醒过来了——:它只是睡够了,隐藏在尸衣里。

于是一切都以象征来召唤我:"是时候了!"——但我——没有听到:直到最后,我的深渊活动了,我的思想咬了我。

啊,深渊般的思想,你就是我的思想! 何时我能获得一种强力,去听你挖掘而不再战栗?

当我听你挖掘时,我的心跳到了喉咙上! 你的沉默甚至要把我窒息,你这深渊般的沉默者啊!

我从来还不敢把你召唤上来:我携带着你,这就够了! 我还不够强壮,还达不到最后的狮子的狂妄和恶意。

你的重量总是已经使我十分害怕了:但有朝一日,我还当获得强力,以及狮子的声音,把你召唤上来!

如果我已经在这方面克服了自己,那么我也要在更伟大的事情上克服自己；而且一种胜利当成为我的完成之印记！——

在此期间，我仍然漂浮于不定的大海；偶然性迎合着我，那阿谀巴结的偶然性；我前瞻后望——，依然看不到尽头。

我最后战斗的时刻还没有到来，——抑或它正好就要到来了么？真的，周围的大海和生命带着险恶的美观看着我！

啊，我生命的下午！啊，黄昏前的幸福！啊，大海上的港口！啊，不确定中的和平！我是多么不相信你们全体啊！

真的，我怀疑你们的险恶的美！我犹如情人一般，怀疑太过柔媚的笑。

正如这嫉妒者推开自己的最爱者，温柔而严厉——，我也如是推开这个幸福的时刻。

离去吧，你幸福的时刻！与你一道我得到了一种违愿的福乐！我站在这里，乐意于我最深刻的痛苦：——你来得不是时候啊！

离去吧，你幸福的时刻！宁可在那儿取得寄宿之所——在我的孩子们那里！快啊！而且要在黄昏前以我的幸福祝福他们！

黄昏已然近了：太阳沉落了。去吧——我的幸福！——

查拉图斯特拉如是说。而且他通宵等着他的不幸：但他徒然地等着。夜依然明澈而寂静，而幸福本身离他越来越近了。但在黎明时分，查拉图斯特拉对自己的心灵笑了，嘲讽地说："幸福追求着我。这是因为我不追求女人。而幸福就是一个女人。"

*

*　　　　　　*

48. 日出之前

啊，我头上的天空啊，你这纯洁者！深邃者！你这光之深渊啊！望着你，我由于神性的欲望而不寒而栗。

把我抛到你的高度——那是我的深邃！把我庇藏于你的纯洁中——那是我的天真无邪！

上帝为自己的美所掩饰：你也如此把你的星辰遮蔽起来。你不说话：你就这样向我昭示你的智慧。

今天你默然无声地为我升起在汹涌的大海上，你的爱和你的羞愧讲出了对我汹涌的灵魂的启示。

你曼妙地向我走来，掩蔽于你的美中，你默然无声地对我说话，敞然显明你的智慧：

啊，何以我没有猜到你的灵魂的全部羞愧！在太阳之前，你已经向我走来了，我这个最孤独者。

我们从一开始就是朋友：我们有着共同的忧伤、恐惧和根基；即便太阳也是我们所共有的。

我们彼此不说话，因为我们知道得太多了——：我们默然相对，我们笑对我们的知识。

难道你不是我的火之光吗？难道你不是我的见识的姊妹灵魂吗？

我们曾一起学习过一切;我们曾一起学习过上升,超出自己而达到自己,学习过灿烂地微笑:——

——自明亮的眼睛和遥远的远方,灿烂地向下微笑,如若在我们下面,强制、目的和罪责雨一般压抑着。

而我独自漫游:在黑夜和迷途中,我的灵魂渴望什么呢?如果我登山,那么我在山上寻找的不是你又是谁呢?

还有,我所有的漫游和登山:那只不过是一种急难,笨拙者的一个权宜之计:——我全部的意志意愿独自飞翔,飞到你里面去!

还有,比起浮动的云和把你玷污的一切,你更恨谁呢?而且我还恨我自己的憎恨,因为它把你玷污了!

我怨恨浮动的云,这些潜行的劫掠之猫:它们剥夺了你与我共有的东西,——那种巨大的无限的肯定和同意。

我们怨恨这些中间者和混合者,这些浮动的云:这些半拉子的货色,它们既没有学会祝福,也没有学会从根本上诅咒。

我宁愿依然在锁闭的天空下,蹲在桶里,宁愿蹲在深渊里不见天日,也不愿看见你这光之天空为浮云所玷污!

而且我经常要求用锯齿形的闪电金线把它们系住,使得我能够像打雷一样在它们的锅腹上击鼓:——

——一个愤怒的击鼓者,因为他们从我这里劫掠了你的"肯定!"和"同意!",我头上的天空,你这纯洁者!光明者!你这光之深渊啊!——因为它们从你那里劫掠了我的"肯定!"和"同意!"。

因为我宁愿要喧闹、雷声和风暴之咒语,也不要这种谨慎的、怀疑的猫之安静;而且即便在人类中间,我也最恨所有唯唯诺诺者、半拉子,以及怀疑的、踌躇的浮云。

48. 日出之前

而且,"谁不能祝福,他就该学会诅咒!"——这清晰的教导从明亮的天空落到我身上,这个星球即便在黑夜里也依然在我的天上。

然则我是一个祝福者和一个肯定者,如果你只是围绕着我,你这纯洁者!光明者!你这光之深渊啊!——我于是还把我祝福的肯定带到所有深渊里。

我变成了一个祝福者和肯定者:而且为此我长久地奋斗,我曾是一个奋斗者,使我曾得以空出手来祝福。

而这就是我的祝福:高居于万物之上,成为万物自己的天空,成为万物的圆形屋顶,万物天蓝色的钟和永恒的安全:而且,如此祝福者也有福了!

因为万物都在永恒之源泉中受了洗礼,而且在善与恶的彼岸;但善与恶本身也只不过是短暂的阴影、潮湿的悲伤和浮云。

真的,那是一种祝福而不是一种亵渎,如果我说:"万物之上有偶然之天,无邪之天,或然之天,放肆之天。"

"或然"——这是世上最古老的贵族,我把它还给了万物,我把万物从目的的奴役中解救出来了。

当我宣扬说:"万物之上和万物之中并没有一种'永恒的意志'——在意愿",我就把这种自由和天空之晴朗犹如天蓝色的钟置于万物之上了。

当我宣扬说:"万物中有一件事是不可能的——合理性",我就把这种放肆和这种愚蠢置于那种意志的位置上了!

诚然,一小点理性,一粒智慧的种子,散落于各星球之间,——这种发酵剂被拌和在万物中了:为愚蠢之故,智慧被拌和在万物中了!

一小点智慧是已然可能的;但我在万物中发现了这种福乐的安全保证:它们宁愿依然以偶然性之足——舞蹈。

啊,我头上的天空啊!你这纯洁者!高空啊!现在于我,这就是你的纯洁,即:没有一种永恒的理性蜘蛛和理性的蛛网:——

——在我看来,你是神性的偶然性的一个舞场,你是神性的骰子和骰子游戏者的一张神桌!——

然则你脸红了吗?是我说了什么说不出口的事吗?由于我意愿祝福你,反而亵渎了你?

抑或是因为我们成双而害羞,使你脸红么?——难道你叫我离去和沉默,因为现在——白昼到来了吗?

世界是深邃的——:而且比白昼所设想的更深邃。并非一切都可以在白昼前说出来的。可白昼到了:现在让我们分手吧!

啊,我头上的天空,你这害羞者啊!灼热者!啊,你,我日出之前的幸福啊!白昼到了:现在让我们分手吧!——

查拉图斯特拉如是说。

*

* *

49. 萎缩的德性

一

当查拉图斯特拉重又登上陆地时,他没有径直去他的山林和他的洞穴,而是绕了许多路,问了许多问题,打听这个那个的,弄得他自己也嘲笑道:"看哪,一条弯弯曲曲地流回到源头的河!"因为他想要经验,在此期间人类身上发生了什么事:人是变得更伟大了呢,还是更渺小了。有一次他看见了一排新房子;他便惊奇地说:

这些房子意味着什么呢?真的,任何一个伟大的灵魂都不会把它们当作自己的比喻!

兴许是一个傻孩子从自己的玩具盒里把它们拿出来的?而另一个孩子又会把它们收入自己的玩具盒里!

而且这些居室和房间:人们能够进出吗?我以为它们是为布娃娃们做的;或者是为那些兴许也让别人一起偷吃的馋猫们做的。

查拉图斯特拉站着沉思。终于他忧伤地说:"一切都变渺小了!"

我看到处处都是低矮的门:我一类的人也许还能进去,但——他必须弯腰!

啊,何时我能重返我再也不必弯腰的故乡——再也不必向渺小者弯腰的故乡?——查拉图斯特拉叹息道,望着远方。——

而就在同一天,他讲了一番关于正在萎缩的德性的话。

二

我穿行于这民众中,睁着我的眼睛:我没有嫉妒于他们的德性,这是他们不能原谅我的一点。

他们向我咬来,因为我对他们说:渺小的人们需要渺小的德性——而且因为我难以理解为何渺小的人们是必需的!

我在这里依然好像陌生农庄里的一只雄鸡,母鸡们也向我啄来;但我并没有因此对这些母鸡们生气。

我礼貌地对待他们,有如对待所有小小的麻烦;对于小不点儿针锋相对,我以为这是刺猬的智慧。

当他们夜里围坐于火炉旁,他们全体都在谈论我,——他们在谈论我,但没有人——想着我!

这是我学到的新的寂静:他们在我四周的喧闹之声展开一件外衣来包裹我的思想。

他们在彼此间叫嚷:"这阴郁的乌云要求我们什么呢?留神啊,别让它给我们带来一种瘟疫!"

新近,有一个女人拉住了她那个想到我这里来的小孩:"把孩子们带走!"她叫喊道;"这种眼睛会烧焦孩子们的灵魂的。"

49.萎缩的德性

当我说话时,他们咳嗽起来:他们以为,咳嗽是一种对强风的反抗;——他们根本没有猜到我的幸福的汹涌!

"我们还没有时间给查拉图斯特拉呢"——他们这样反驳;但一个"没有时间"给查拉图斯特拉的时代,又有什么要紧的?

而且如果他们竟赞扬我:我怎能在他们的赞誉上入睡呢?他们的称赞于我是一条带刺的腰带:当我把它解掉时,也还刺痛我。

而且这也是我在他们中间学到的:称赞者装出要归还什么的样子,然则实际上他是意愿更多地获赠!

问问我的脚,问它是否喜欢他们的称赞和引诱的调子!真的,按照这样一种节拍和滴答声,它是既不想跳舞也不想站着不动。

他们想引诱我走向渺小的德性,并且对我大加称赞;他们想说服我的脚去接受渺小幸福的滴答声。

我穿行于这民众中,睁着我的眼睛:他们已经变渺小了,而且变得越来越渺小:——而这是由他们关于幸福和德性的学说造成的。

因为即便在德性上他们也是谦逊的——因为他们想要惬意。但与惬意相协调的,唯有谦逊的德性。

确实,连他们也学习用自己的方式行走和前行:我把这叫做他们的跛行——。他们因此成为每个匆忙者的障碍。

而且,他们中许多人往前走,同时硬着头颈往后看:我乐意碰撞他们的身体。

脚与眼不会撒谎,更不会互揭谎言。但在渺小的人们那里多有谎言。

他们中有些人意愿什么,但大多数人只是被意愿而已。他们中有些人是真诚的,但大多数人是坏演员。

他们当中有违背知识的演员,也有违背意志的演员——,真诚者总是稀罕的,尤其是真诚的演员。

在此少有男人气:因此他们的女人们要把自己男人化。因为唯有十足的男人,才能在女人中把这个女人——解救出来。

而且我发现在他们当中,这种伪善是最恶劣的:连命令者也佯装出服役者的德性。

"我服役,你服役,我们服役"——统治者的伪善在这里也如此祈祷,——而且如果第一主人只不过是第一仆役,那是多么不幸啊!

啊,我的好奇的目光甚至也可能迷失于他们的伪善;而且,我很好地猜透了他们所有的苍蝇之幸福,以及他们围着阳光照耀的窗玻璃的嗡嗡之声。

我看到这么多善意,也有这么多虚弱。这么多公正和同情,也有这么多虚弱。

他们彼此间圆通、正直和善意,有如沙粒与沙粒之间的圆通、正直和善意。

谦卑地拥抱一种渺小的幸福——他们把这叫做"顺从"!而同时他们已然谦卑地对一种新的渺小幸福垂涎欲滴了。

根本上他们天真地最想要一件事,那就是:没有人伤害他们。所以他们先行迎合每个人,对每个人都好生相待。

但这就是怯懦:虽然这也被叫做"德性"。——

而且一旦他们粗暴地说话,这些渺小的人们:我只听到他们的嘶哑声,——因为每一阵风都使他们嘶哑。

49.萎缩的德性

他们是机灵的,他们的德性拥有机灵的手指。然而他们没有拳头,他们的手指不知道在拳头后面藏起来。

在他们看来,德性就是使人谦卑和驯服的东西:他们因此使狼变成狗,使人类本身变成人类最好的家畜。

"我们已经把我们的椅子置于中间,"——这是他们得意的神情告诉我的——"与垂死的角斗者和满足的猪豕保持同样的距离。"

但这就是——平庸:虽然它被称为节制。——

三

我穿行于这民众中,丢下许多话:但他们既不知道获取也不知道记住。

他们感到奇怪,我到来并没有辱骂淫欲和恶习;而且真的,我到来也不是要教人谨防小偷!

他们感到奇怪,我不准备进一步煽动和刺激他们的聪明:仿佛他们还没有足够多的聪明人,这些聪明人的声音有如石笔一般对我嚓嚓作响!

而且当我叫喊:"诅咒你们身上一切怯懦的魔鬼吧,这些喜欢哀泣、合手祈祷的人们":于是他们叫喊道:"查拉图斯特拉是无神的。"

而且尤其是他们的顺从之教师这样叫喊——;但我喜欢正好对着他们的耳朵大叫:是的!我就是查拉图斯特拉,无神者!

这些顺从之教师啊!凡在渺小、病态和长脓包的地方,他们都像虱子一般爬着；而且只不过,我的厌恶阻止我去掐虱子。

好吧！这就是我为他们的耳朵而作的说教：我是查拉图斯特拉,无神者,我在此说:"谁比我更无神,使得我能喜欢他的指教呢？"

我是查拉图斯特拉,无神者：我在哪里能找到自己的同类呢？所有那些赋予自己以意志并且摈弃全部顺从的人们,就是我的同类。

我是查拉图斯特拉,无神者：我还把每一种偶然性都放在我的锅子里煮。而且唯当它在里面已完全煮好了,我才欢迎它作为我的食物。

而且真的,许多偶然性专横地走向我：但我的意志还更专横地对它说话,——它于是就跪下来请求——

——请求让它能在我这里找到寄宿之所,得到我的心,并且谄媚地对我说："看哪,查拉图斯特拉啊,何以只有朋友才走向朋友！"——

然则在无人有我的耳朵之际,我说什么呢！所以我要向外,对所有的风呼叫：

你们会变得越来越渺小,你们这些渺小的人们！你们将破碎,你们这些惬意者！你们还会毁灭——

——毁灭于你们大量的小德性,毁灭于你们大量的小疏忽,毁灭于你们大量的小顺从！

太多体贴,太多屈从：你们的土地就是这样！然而,一棵树要长大,就得在坚硬的岩石里扎下牢固的根！

即便你们所疏忽的东西,也在所有人类未来之网上编织起来；

49.萎缩的德性

即便你们的虚无也是一个蛛网,一只乞灵于未来之血的蜘蛛。

而且当你们获取时,情状也如同偷窃,你们这些渺小的德性者;但即便在流氓无赖们中间也还有一种荣誉感:"在不能抢劫的地方只好偷窃。"

"自给"——这也是一种关于顺从的学说。但我要向你们这些惬意者说:自取,而且还将越来越多地从你们那里取得!

啊,你们会摈弃一切半拉子的意愿,会下决心偷懒,如同下决心行动!

啊,你们会理解我的话:"总还做你们意愿做的事,——但先成为这样一种能够意愿的人吧!"

"总还爱你们的邻人如同你们自己,——但先成为这样一种爱自己的人吧——

——用大热爱去爱,用大蔑视去爱!"查拉图斯特拉如是说,这个无神者。——

然则在无人有我的耳朵之际,我说什么呢!这里对我来说还太早,早了一小时。

在这民众当中,我是我自己的先驱者,我自己的穿越黑暗胡同的鸡叫。

然而他们的时辰到了!而且我的时辰也到了!不久他们将变得更渺小、更贫困、更无成果,——可怜的杂草!可怜的土地啊!

而且很快他们当站在我面前,有如干枯的草地和草原,而且真的!也厌倦于自己了——而且更多地渴望火,甚于对水的渴望!

啊,受祝福的雷电之时刻!啊,正午前的神秘!——有朝一日,我还要把它们变成流火,以及带着火舌的宣布者:——

——有朝一日，它们还当用火舌宣布：它来了，它临近了，那伟大的正午！

查拉图斯特拉如是说。

＊
＊　　　　　＊

50. 在橄榄山上

冬天有如一个坏客人,与我一起坐在家里;我的双手因为他友好的握手而变得青肿。

我尊敬他,这个坏客人,但我喜欢让他独自坐着。我喜欢从他那儿跑开;而且,要是跑得好,就能逃离他!

以温热的双脚和温热的思想,我跑到风儿平静的地方,——跑到我的橄榄山上阳光一隅。

在那里,我笑我这位严厉的客人,但仍然好生对他,因为他为我清除家里的苍蝇,平息了许多小噪音。

因为若有一只蚊子,甚或两只,要嗡嗡唱响,他都是不能忍受的;更有甚者,他使胡同小巷变得落寞,以至于在夜间,月光在那里也感到害怕。

他是一个冷酷的客人,——但我尊敬他,并不像娇生惯养者一般向大肚的火神偶像祷告。

宁可发出一点牙齿战栗之声,也不要崇拜偶像!——我的天性意愿如此。而且我尤其怨恨一切发淫的、冒气的、发霉的火神偶像。

凡我所爱者,我在冬天里比在夏天更爱之;现在,自从冬天坐在我家里,我就能更好、更纵情地嘲笑我的仇敌了。

真的纵情地,即便在我爬上床时依然如此——:在那里,甚至我躲藏起来的幸福也嘲笑和戏弄;甚至我的谎言之梦也嘲笑。

我——一个爬行者吗?在我一生中,我从未在权势面前卑躬屈膝地爬行过;如果我曾撒过谎,那也是出于爱而撒谎。因此在冬天的床上,我也是欢欣的。

一张寒碜的床比一张丰饶的床更能使我温暖,因为我对自己的贫困怀有妒忌。而且在冬天里,我的贫困对我最忠诚。

我每天都从一种恶事开始,我以一次冷水浴嘲笑冬天:我这位严厉的家庭常客因此咕哝起来。

我也喜欢用一支蜡烛撩拨他:使他最后让天空从灰色的朦胧中显露出来。

因为在早晨我是尤其怀有恶意的:清晨时分,吊桶在水井里格格作响,骏马在灰色胡同里温热地嘶鸣:——

这时我不耐烦地等待着,终于光明的天空向我开启,这雪白胡子的冬天的天空,这老人和白头,——

——这沉默的冬天的天空,它时常还把太阳隐瞒起来!

也许我是向它学习了那长久的光明的沉默?抑或它是向我学的?或者是我们中的每一个都各自发明的?

一切好的事物的来源多种多样,——一切好的恶作剧的事物都由于快乐而跃入此在之中:他们怎能始终仅仅这样——做一次!

长久的沉默也是一个好的恶作剧的事物,而且如同冬日天空,从明亮的圆眼的面貌向外观看:——

——如同冬日天空一样隐瞒了自己的太阳,以及自己不屈不挠的太阳意志:真的,我已经好好学会了这种技艺和这种冬天的恶

50.在橄榄山上

作剧!

我的沉默学会了不通过沉默来泄露自己,这就是我最喜爱的恶意和技艺。

用言语和骰子的啪啪之声,我施计骗过这庄严的等候者:我的意志和目的当逃脱这些严格的监视者。

要使得没有人能窥见我的根底和最后的意志,——为此我为自己发明了这长久的明亮的沉默。

我找到了这许多聪明人:他们蒙着自己的脸,搅浑自己的水,使得没有人能看到他们里面和深处。

但更聪明的怀疑者和破壳者正好向他们走来:人们正好把他们最隐蔽的鱼儿钓了出来!

相反,那些光明者、诚实者、透明者——在我看来就是最聪明的沉默者:他们的根底是那么深邃,以至于连最清澈的水也不能把它——透露出来。——

你这胡子雪白、沉默无声的冬天的天空啊,你这在我头上的圆眼的沉默者啊! 啊,你是我的灵魂及其恶作剧的天上的比喻!

难道我不必把自己隐藏起来,有如一个吞了金子的人,——使人们不至于剖开我的灵魂吗?

难道我不必踩高跷,使他们对我的长腿视而不见,——我周围的所有这些嫉妒者和伤害者?

这些烟熏的、闷热的、损坏的、发绿的、苦恼的灵魂——他们的嫉妒怎能忍受我的幸福啊!

所以我只向他们指示我的顶峰上的冰雪和冬天——而且并不指示,我的山依然为一切阳光地带所围绕!

他们只听到我的冬天风暴的呼啸：而并不知道，我也如同渴望的、沉重的、温热的南风，穿越温暖的大海。

他们还可怜我的种种灾祸和偶然：——但我的说法是："就让偶然临到我身上吧：它就像孩童一样天真无邪！"

如若我没有以灾祸、冬天的困厄、熊皮帽和雪天的外套来包裹我的幸福，他们怎能忍受我的幸福啊！

——如若我自己并不可怜他们的同情：这些嫉妒者和伤害者的同情！

——如若自己没有在他们面前叹息、寒战，忍耐地任自己包缠绕入他们的同情中！

我的灵魂的聪明的恶作剧和善意就在于：它并不隐瞒自己的冬天和风雪；它也并不隐瞒自己的冻疮。

有的人的孤独是病者的逃遁；有的人的孤独则是对于病者的逃遁。

让我周围所有这些可怜的、斜视的无赖流氓，听到我为冬天而寒战和叹息吧！以这样一种寒战和叹息，我依然逃遁了，离开了他们温暖的屋子。

让他们为我的冻疮而同情我，为我叹息："在知识的冰雪里，他还会冻死的！"——他们这样悲叹。

此间我以温热的双脚在橄榄山上跑来跑去：在橄榄山阳光一隅，我唱着歌，并且嘲讽一切同情。——

查拉图斯特拉如是唱道。

*

*   *

51. 路过

就这样缓慢地穿过大量民众和诸多城市,查拉图斯特拉绕道回到了自己的山林和自己的洞穴。而且看哪,他由此也不知不觉地来到了那大城市的城门口:这里却有一个满嘴唾沫的傻子,张着双手向他奔了过来,挡住了他的路。而这就是被民众叫做"查拉图斯特拉的猴子"的那个傻子:因为这个傻子向查拉图斯特拉学了些话语的定则和格位,也喜欢借用查拉图斯特拉的智慧宝藏。这傻子却对查拉图斯特拉如是说:

"啊,查拉图斯特拉,这就是大城市:在这里你一无所获,失去一切。

为什么你要在这泥泞里跋涉呢?倒是怜惜一下你的双脚吧!宁可唾弃这城门,并且——转身而去!

这是隐士之思想的地狱:在这里,伟大的思想被活活地煎熬,被煮成碎片。

在这里,一切伟大的感情都将腐烂:这里唯有瘦骨嶙峋的情感方可能格格作响!

你不是已然嗅到精神的屠宰场和厨房的气味了吗?这个城市不是蒸腾着被屠杀的精神的臭气吗?

你没有看到灵魂们就像干瘪而肮脏的破布挂在那儿吗?——

而且,灵魂们还从这些破布中制造出报纸!

你没有听到精神怎样在此变成了文字游戏?精神呕吐出可憎的文字脏水!——而且,灵魂们还从这种文字脏水中制造出报纸。

灵魂们相互追逐,而不知道何往?灵魂们相互激动,而不知道何故?它们把自己的铁皮敲得当啷响,把自己的黄金弄得丁当响。

它们寒冷而要从烧烫的水中寻求温暖;它们发热而要从冰冻的精神中寻求清凉;它们全都病恹恹而对公众意见上了瘾。

一切淫欲和恶习都以此为家;不过,这里也存在着有德性者,也存在着十分机灵的、被指定的德性:——

十分机灵的德性,有着书写的手指,有着坚硬的坐功和耐功,有幸获得小小的胸部饰星,以及被塞满的、无臀的女儿们。

这里在军队之神面前,也有大量虔敬,以及十分虔信的流涎谄媚、阿谀烘烤。

'从上方'落下来的确是星星和仁慈的唾沫;每个无星的胸部都仰望着上方。

月亮有自己的晕圈,这个晕圈有自己的怪胎:但乞讨的民众和所有机灵的乞丐德性,向一切来自晕圈的东西祷告。

'我服役,你服役,我们服役'——一切机灵的德性都如此向王侯们祷告:使得这应得的星星终于别在那瘦削的胸脯上!

然则月亮依然围绕着一切尘世之物旋转:王侯也依然围绕着一切极端尘世之物旋转——:而这就是商贩们的黄金。

军队之神不是金锭之神;王侯思想着,而小商贩——操纵着!

凭着你身上光明、强壮和良善的一切,查拉图斯特拉啊!唾弃这小商贩的城市,转头回去吧!

这里一切血液都腐败、冷淡而起泡地流动:唾弃这大城市吧,
这一大堆浮渣汇聚的垃圾!

唾弃这受挤压的灵魂和瘦胸脯、尖眼睛、粘手指的城市——

——唾弃这纠缠者、无耻者、爱弄墨者和爱吵闹者、发烧的虚荣者的城市:——

——一切开始腐烂的、声名狼藉的、淫欲的、阴暗的、烂熟的、溃疡的、谋反的东西一起化脓的地方:——

——唾弃这大城市,转身而去吧!"——

但到这里,查拉图斯特拉打断了这个唾沫横飞的傻子的话,让他闭嘴了。

"立刻停止吧!"查拉图斯特拉叫道,"你的话和你这样子早就让我厌恶了!

为什么你在泥沼里住得如此之久,以至于你自己必得变成青蛙和蛤蟆?

现在,不是有一种腐败的、起泡的泥沼之血在你自己的血管里流动,使得你学会了呱呱地叫和诽谤中伤吗?

为什么你不到山林里去?或者去耕地呢?大海中不是充满了绿色岛屿吗?

我蔑视了你的蔑视;而且,如果你警告我,——为什么你不警告你自己呢?

我的轻蔑和我的警告之鸟只应当从爱中飞起:而不是从泥沼中飞起!

人们把你叫做我的猴子,你唾沫横飞的傻子啊:但我却把你叫

做我的咕咕猪,——由于你的咕咕,你还败坏了我对愚蠢的赞扬。

首先使你咕咕的到底是什么呢?是没有人足够地谄媚于你:——因此你坐到这堆垃圾上,使得你可以有理由多多地咕咕,——

——你可以有理由大肆报复!因为,你这虚荣的傻子啊,报复就是你全部的唾沫横飞,我完全猜透了你!

但你的傻话伤害了我,即便在你有理由!而且,倘若查拉图斯特拉的话甚至拥有千百倍理由:你还是永远会对我的话——行公平!"

查拉图斯特拉如是说;他注视着这大城市,叹息,而且沉默良久。最后他如是说:

这座大城市也使我厌恶,而不光是这个傻子。无论何处都没有什么可改善,没有什么可恶化了。

哀哉,这大城市啊!——而且我希望,我已经看到这大城市在其中焚烧的火柱!

因为这样的火柱必定先行于那伟大的正午。可是,这是有自己的时间和自己的命运的。——

但你这傻子啊,临别之际我要给你这番教导:在人们再也不能热爱的地方,人们就应当——路过!——

查拉图斯特拉如是说,从这个傻子和这大城市一旁路过了。

*

*　　　　　　　*

52. 背叛者

一

啊,新近在这草地上依然嫩绿而绚丽的一切,已然干枯而灰白了吗?而且,我从这里把多少希望之蜜带入我的蜂房里了!

这些年轻的心灵皆已变得苍老了,——甚至于并没有苍老!而只是疲惫、平庸、懒散:——他们把这个叫做:"我们又变得虔诚了。"

最近我还看到他们在清晨以勇猛的脚步跑出去:但他们的知识之足已变得疲惫了,现在他们也还对自己早晨的勇猛大加诋毁!

真的,他们中许多人曾经像一位跳舞者抬起腿来,我智慧中的笑声向他们暗示:——他于是思索自己。刚才我看见他弯腰——向十字架爬去。

他们曾像蚊子和青年诗人一般,围绕着光明和自由振翅飞舞。越是老一点,就越是冷一点:而且他们已然是昏暗者、密谈者和懦夫了。

兴许是他们的心灵令他们沮丧,因为孤独有如一条鲸鱼把我吞没?兴许是他们的耳朵长久地渴求而徒然倾听于我,以及我的号角声和先驱的呼声?

——啊!他们当中始终只有少数人,其心灵具有一种长久的勇气和傲慢;而且这少数人的精神也是有耐力的。但剩余者则是怯懦的。

剩余者:总是绝大多数,是凡庸、多余、太多太多者——这些全都是怯懦的!——

谁若是我一类的,他也将遭遇我一类的体验:以至于他首要的同伴必定是死尸和丑角。

然则他次要的同伴——他们将把自己称为他的信徒:那是活生生的一群,有许多爱,许多愚蠢,许多少壮的敬仰。

人类当中我一类的人,不应当把心系于这些信徒们;谁若知道这个仓促而怯懦的人种,他就不该相信这种阳春和绚丽的草地!

倘若他们别有所能,他们也就会别有所愿。半拉子会败坏全体。树叶要干枯,——这有什么可哀怨的呢!

查拉图斯特拉啊,让它们去吧,让它们凋落吧,而不要哀怨!宁可还以簌簌之风把它们吹起来,——

——查拉图斯特拉啊,吹起这些树叶:使一切干枯者更快地离开你!

*

* *

二

"我们又变得虔诚了"——这些背叛者如是坦白;而且,他们当中有些人还太过怯懦,不敢如此坦白。

我看着他们的眼睛,——我冲着他们的脸和面颊上的红晕说:你们就是那些重又祈祷的人嘛!

但祈祷乃一种羞耻!并非对于所有人如此,而是对于你和我,以及任何头脑里拥有良知的人。对于你,祈祷是一种羞耻!

你完全知道:你心中怯懦的魔鬼,他喜欢双手合十,无所事事,弄得更加适意:——这个怯懦的魔鬼对你说:"有一个上帝!"

但因此,你却属于怕光的一类人,光使这类人永远不得安宁;现在你必须每天脑袋更深地藏在黑夜和烟雾中!

而且真的,你很好地选择了时辰:因为夜鸟刚刚又飞了出去。对一切怕光的民众来说,时辰到了,夜晚时分和欢庆时分到了,那时并没有——"欢庆"!

我听到而且也嗅到:他们狩猎和迁居的时机到了,诚然不是一种狂野的狩猎,而是一种驯服的、跛脚的、窥探性的蹑手蹑脚者和轻声祈祷者的狩猎,——

——一种追捕充满热情的胆小怕事者的狩猎:现在,所有心灵的捕鼠机又设了起来!而且,在我掀起窗帘的地方,就有一只夜蛾冲了出来。

兴许它是与另一只夜蛾一起蜷伏在那儿?因为所到之处,我都嗅到了小小的隐秘团体的气息;有小房间的地方,其中就有新的祷告迷以及祷告迷的烟雾。

他们长夜聚坐,并且说:"让我们重又变成像小孩子一样,说'亲爱的上帝'吧!"——虔诚的糕点师傅败坏了嘴巴和肠胃。

或者,他们长夜盯着一只狡猾的、潜伏的十字蜘蛛,后者向蜘蛛们宣讲聪明智慧,并且如是教导:"在十字架下是很好结网的!"

或者,他们整天拿着钓竿坐在泥沼边,而且因此相信自己是深刻的;但谁在没有鱼的地方钓鱼,我甚至还不能把他叫做浅薄!

或者,他们虔诚而快乐地跟一位歌曲诗人学习弹奏竖琴,这位歌曲诗人喜欢弹琴博取少女芳心:——因为他已经厌倦于老妇人及其称赞了。

或者,他们跟一位博学的半疯子学习害怕,这半疯子在黑暗的房间里等待着神灵们降临于他——而那神灵完全逃之夭夭!

或者,他们聆听一位年老的、流浪的嗡嗡唧唧的吹笛者,后者从悲风中学来了音调的哀伤;现在这位吹笛者吹起笛来召唤着风,并且以悲哀的音调来宣讲哀伤。

而且,他们中有些人甚至已经变成了守夜者:他们现在懂得吹号角,懂得在夜里巡行,唤醒久已沉睡的古老东西。

昨夜我在花园墙边听到了关于古老东西的五句话:这些话出自这些年老的、忧伤的、干枯的守夜者。

"就一位父亲来讲,他没有照顾好自己的孩子:人类的父亲们要做得更好些嘛!"——

"他太老了!根本上,他已经再也不能照顾自己的孩子们了"——另一个守夜者如是答道。

"他有孩子吗?若他自己不加证明,就没有人能证明了!我早就想要他来彻底证明一番了。"

"证明么?就仿佛这人曾证明过什么似的!证明使他感到艰难;他非常看重的是人们对他的信仰。"

"是的！是的！信仰使他幸福，对于他的信仰。老年人的样子就是这样的！在我们这儿也是这样！"——

——这两个年老的守夜者和怕光者这样交谈着，然后忧伤地吹起了他们的号角：这是昨夜在花园墙边发生的事。

然而我的心因大笑而蜷缩，想要破碎了，不知道何去何从，沉落到横膈膜里了。

真的，当我看到驴子酩酊大醉，听到守夜者如此怀疑上帝时，我因大笑而窒息，那将更是要我的命了。

即便对于所有这些怀疑而言，难道不也久已过去了吗？谁还胆敢唤醒此种古老的、沉睡的、怕光的东西啊！

的确，古老的诸神久已终结了：——而且真的，他们有一个好的、快乐的诸神的终结！

他们并不是"迷糊"而死的，——这完全是人们撒谎的！相反：他们是自己一度大笑——而死的！

此事发生时，有一句最不信神的话来自某个上帝本身，——这话就是："只有一个上帝！除了我，你不该信别的上帝！"——

——一个怒气冲冲的老胡子上帝，一个嫉妒的上帝，就这样忘掉了自己：

而且当时诸神全体大笑起来，在自己的宝座上摇晃着，并且叫道："有诸神而没有一个上帝，这不就是神性吗？"

谁有耳朵，那就听吧。——

在他所喜爱的、而且被命名为"彩牛"的城市里，查拉图斯特拉如是说。因为从这里出发，他只有两天路程，就又可以回到他的洞穴,回到他的动物们身边了;而他的灵魂因为临近返乡而不断欢呼。——

※
※　　　　　※

53. 返乡

啊,孤独!孤独,我的故乡啊!我在荒野的异乡野蛮地生活得太久了,使得我未能泪流满面地返回你身旁!

现在你就只管用手指恐吓我吧,就像母亲的恐吓,现在你就对我微笑吧,就像母亲的微笑,现在你只管说:"那是谁呢,那曾经像一阵暴风从我这里刮走的?——

——那人在分离时叫喊:我与孤独相处得太久了,我于是忘掉了沉默!这个——现在你一定学会了吧?

啊,查拉图斯特拉,我明白一切:你在众人中间,是比在我这里更落寞的,你这孤独者啊!

落寞是一回事,孤独又是一回事:这个——你现在学会了!而且,在人群中间你将永远是狂野而陌生的:

——即便他们爱你,你也依然是狂野而陌生的:因为首要地,他们想要受到爱护!

但在这里,你就在自己的家里了;在这里,你可以说出一切,倾吐一切理由,在这里,隐藏的、执拗的情感都用不着害羞。

在这里,万物皆亲热地归于你的话,谄媚于你:因为万物想要骑在你背上。在这里,你可以骑着每一个比喻走向每一种真理。

在这里,你可以正直而坦率地对万物说话:而且真的,人们与

232 万物——径直说话,在它们的耳朵听起来就像称赞了!

但落寞却是另一回事。因为,查拉图斯特拉啊,你还记得吗?当时你的鹰在你头上啼叫,你站在树林里,拿不定主意,不知道何去何从,挨着一具尸体:——

——当时你说:让我的动物们来引导我吧!我觉得,在人类中间比在动物们中间更危险:——这就是落寞!

查拉图斯特拉啊,你还记得吗?当时你坐在你的岛上,在空桶中间有一个酒泉,在给予和分发,在焦渴者当中赠予和斟酒:

——直到你最后焦渴地独自坐在醉汉中间,发出黑夜的悲叹:"取不是比予更有福吗?偷不是比取更有福吗?"——这就是落寞!

查拉图斯特拉啊,你还记得吗?当时你最寂静的时刻到来,而且把你从你自己那里赶走,当时它恶意的耳语说:"说吧,而且打碎吧!"——

——当时它使你厌烦于你所有的期待和沉默,使你屈从的勇气沮丧:这就是落寞!——

啊,孤独!孤独,我的故乡啊!你的声音多么幸福而温柔地对我说话!

我们并不相互责问,我们并不相互抱怨,我们相互坦然,走过敞开的门扉。

因为你那里一切皆敞开而明亮;甚至时光在此也跑得更轻盈。因为在黑暗中,人们负担的时间比在光明中更沉重!

在这里,一切存在的言语和言语之圣龛都为我豁然洞开:在这里,一切存在都要成为言语,在这里,一切生成都要向我学习说话。

但在那底下——那儿一切话语皆徒然!那儿遗忘和离弃就是

最佳的智慧:这个——我现在已经学会!

谁想要理解人类的一切,就必须抓住一切。但要做到这一点,我的手是太干净了。

我已然不喜欢呼吸他们的气息;啊,我竟在他们的喧闹和恶俗气息中生活了那么久!

啊,我周围幸福的寂静!啊,我周围纯洁的气息!啊,这种寂静怎样从深邃的胸怀里呼吸纯洁的气息!啊,这幸福的寂静要怎样倾听!

但在那底下——那儿一切都在说话,那儿一切都无人理会。人们喜欢用钟声宣告自己的智慧:而市场上的小商贩将用铜钱的响声来淹没这智慧的钟声!

在他们那里一切都在说话,再也没有人懂得如何去理解。一切都掉到水里,再也没有什么落到幽深的井泉里。

在他们那里一切都在说话,再也没有什么能成功达到终点。一切皆发出咯咯叫声,但谁还愿意安坐窝里孵蛋呢?

在他们那里一切都在说话,一切都被说破了。而且,昨天对时间本身及其牙齿来说依然过于坚硬的东西:到今天皆已嚼碎和咬烂了,悬挂在今日人们的嘴巴上。

在他们那里一切都在说话,一切都被泄露了。而且,从前被叫做神秘和深邃灵魂之秘密的东西,今天都归于街上吹喇叭者和其他轻佻蝴蝶了。

啊,你这奇异的人类!你这昏暗街巷里的喧闹!现在你又在我背后:——我最大的危险隐伏在我背后了!

在爱护和同情中总是隐伏了我最大的危险;而且一切人类都

意愿受到爱护和同情。

怀着压抑的真理,以傻子之手和痴迷之心灵,富于小小的同情谎言:——我总是这样生活在人类中间。

我乔装坐在他们中间,准备好把自己错认,使得我能容忍他们,而且愿意劝说自己:"你这傻子,你不知道人类!"

如果人们生活在人类中间,人们就荒废了对人类的认识:所有人类身上皆有太多的表面景象,——那高瞻远瞩的目光在此能看到什么啊!

而且,如果他们错认了我:我这个傻子爱护他们甚于爱护我自己:习惯于严厉地对待自己,还常常为了这种爱护而报复我自己。

为毒蝇所蜇,而且犹如石头为大量恶之雨滴所掏空,我就这样坐在他们中间,依然劝说我自己:"一切渺小之物因其渺小都是无辜的!"

尤其是那些自诩为"善人"的人们,我发现他们是最毒的苍蝇:他们毫无恶意地蜇人,他们毫无恶意地撒谎;他们如何能够做到公正地——对我!

谁生活在善人们中间,同情就会教他撒谎。同情为所有自由的灵魂制造出沉闷的空气。因为善人们的愚蠢是深不可测的。

隐藏我自己和我的财富——这是我在那下面学到的:因为我发现每个人都精神贫乏。说我知道每个人,此乃我的同情的谎言。

——我在每个人身上看到和嗅到,什么对他来说是精神充足,什么对他来说已经是精神过多了!

他们的呆板的智者:我称他们为智慧的,而非呆板的,——于是我学会了含糊其辞。他们的掘墓者:我称他们为研究者和考验者,——于是我学会了穿凿附会。

掘墓者为自己掘出了疾病。在陈旧的废墟下堆积着恶臭。人不该接触泥潭。人当在高山上生活。

我重又用幸福的鼻孔呼吸高山上的自由空气!我的鼻子终于摆脱了一切人类的气息!

为凛冽的山风所激发,犹如畅饮起泡的美酒,我的灵魂打喷嚏了,——打着喷嚏而且向自己欢呼:祝你健康!

查拉图斯特拉如是说。

*

* *

54. 三种恶

一

在梦里,在最后的晨梦里,我今天站在一个海岬上,——远离于世界,我手持一杆秤,来称量这个世界。

啊,曙光来得太早了:她的映照使我醒来,这嫉妒者啊!她总是嫉妒我的晨梦之红晕。

可为有时间者所测量,可为一杆好秤所衡量,羽翼强壮者可以飞抵,神性的解谜者可以猜度:我的梦发现世界如此:——

我的梦,一只果敢的帆船,半为船只,半为旋风,有如蝴蝶般沉默,有如鹰雕般焦急:它今天何以有耐心和时光来称量世界呢!

兴许是我的智慧暗暗地对它说,我那欢笑的、清醒的白昼之智慧,它嘲弄一切"无限的世界"?因为它说:"凡有力量的地方,也就有数量成为主宰:她拥有更多力量。"

我的梦多么稳靠地观看这个有限的世界,不喜新,不好古,不惧怕,不祈求:——

——仿佛一个丰盈的苹果呈现在我手上,一个成熟的金苹果,有着清凉柔软的、丝绒般细腻的皮:——世界就这样向我呈现

54.三种恶

出来：——

——仿佛一棵树向我示意，一棵枝繁叶茂、意志坚强的树，已被弯曲成靠背，甚至成为疲惫的长途跋涉者的足凳：世界就这样站在我的海岬上：——

——仿佛纤手为我端来一只圣龛，——一只为着羞涩的、崇敬的眼睛的欣喜而洞开的圣龛：世界今天就这样呈现在我面前：——

——并非一个谜团，足以把人类之爱从中赶走，并非一种答案，足以使人类的智慧昏然入睡：——人们如此恶意诽谤的世界，在今天向我呈现为一个人间的好事物！

我多么感谢我的晨梦，使得我因此在今天清晨称量了世界！作为一个人间的好事物，它来到我这里，这个梦和心灵的安慰者啊！

而且，我像它一样可以在白昼做这事，模仿和学习它最佳的东西：现在我意愿把三种最恶的事物放在天平上，十分人性地衡量它们。——

谁教人祝福，也就教人诅咒：世界上最受诅咒的三种事物是什么呢？我意愿把它们放在天平上称量。

淫欲、权欲、自私：这三者一直都是最受诅咒的和最声名狼藉的，——我意愿十分人性地衡量这三者。

好吧！这里是我的海岬，那里是大海：它向我翻滚而来，蓬乱而谄媚，我所热爱的忠诚而老迈的千头怪犬啊！——

好吧！这里我意愿持天平于翻滚的大海上：而且，我也挑选了一位证人，让他来留神观看，——那就是你，你这隐者之树，我所热爱的馥郁芳香的、枝繁叶茂的大树！——

从现在达乎将来是哪一座桥？何种强制力使高者屈就于低者？还有，什么东西叫最高者也还——向上生长？——

现在，这天平平衡而安静：我把三个沉重的问题投入其中，而另一端则载着三个沉重的答案。

＊
＊　　　　　＊

二

淫欲：对于所有穿着粗布忏悔服的肉体蔑视者，它是一根毒刺，在所有彼世论者那里被诅咒为"世俗"：因为它嘲笑和愚弄一切纷乱和迷乱之教师。

淫欲：对于流氓痞子，它是把他们焚烧的缓慢之火；而对于一切虫蛀的木头、一切发臭的破布，它是已经备好的炽烈而沸腾的熔炉。

淫欲：对于自由的心灵，它是无辜而自由的，是人间乐园的幸福，是一切将来对于现在的满溢的谢忱。

淫欲：唯对于干枯者，它是一种甜蜜的毒药，而对于具有雄狮意志者，它却是一种大大的强心剂，以及敬畏地保藏的酒中之酒。

淫欲：是伟大的比喻之幸福，代表着较高的幸福和最高的希望。因为对于大众，已经有了婚姻的预兆，甚至比婚姻更多，——

——对于大众，彼此更为陌生，甚于男人与女人：——而且，有谁完全明白，男人与女人是多么陌生！

淫欲：——然则我要在自己的思想周围筑起篱笆，甚至也要在自己的言语周围筑起篱笆：使得猪猡和浪子不能闯入我的花园！——

权欲：最铁石心肠者的灼热鞭子；为最残暴者本人储备着的残暴的折磨；活生生的火刑堆上昏暗的火焰。

权欲：恶毒的牛虻，着落于最虚荣的民众身上；一切不确定的德性的嘲笑者；它骑在每一头骏马和每一种骄傲之上。

权欲：使一切腐朽者和空洞者破碎和破裂的地震；经过粉刷的坟墓的破坏者，那滚动着的、隆隆作响的、有所惩罚的破坏者；过早的答案旁边的闪闪发光的问号。

权欲：在它的目光面前，人爬行、屈服、服役，变得比蛇和猪更卑微：——直到最后那种伟大的蔑视从人心中叫喊出来——

权欲：那种伟大的蔑视的可怕教师，直面着城市和帝国宣讲："你滚开！"——直到从它们自身中叫喊出来："我滚开！"

权欲：然而，它甚至对于纯洁者和孤独者也是诱人的，上升到自足的高度，灼热有如一种爱情，在尘世天国诱人地描绘紫色的福乐。

权欲：但如果高高在上者俯身要求权力，那么谁还会把它称为欲望啊！真的，在这样一种要求和俯降中，毫无病态和癖好！

孤独的高处不会永远孤独和自足；高山可以降到山谷，高处的风可以吹抵地注：——

啊，谁能为这样一种渴望找到合适的名字和美名啊！"赠予的德性"——查拉图斯特拉曾这样来命名这个不可命名者。

而且当时也发生了这样的事，——真的，是首次发生的事！——他的言语赞扬这种自私是有福的，这种完好的、健康的自私，源自强有力的灵魂：——

——来自强有力的灵魂，它包含着高尚的肉体，那美丽的、胜利的、令人振奋的肉体，在它周围每一个事物皆成为镜子：

——这柔韧的、动人的肉体，这舞者，它的比喻和缩印就是自身快乐的灵魂。这样的肉体和灵魂的自身快乐（Selbst-Lust）把自己称为："德性"。

以其关于好与坏的话语，犹如以神圣的树林，这样一种自身快乐把自己保护起来；以其幸福之名，它祛除了自己的一切可蔑视者。

它也从自己那里祛除了一切怯懦之物；它说：坏的——这就是怯懦！在它看来，那永远忧心者、叹息者、哀怨者，甚至获取极小好处者，都是可蔑视的。

它也蔑视一切苦中作乐的智慧：因为真的，也有在黑暗中开花的智慧，一种夜之阴影的智慧：作为这种智慧，它总是叹息："一切皆虚妄！"

羞怯的怀疑在它看来微不足道，还有每一个想要誓言而不要目光和双手的人：也包括所有过度怀疑的智慧，——因为此类东西乃是怯懦灵魂的方式。

在它看来更渺小的，是殷勤者、立即卧倒的奴性者、恭顺者；而且也有一种智慧，它是恭顺的、奴性的、虔诚的和殷勤的。

它竟至于憎恨而且厌恶，那从来不想自卫的人，那吞咽有毒的唾沫和恶意的目光的人，那太过忍耐者、忍受一切者、完全满足者：因为这就是奴隶的方式。

无论人们在诸神和神性的脚步面前表现出奴才相，还是在人类和愚蠢的人类意见面前屈膝:它唾弃一切奴隶的方式,这幸福的自私啊!

坏的:它如是称呼一切折腰的、吝啬的和奴性的东西,不自由的眨眼,受压迫的心灵,以及那种虚伪的、屈从的风格,那以宽大而怯懦的嘴唇亲吻的。

还有假智慧:它如是称呼奴隶、老者和疲惫者所讥笑的一切;而且尤其是全部恶劣的、癫狂的、过于滑稽的教士之愚蠢!

然则这些假智者,所有这些教士、厌世者,以及其灵魂具有女人本性和奴隶本性的人,——啊,他们的游戏向来怎样损害了自私啊!

而且,人们损害了自私,这一点恰恰当是德性,当被叫做德性!还有"无私"——所有这些厌世的怯弱者和十字蜘蛛,完全有理由如此愿望自己!

但现在对于所有这些人,白天到来了,这种转变,这把行刑刀,这伟大的正午:这时当有大量事物昭然若揭!

而且真的,谁若说自我是完好而神圣的,自私是有福的,他也就将说出他所知道的,一个预言家:"看哪,它到来了,它临近了,这伟大的正午!"

查拉图斯特拉如是说。

*

* *

55.重力的精神

一

我的嘴——是民众的嘴:对于丝绸一般的兔子,我的话讲得太过粗糙而真挚。对于所有墨鱼和笔狐,我的话语听起来更是陌生了。

我的手——是一只傻子之手:不幸啊,所有的桌子和墙壁,以及还为傻子的装饰和涂鸦留下场所的地方!

我的脚——是一只马脚;我因此踢踢踏踏地小跑,越过种种障碍,驰骋田野,由于乐于种种快跑而发了疯。

我的胃——难道真的是一只鹰的胃吗?因为它最喜欢吃羔羊之肉。而无疑地,它是一只鸟的胃。

以无辜的东西为食,而且以少量乐意急切地飞翔和飞离的东西为食——现在这就是我的本性:其中何以不会有某种飞鸟的本性呢!

尤其是,我仇视重力的精神,此即飞鸟的本性:而且真的,是不共戴天的固有的仇视!啊,我的敌意不是已经飞往什么地方而且已经迷失了嘛!

对此我已然能够唱一支歌了——而且也意愿唱一支歌:尽管

我独守空房,不得不为自己的耳朵歌唱。

诚然也有别的歌者,唯满堂听众方能使他们歌喉柔和,手势活泼,眼睛富有表情,心灵清醒:——我却与他们不一样。——

二

谁若有一天教人飞翔,他就移去了所有的界石;所有界石本身都会爆炸,飞入空中,他将重新为大地起名——名之为"轻盈者"。

鸵鸟跑得比最迅捷的奔马还要快了,但连它也还重重地把头藏到沉重的大地之中:还不能飞翔的人也是如此。

大地和生命对于他来说是沉重的;而且,重力的精神就是这样意愿的!但谁若意愿成为轻盈的,成为一只飞鸟,他就必须爱自己:——我如是教导。

当然不是以患病者和有瘾者的爱:因为在他们身上连自爱也发臭!

人们必须学会爱自己——我如是教导——以一种完好而健康的爱:人们才能坚守自己,而不至于四处游走。

这样一种四处游走自命为"博爱":以此说辞,人们一直以来都造了最佳的谎言和伪装,尤其是由那些令人人都感到痛苦的人们造的谎言和伪装。

而且真的,学会自爱,这决不是对于今日和明日的信条。而毋宁说,在一切艺术中,这乃是最精细、最巧妙、最终极和最坚忍的艺术。

因为对于其占有者,一切所有物都是藏好了的;而且在一切宝藏发掘中，自己的宝藏要到最后被发掘出来，——重力的精神就是这样搞的。

差不多还在摇篮里，人们便给了我们沉重的话语和价值："善的"与"恶的"——这份嫁妆就是这样被称呼的。因为它的缘故，人们宽恕了我们的生活。

而且为此人们就让小孩子们到自己这儿来，偶尔也阻止他们爱自己：重力的精神就是这样搞的。

而我们——我们忠实地把人们给我们的东西扛在坚硬的双肩上，穿越荒凉的群山！如果我们流汗了，人们就会对我们说："是呀，生命是难以承担的！"

然而唯有人类自身是难以承担的！这是因为，人类把太多的外来异己之物扛在肩上。人类犹如骆驼一般跪下，让自己满满地承载。

尤其是那坚强的、能负重的人，他心存敬畏：他承荷了太多外来的沉重的言语和价值，——于是他以为生命就是一片沙漠！

而且真的！甚至许多本己的东西也是难于承担的！还有，人类身上许多内在的东西也如同牡蛎一般，相当可恶而滑溜，难以把捉——，

——以至于必须有一种名贵的外壳以名贵的装饰为之说情。但这种艺术也是人们必须学习的：要拥有外壳、美的外表和聪明的盲目！

再者，关于人类身上的许多东西是有欺骗的，诸如许多外壳太微小、太可怜，过于成为外壳了。许多隐蔽的善和力是永远不会被猜透的；最珍贵的佳肴找不到品味者！

55.重力的精神

女人当中最珍贵者知道这一点:少一点点肥,少一点点瘦——啊,多少命运就系于那么一点点啊!

人是难以发现的,最难以发现自己;精神常常欺骗灵魂。重力的精神就是这样搞的。

然而那个人却发现了自己,他说:这是我的善与恶:因此他就使鼹鼠和侏儒默然无声了,后者说:"善是大家的,恶是大家的。"

真的,我也不喜欢这样一种人,他们把每个事物都叫做善的,甚至把这个世界叫做至善的世界。我把这种人称为普遍满足者。

普遍满足,懂得品味一切:这并不是最佳的口味!我敬重那些倔强而挑剔的舌头和肠胃,它们学会了说"我",说"是"和"否"。

但咀嚼和消化一切——此乃猪的真正本性!总是说"是呀"(I-a)——这是只有驴子以及具有驴子精神者才学得会的!——

深黄和火红:我的趣味如是要求,——它把血掺和入一切色彩中。但谁若把房子刷成白色,他就向我显露了一个刷白的灵魂。

有些人爱木乃伊,另一些人爱鬼魂;两者同样都仇视一切肉和血——啊,两者多么违背我的趣味啊!因为我爱血。

而且,我不愿居住和逗留在人人唾弃和吐痰的地方:现在这就是我的趣味,——我宁愿生活在盗贼和伪证者当中。没有人嘴里含着金子。

但更让我厌恶的却是一切马屁精;而且,我所发现的人类中最可恶的动物,我名之为寄生虫:它不愿爱,却要以爱为生。

所有只有一种选择的人们,我都称之为不幸:要么变成恶的兽,要么变成恶的驯兽者:我不会在这种人旁边造我的小屋。

那些必须永远等待的人们,我也称之为不幸,——他们都违背我的趣味:所有税吏、商贩、皇帝以及其他地主和店主。

真的,我也学会了等待,而且彻底地,——但只是对我自己的等待。而且首要地,我也学会了站、走、跑、跳、攀登和舞蹈。

而这就是我的教导:谁若有一天想要学会飞翔,他就必须首先学会站、走、跑、攀登和舞蹈:——人们不能通过飞行而达到飞翔!

我学会了用绳梯登上许多窗户,用敏捷的腿登上高高的桅杆:坐在高高的知识桅杆上,我以为并非一种微末的幸福,——

——犹如小小的火焰在高高的桅杆上闪烁不定:虽然是一点小小的光亮,但对于流落的水手和船破落水者来说,却是一大安慰!——

以各种各样的道路和方式,我达到了自己的真理;并不是由一个唯一的梯子,我登上能让我的眼睛远望的高处。

而且,我始终只是不愿问路,——这是永远违背我的趣味的!我宁愿问路本身,试探路本身。

我所有的行进都是一种试探和追问:——而且真的,人们必须学会回答这样一种追问!而这——就是我的趣味:

——不是好趣味,不是坏趣味,而是我的趣味,对此我既不复有羞愧,也不复有隐讳了。

"这——现在就是我的道路——你们的道路在哪里呢?"我这样来回答那些向我"问路"者。因为这条道路——原是不存在的!

查拉图斯特拉如是说。

*

*　　　　　　*

56.旧牌与新牌

一

我坐在这里等待,我周围是破碎的旧牌,也有写了一半的新牌。我的时刻何时到来?

——我的下降和没落的时刻:因为我意愿再度走向人类。

我现在等待着这个:因为首先我必须获得征兆,预示那是我的时刻,——那就是欢笑的狮子与鸽群。

此间我是作为一个有闲暇者对我自己说话。没有人告诉我新事物:所以我对自己讲述我自己的故事。

* * *

二

当我来到了人群中,我看到他们端坐于一种古老的狂妄上:所有人都以为早已知道,什么对人类是善的和恶的。

他们以为一切有关德性的说法都是一种老旧而令人厌倦的

东西；而且谁若想要安睡，他就还要在就寝之前谈论"善"与"恶"。

我搅扰了这种睡眠，当时我教导说：什么是善与恶，还没有人知道：——除非那个创造者！

——但创造者却是为人类创造目标、给予大地以意义和未来的：唯有这个创造者才创造出这一点，即某物是善的和恶的。

而且我叫他们推翻他们老旧的讲坛，以及唯有那古老的狂妄端坐的地方；我叫他们嘲笑他们伟大的德性大师、圣徒、诗人和救世主。

我叫他们嘲笑他们阴郁的智者，以及那些向来作为黑色稻草人警告着端坐于生命之树上的人们。

我坐在他们的大墓道上，甚至于在尸体和兀鹫之旁——我嘲笑他们所有的过去及其腐朽而颓败的光荣。

真的，有如劝人忏悔的教士和傻子，我大声疾呼对于他们所有的伟大和渺小的愤怒——，他们的至善竟是如此渺小啊！他们的极恶竟是如此渺小啊！——我如是笑了。

我聪明的渴望于是从我心中喊和笑了出来，它在高山上诞生，真正是一种野性的智慧！——我的伟大的、振翅飞腾的渴望。

而且，它常常把我带走，带我向上，带我离开，而且在大笑之中：我于是颤动着，犹如一支箭飞越那沉醉于阳光的欣喜：

——飞到梦想不到的遥远的未来，飞到比雕塑家们向来所梦想的更火热的南方：在那里，神祇舞蹈着，羞于任何服饰：——

——我同样要用比喻来说话，有如诗人一般蹩脚而口吃：而且真的，我羞于自己还不得不成为一个诗人！——

在那里，一切生成在我看来似乎都是神祇的舞蹈和神祇的恶作剧,而世界被释放和放开了,逃回到自身那里:——

——作为许多神祇的一种永远的自行逃遁和自身找回,作为许多神祇的幸福的自身冲突、相互重逢、相互共属:——

在那里,所有时间在我看来似乎都是一种幸福的对瞬间的嘲弄,在那里,必然性就是自由本身,必然性幸福地玩弄着自由之刺:——

在那里,我也重新发现了我的老魔鬼和老死敌,那重力的精神以及它所创造的一切:强制、律令、必需、结果、目的、意志以及善与恶:——

因为,难道在此不是必须越过这些而跳出去舞蹈吗?为轻盈者、最轻盈者的缘故,难道在此不是必须有鼹鼠和笨拙的侏儒吗?——

* * *

三

也正是在那里,我在路上拾起了"超人"这个词,并且说人乃是某种必须被克服掉的东西,

——人是一座桥梁,而不是一个目的:庆幸于自己的正午和黄昏,作为通向新曙光的道路:

——查拉图斯特拉关于伟大的正午的话,以及通常我悬于人类之上的东西,有如紫色的晚霞。

真的,我也让他们看到了新的星辰,连同新的黑夜;而且,在云

端和昼夜之上,我依然张开了大笑,犹如张开一顶绚丽的帐篷。

我教给他们我所有的诗意创造和热烈追求:把人类身上的碎片、谜团、可怕的偶然创作和组合为一体,——

——作为诗人、解谜者以及偶然性的救赎者,我教他们创造未来,并且通过创造来救赎——一切曾在的东西。

救赎人类的过去,改造一切"曾在",直到意志说:"但我就是这样意愿的!我还将这样意愿之——"

——我把这叫做救赎,我教他们只把这叫做救赎。——

现在我期待着我的救赎——,我要最后一次走向他们。

因为我意愿再一次走向人类:我意愿在人类中间没落,我意愿在赴死之际给他们以我最丰富的赠礼!

这是我从西沉的太阳那里学到的,这充溢者啊:它从不可穷尽的财富中,把灿灿金光倾泻于大海,——

——以至于连最贫穷的渔夫也摇动着金色的船桨!因为我曾经看到过,观看中我的眼泪流个不停。——

查拉图斯特拉也意愿像太阳一样没落:现在他坐在这儿,期待着,周围是破碎的旧牌,也有新牌,——写了一半的新牌。

*

* *

四

看哪,这是一张新牌:但我的兄弟们何在,与我一起把这新牌搬到山谷和肉心中去的兄弟们?——

我对于最遥远者的伟大的爱是这样要求的：不要体谅你的邻人！人是某种必须被克服掉的东西。

有各种各样的克服的道路和方式：你看哪！然而，只有一个丑角在想："人也可能被跳过的。"

即便在你的邻人中也要克服你自己：而且，有一种权利，你自己能夺取这种权利，就不该让别人来给予你！

你所做的事，没有人能为你重做。看哪，根本没有什么报答。

谁不能命令自己，他就应当服从。许多人能够命令自己，但要他也服从自己，还差得远呢！

*

* *

五

高贵灵魂的种类如此意愿：他们不想白白地拥有什么，尤其是生命。

谁属于群氓，他便意愿白白地生活；但我们其他人，生命已经自己呈献给我们了，——我们总是思忖，我们对之能做的最佳回报是什么！

而且真的，这是一种高贵的说法："生命允诺给我们的东西，我们要为生命——坚守之！"

在人们不能给予享受的地方，人们就不该意愿享受。而且——人们不该意愿享受！

因为享乐与无辜乃是最可耻的东西：两者都是不能被寻求的。

人们应当拥有它们，——但人们更应当寻求罪恶和痛苦！——

* * *

六

啊，我的兄弟们啊，头生子总是要被牺牲掉的。但现在我们就是头生子。

我们全都在隐秘的献祭台上流血，我们全都为了敬奉古老的偶像而焚烧和煎烤。

我们的精华依然年轻：这刺激着老口味。我们的肉是娇嫩的，我们的皮只不过是羔羊的皮：——我们如何不能刺激那些年老的偶像教士呢！

他依然寓居于我们自身中，这年老的偶像教士，把我们的精华烧烤成自己的美食。啊，我的兄弟们啊，头生子何以不能成为牺牲品呢！

然则我们的种类意愿这样；而且我爱那些不愿保存自己的人。以自己全部的爱，我爱那些没落者：因为他们要穿越。——

* * *

七

成为真实的——少数人能够做到！而且，能够成为真实的人还不愿真实呢!但尤其善人们能够做到真实。

啊,这些善人们啊!——善人们是从来不讲真理的;对于精神来说,如此为善乃是一种疾病。

这些善人们,他们让步,他们屈服,他们的心灵跟着说,他们的内心听话:但听话的人不听自己!

善人们所谓的恶的一切,必须汇集在一起,从而诞生出一种真理:啊,我的兄弟们啊,对于这种真理你们也足够恶了吗?

大胆的冒险、长久的怀疑、残酷的否定、厌倦、活活切割——这些东西多么难以汇集在一起!但从这种种子中将——产生出真理!

迄今为止,一切知识都在坏良心旁边生长!你们这些认识者啊,为我粉碎吧,粉碎这些老牌!

*
* *

八

如果水上有木料,如果河流上架起了小桥和栏杆:真的,这时就没有人会相信那个说"一切皆流"的人了。

甚至笨蛋也会反驳他。"怎么?"笨蛋会说,"一切皆流吗?木料和栏杆可是在河之上啊!"

"在河之上一切皆固定,所有事物的价值,桥,概念,所有'善'与'恶':这一切都是固定的!"——

如果竟到了凛冽的冬天,这河流的驯服者:那么连最机智者也学会了怀疑;而且真的,这时不光是笨蛋会说:"一切难道不该——静止吗?"

"根本上一切皆静止"——,这是一种合适的冬天之学说,不结果时期的一个好东西,冬眠者和炉边懒汉的一个好慰藉。

"根本上一切皆静止"——:但解冻的风却有与之相反的宣讲!

解冻的风,一头不知耕犁的公牛,——一头暴怒的公牛,一个摧毁者,它用愤怒的角去破冰!而冰却能——打碎小桥!

啊,我的兄弟们,难道现在不是一切都在流动中吗?难道一切栏杆和小桥不都掉到水里了吗?谁还固守着"善"与"恶"呢?

"我们多么不幸啊!我们多么幸福啊!解冻的风吹拂着!"——啊,我的兄弟们,就这样穿街越巷去宣讲吧!

*

* *

九

有一种古老的幻想,叫做善与恶。这种幻想之轮一直都是围着预言家和占星家转动的。

人们曾经相信过预言家和占星家:而且因此之故,人们也相信"一切皆命运:你应当,因为你必须!"

后来人们又怀疑所有预言家和占星家:而且因此之故,人们也相信"一切皆自由:你能够,因为你意愿!"

啊,我的兄弟们,关于星象和未来,一直以来只有幻想,而不曾有意识；而且因此之故，关于善与恶，一直以来也只有幻想，而没有意识！

* * *

十

"你不应当偷盗！你不应当杀戮！"——人们曾经把此类语录叫做神圣的；人们在此类语录面前顶礼膜拜，而且脱了鞋子。

然则我问你们：世界上哪里有过比此类神圣的语录更出色的强盗和杀戮者呢？

在一切生命本身中，难道不都是——偷盗和杀戮吗？把此种语录叫做神圣的，这不是杀死了——真理本身吗？

抑或，把违反和阻止一切生命的东西叫做神圣的，这是一种死亡说教吗？——啊，我的兄弟们，为我粉碎吧，粉碎这些旧牌！

* * *

十一

这是我对于一切过去的同情，我看到一切过去都被抛弃了，——

——被委弃于即将到来的每一代人的恩宠、精神、癫狂，而一切曾经的东西都被曲解为每一代人的桥梁！

一个伟大的暴力主宰或许会到来,一个精明的怪物,他以自己的恩宠和失宠强求一切过去之物:直到这一切都变成它的桥梁,变成先兆、宣告者和鸡鸣声。

然而,这却是另一种危险和我的另一种同情:——谁属于群氓,他的思想就要回溯到自己的祖辈那里,——但时代终止于祖辈了。

一切过去之物就这样被委弃了:因为或许会有一天,群氓会变成主宰,并且把所有时代淹死于浅水里。

因此之故,我的兄弟们啊,需要有一种新的贵族,来反对所有群氓和所有暴力主宰,并且把"高贵"一词重新写在新牌上。

因为要有一种新的贵族,就需要有许多的高贵者和各色的高贵者!或者,正如我曾经用比喻所讲的:"有诸神而没有一个上帝,这恰恰就是神性!"

*

* *

十二

啊,我的兄弟们,我授予和指引你们成为一种新贵族:你们应当成为未来的生育者、培育者和播种者,——

——真的,不是要成为你们可以像商贩一样、用商贩的金钱来购买的一种贵族:因为有价格的一切都是少有价值的。

并不是你们从何而来,而是你们走向哪里,才造就了你们今后的荣耀!你们的意志和你们的双脚意愿越过你们而去,——这造就了你们的荣耀!

56. 旧牌与新牌

真的,并不是你们曾为一位王侯效过力——王侯还算什么啊!——或者,你们已经变成站立者的堡垒,使得站立者能更稳固地站立!

并不是你们的家族在宫廷里变得显贵了,而且你们学会了,类似于一只红鹳,绚丽地长时间站立在浅池里。

——因为在宫廷侍臣那里,能够站立乃是一大功勋;而且所有宫廷侍臣都相信,可以坐下——乃属于死后的福乐!——

也不是一种被命名为神圣的精神把你们的祖先引入人们颂扬的、而我并不颂扬的国度:因为一切树木中最坏的树,即十字架,生长的地方,——那国度便无可颂扬!——

——而且真的,无论这种"神圣的精神"把自己的骑士引向何方,在这样的迁移队伍中,山羊和母鹅,滑头和怪人——总是跑在前面!——

啊,我的兄弟们,你们的贵族不该后顾,而应前瞻!你们当是被放逐者,被逐出了所有的父辈和祖先之国度!

你们应当爱你们儿辈的国度:让这种爱成为你们新的高贵吧,——那未被发现的,在最遥远的大海上!我要叫你们的船帆向它驶去,不断求索之!

对于你们的儿辈你们应当作出补偿,因为你们是你们的父辈的孩子:你们应当如此来救赎一切过去之物!我把这种新牌悬置于你们之上!

*

* *

十三

"生活何为?一切皆虚空!生活——就是竹篮子打水①;生活——就是自己燃烧而又得不到温暖。"——

此种古式废话一直还被当作"智慧";但由于它是古老的而且散着霉味,因此就更受尊重了。甚至腐朽也显得高贵了。

孩子们可以如是说:他们怕火,因为火烧过他们!在古老的智慧之书中含着大量幼稚的孩子气。

而且,谁若总是"竹篮子打水",那么他怎能诽谤这种打水行为呢!对于此种傻子,人们倒是必须封住他的嘴!

这种人坐到桌旁,不带任何东西,连十足的饥饿都没有带来:——现在他们诽谤说"一切皆虚空!"

但我的弟兄们啊,好吃好喝委实不是一种空虚的艺术!为我粉碎吧,粉碎永不快乐者的牌子!

*

*   *

十四

"对于纯洁者,一切都是纯洁的"——民众如是说。而我要对你们说:对于猪猡,一切皆猪猡!

---

① 或意译为"徒劳无功"。——译注

因此，耽于幻想者和连心灵也已然下垂的垂头丧气者就宣讲说："世界本身乃是一个污秽的怪物。"

因为所有这些人都具有不洁的精神；而尤其是那些人，他们不得安静、更不得休息，除非从背后观看世界，——那些彼世论者！

对这些人我当面直言，虽然这话并不悦耳动听：世界就像其中的人类，它也有一个屁股，——这是多么真实啊！

世界上有大量污秽：这是多么真实啊！但因此之故，世界本身就依然不是一个污秽的怪物！

个中智慧就在于，世界上有大量东西散发着恶臭：厌恶本身就生出翅膀和预感根源的力量！

最优秀的东西中也还有某种可厌恶的东西；而且，最优秀者也还是某种必须被克服的东西！——

啊，我的兄弟们，说世界上有大量污秽，这话中含着大量的智慧！——

*
* *

十五

我听到虔诚的彼世论者对自己的良心讲上面的话；而且真的，毫无恶意和虚伪，——虽然世界上没有更虚伪的、更具恶意的东西了。

"且让这世界成其为世界吧！也不要举起一根手指来反对它！"

"谁若要扼、刺、割、削人们,那就让他去吧:也不要举起一根手指来反对他!由此他还能学会放弃这个世界。"

"还有你自己的理性——你自己应当封闭和扼杀它;因为那是这个世界的理性,——由此你自己能学会放弃这个世界。"——

啊,我的兄弟们,为我粉碎吧,粉碎虔敬者的这些旧牌!为我撕碎这些世界诽谤者的说法吧!

*

*   *

十六

"谁若学了许多,他就会荒废一切强烈的渴求"——如今人们在所有黑暗的小巷里低声细语。

"智慧使人疲惫,没有什么——是值得的;你不该渴求!"——我发现这新牌就悬挂在公共市场上。

啊,我的兄弟们,为我粉碎吧,甚至也粉碎这些新牌!厌世者把它悬挂起来,还有死亡说教者,甚至还有狱吏:因为看哪,这也是一种对于奴役的说教!——

由于他们学得差,没有学到最好的,而且一切都学得太早,一切都学得太快:由于他们吃得差,从而就有了那种吃坏了的胃,——

——因为他们的精神就是一个吃坏了的胃:它劝人去死!因为真的,我的兄弟们啊,精神就是一个胃!

生命是一个快乐的源泉:但对于那个以吃坏了的胃说话的人,

那悲伤之父,一切源泉都被毒化了。

认识:这对于有狮子般意志的人来说就是快乐!然则谁若已经疲惫了,他本身就只是"被意愿"而已,一切波浪都戏弄他。

而且这始终是虚弱的人们的本性:他们在自己的路途上迷失了。而且最后,他们的疲惫还问:"为何我们在任何时候总在行路?一切都一样嘛!"

对于这些人,这般说教听起来悦耳动听:"没有什么是值得的!你们不该意愿!"但这是一种对于奴役的说教。

啊,我的兄弟们,查拉图斯特拉犹如一阵清新的暴风吹向所有疲惫的行人;他还将使许多鼻子打喷嚏!

连我自由的呼吸也透过墙壁,吹进牢狱和被囚禁的精神!

意愿有所解放:因为意愿就是创造:我如是教导。而且只是为了创造,你们才应当学习!

甚至于学习,你们也应当首先向我学习,好好学习!——谁有耳朵,那就听吧!

*　　*　　*

十七

这里停着一只船,——它也许要渡到那儿,进入伟大的虚无中。——然而谁意愿登上这种"也许"呢?

你们当中没有人意愿登上这死亡之船!那么你们何以意愿成为厌世者呢?

厌世者！你们甚至还不曾变成脱离大地者！我发现你们总还贪恋大地，依然迷恋着自己对大地的厌倦！

你们的嘴唇并非徒然地垂下：——一种小小的大地之愿依然端坐其上！而且在眼睛里，——其中不是漂浮着一朵未忘却的大地之快乐的云朵么？

大地上有许多好发明，有的是有用的，有的是适意的：因此大地是可爱的。

而且那儿有许多如此美好的发明之物，如同女人的胸脯：既有用又适意。

然则你们厌世者啊！你们大地的懒惰者啊！人们当用荆条抽打你们！人们当用鞭打使你们重获活跃的双腿。

因为：如果你们并不是为大地所厌倦的病者和委琐侏儒，那么你们就是狡黠的懒虫，或者爱吃甜食的、躲藏起来的快乐之猫。而且，如果你们不想重又快乐地奔跑，那么你们就应当——消逝！

对于不可救药者，人们不该想要成为他的医生：查拉图斯特拉如是教导：——所以你们应当消逝！

但比起写一首新诗，作一了断需要更多的勇气：所有医生和诗人都知道这一点。——

*

* *

十八

啊，我的兄弟们，有疲倦制成的牌子，有懒惰、腐败的懒惰制成

56.旧牌与新牌

的牌子:虽然它们讲同样的话,但它们却要得到不一样的倾听。——

看看这个正在受折磨的人吧!他离自己的目标近在咫尺了,但因为疲惫,他顽固地躺到尘土中了:这个勇敢者啊!

因为疲惫,他对道路、大地、目标和自身大打呵欠:他不想再前进一步了,——这个勇敢者啊!

现在太阳对着他燃烧,狗们来舔他的汗水:但他固执地躺在这里,宁可受折磨:——

——离自己的目标近在咫尺而宁可受折磨!真的,你们还将不得不扯着他的头发把他拉到他的天国,——这个英雄啊!

更好地,你们就让他躺着,躺在他已经躺下的地方,使睡眠这个安慰者临到他,以清凉的淅沥的雨水:

让他躺着吧,直到他自己醒来,——直到他自己消除一切疲惫,以及疲惫在他那儿所教导的东西!

我的兄弟们啊,只要你们赶走他身边的狗们,那些懒怠的潜行者,以及一切成群的毒虫:——

——"受教育者"的所有成群毒虫,它们津津有味地——喝着每个英雄的血汗!——

*

* *

十九

我在自己周围划出一个圆圈和神圣的边界;我登山越高,与我一起攀登的人越少,——从越来越神圣的群山中,我建造了一个山脉。——

但无论你们要与我一起登到何处,啊,我的兄弟们:留心啊,不要让一只寄生虫与你们一起攀登!

寄生虫:那是一种毒虫,一种爬行的、紧黏的毒虫,它想要在你们患病创伤的隐秘部位养得肥肥的。

而且这就是它的技巧,它能猜解攀登的灵魂何处疲惫了:在你们的忧伤和恼怒中,在你们温柔的羞怯中,它建造了自己可恶的巢穴。

在强壮者虚弱,高贵者过于柔顺的地方,——它就到里面建造了自己可恶的巢穴:寄生虫躲在伟大者有了受伤的小小死角的地方。

一切存在者的最高种类是什么,最低微的种类是什么?寄生虫便是最低微的种类;但谁属于最高的种类,就喂养了最多的寄生虫。

因为灵魂有着最长的梯子,能够下降到最深处:它如何可能不为最多的寄生虫所依附呢?——

——最广博的灵魂,可能在自身中最远地奔跑、迷失和漫游;最必然的灵魂,因快乐而投入到偶然之中:——

——存在着的灵魂,投身于生成之中;占有着的灵魂,想要进入意愿和渴望之中:——

——逃离自身的灵魂,在最广大的范围里赶上了自己;最智慧的灵魂,愚蠢最甜蜜地给予劝告:——

——最自爱的灵魂,在其中万物有了自己的顺流和逆流,有了自己的落潮和涨潮：——啊，最高的灵魂如何能没有最恶劣的寄生虫呢？

※
※　　　　　　　※

二十

啊，我的兄弟们啊，难道我是残暴的吗？但我要说：坠落下来的东西，人们也还应当把它推倒！

今天的一切——坠落了，倒塌了；谁意愿保持之？而我——我还意愿把它推倒！

你们知道石头滚入深壑的快乐吗？——这些今天的人类：看看他们吧，他们怎样滚入我的深壑！

啊，我的兄弟们，我是更出色的演奏者的一个前奏！一个样本！照着我的样本做吧！

而且，你们不教谁飞翔，你们就教他——更快地坠落吧！——

※
※　　　　　　　※

二十一

我爱勇士们：但这不足以做一个剑客，——人们也必须知道对谁使用剑术！

而且更多的勇敢往往在于，某人守持自身并且走了过去：以便他把自己留给更相称的仇敌！

我只该有可憎恨的仇敌,而不该有可蔑视的仇敌:你们必须为自己的仇敌骄傲:我已经一度如是教导过了。

啊,我的兄弟们啊,你们当把自己留给更相称的仇敌:因此之故,你们必须放过许多事,——

——尤其是要放过大量的流氓痞子,他们在你们的耳边鼓噪民众和民族。

让你们的眼睛丝毫不沾他们的赞成和反对！那里有许多公道,有许多不公:谁看了都会愤怒。

观入其中,打入其中——在那儿这是一回事:因此快快离开遁入山林,让你们的宝剑安睡吧！

走你们自己的路吧！也让民众和民族走他们自己的路！——诚然是黑暗的路,上面再也没有一点希望的微光闪烁！

让商贩们在那里统治吧,在那里,一切依然生辉的——是商贩们的金子！再也不是君王的时代了:今天自称为民众者,不该有君王了。

看吧,看看这些民族自己现在是怎样像商贩们一般作为的:他们仍然从每一堆垃圾中拾取蝇头小利！

他们相互伏击,他们相互诱骗什么,——他们把这叫做"好邻居"。啊,有福的遥远的时代,那时有一个民族说:"我要做诸民族的——主宰！"

因为,我的兄弟们啊:最优秀者应当统治,最优秀者也意愿统治！而且,凡有与此不同的教导的地方,那里——就缺乏最优秀者！

※
　　※　　　　※

二十二

倘若他们——白白得了面包,多么不幸啊！他们会叫着要什么呢！他们的生计——就是他们真正的维护；而且他们应该觉得其艰难的。

他们是食肉动物：在他们的"劳动"中——也还有劫掠,在他们的"报酬"中——也还有谋骗！因此应该觉得其艰难的。

于是他们应当成为更好的食肉动物,更精细、更聪明,更类似于人类：因为人类是最好的食肉动物。

人类已经掠夺了所有动物的德性：所以在所有动物中人类觉得自己最艰难。

只还有飞鸟超然于人类之上。而且即使人类学会了飞翔,不幸啊！他的劫掠之欲会飞到——何种高度！

※
　　※　　　　※

二十三

我如是希望男人和女人：男人善于战争,女人善于生育,而两者皆善于用头和脚跳舞。

而且对我们来说,不跳一次舞的日子已经失去了！每一种没有带来一阵大笑的真理,在我们看来就是虚假的!

二十四

你们的结婚:留心啊,不要是一种坏的结合! 你们结得太快了:个中后果就是——通奸!

而且,通奸还胜于婚姻的扭曲和婚姻的欺骗呢! ——一个女人对我如是说:"确实我通奸了,[①]但首先是婚姻破坏了——我啊!"

我发现糟糕的配偶往往是最糟糕的有强烈报复欲的人:他们使所有人为他们不再单独走路付出代价。

为此缘故,我愿正派人能相互说:"我们相爱:让我们来看看我们怎样保持相爱! 抑或我们的诺言当成为一种失误?"

——"给我们一个期限和一段小姻缘吧,好让我们看看我们是否适合于大婚姻! 总是成双结对,这可是一件大事!"

我如是奉劝所有正派人;倘若我作了不同的劝告和说法,那么,我对于超人和一切将来之物的爱会是什么啊!

不光要使你们繁殖下去,而且要使你们上升——于此,我的兄弟们啊,婚姻的花园会帮助你们的!

---

① 德语中"通奸"(Ehe brechen)可按字面直译为"使婚姻破裂"。——译注

二十五

谁若变得智慧了，明达于古老的本源，那么，看哪，他最后就将寻求未来的源泉，寻求新的本源。——

啊，我的兄弟们，不会太久了，新的民族就将脱颖而出，新的源泉就将奔腾而下，入于新的深渊。

因为地震——掩埋了大量井泉，造成诸多焦渴折磨：但它开启出种种内在的力量和隐秘之物。

地震敞开了新的源泉。在古代民族的地震中，新的源泉得以喷发出来。

而且，谁若在那儿叫喊："看哪，这是一口为许多焦渴者而备的井泉，一颗为许多渴望者而设的心灵，一种适合于许多工具的意志"：——于是在他周围就聚集起一批民众，这就是：大量试验者。

谁能够命令，谁必须服从——都得在此得到试验！啊，以何等长久的寻求、猜度、失败、学习和重新试验！

人类社会：它是一种试验，我如是教导，——一种长久的寻求：但它寻求的却是一个命令者！——

——一种试验，啊，我的兄弟们啊！而且不是什么"契约"！为我粉碎吧，粉碎那些好心肠、半心半意的人们的此等辞藻！

*

* *

二十六

啊，我的兄弟们！一切人类之未来的最大危险究竟在哪些人身上呢？难道不是在善人和正义者身上吗？——

——那是这样一些人，他们嘴上说，心里也这么感觉："我们已经知道了什么是善的和正义的，我们也拥有了善和正义；多么不幸啊，那些仍然在此苦苦寻求的人们！"

而且，无论恶人能造成什么样的损害：善人们的损害是最有害的损害！

而且，无论世界之诽谤者能造成什么样的损害：善人们的损害是最有害的损害！

啊，我的兄弟们，有人曾一度看透了善人和正义者的心思，当时他说："那是些法利赛人。"然而人们没有理解他。

善人和正义者本身也是不会理解他的：他们的精神已被囚禁于自己的好良心里了。善人们的愚蠢是无比巧妙的。

而这就是真理：善人们必须是法利赛人，——他们没有选择！

善人们必须把那个发明了自己的德性的人钉死在十字架上！这就是真理！

而第二个人发现了他们的国度，发现了善人和正义者的国度、心灵和土地：就是那个人，他在那儿问："他们最仇恨谁呀？"

他们最仇恨那个创造者：那个破坏了牌子和旧价值的人，那个破坏者——他们称之为罪犯。

因为善人们——他们不能够创造：他们永远是终结之

56.旧牌与新牌

开端:——

——他们把那个在新牌子上写上新价值的人钉死在十字架上,他们为了自己而牺牲了未来,——他们把一切人类之未来钉死在十字架上!

善人们——他们永远是终结之开端。——

*

* *

二十七

啊,我的兄弟们,你们也理解了这话吗?还有,我曾就"末人"所讲的话?——

一切人类之未来的最大危险在哪些人身上呢?难道不是在善人和正义者身上吗?

为我粉碎吧,粉碎善人和正义者!——啊,我的兄弟们,你们也理解了这话吗?

*

* *

二十八

你们逃离我?你们害怕了?你们因为这话而颤栗吗?

啊,我的兄弟们,当我叫你们粉碎善人和善人的牌子时:这时我才用船载着人类航行在大海上。

而且现在人类才临到了大惊恐、大眼界、大疾病、大厌恶、大晕船。

善人们教给你们虚假的海岸和虚假的安全;你们生于善人们的欺骗,托庇于善人们的欺骗。一切都彻底地被善人们欺骗和扭曲了。

但谁若发现了"人类"之陆地,他也就发现了"人类之未来"的陆地。现在你们当成为航海者,勇敢而坚忍的航海者!

及时笔挺地走路吧,啊,我的兄弟们,学习笔挺地走路吧!大海波涛汹涌:许多人意愿靠着你们重新振作起来!

大海波涛汹涌:一切都在大海中。好吧!起来吧!你们这些老水手的心灵啊!

什么祖国!我们的舵要转向那里,我们的儿辈之国度①所在的地方!冲向那里,比大海更汹涌,我们伟大的渴望啊!——

*

* *

二十九

"为什么如此坚硬!"——黑炭曾对金刚石说,"难道我们不是近亲吗?"②——

为什么如此柔软?啊,我的兄弟们,我这样问你们:难道你们

---

① "儿辈之国度"(Kinder-Land),对应于前句中出现的"祖国"(Vaterland),后者可直译为"父辈之国度"。——译注

② 从元素上讲,"黑炭"与"金刚石"为同素异形体。——译注

不是——我的兄弟吗？

为什么如此柔软，如此退让和顺从呢？为什么你们心中有如此之多的否认和否定？为什么你们的目光里有如此之少的命运？

而且，如若你们不愿成为命运和不屈不挠者：你们怎能与我一起——获胜？

而且，如若你们的坚硬不想闪光、切割和切碎：你们有朝一日怎能与我一起——创造？

因为创造者是坚硬的。而且，你们必须以为幸福的是，把你们的双手压在千年沧桑之上，犹如压在蜡上，——

——你们必须以为幸福的是，在千年意志上书写，犹如在铜板上书写，——比铜更坚硬，比铜更高贵。唯最高贵者才是完全坚硬的。

这个新牌，啊，我的兄弟们，我把它悬置于你们之上：变成坚硬的吧！——

*
* *

三十

你，我的意志啊！你，一切困厄的转机，我的必然啊！① 使我免掉一切细小的胜利吧！

---

① 中译文未能传达此处"困厄的转机"（Wende der Noth）与"必然"（Nothwendigkeit）之间的字面和意义联系。——译注

你，我灵魂的天命，我称作命运者！你在我之中！你在我之上！为着一种伟大的命运，把我保存和贮存起来吧！

还有，我的意志啊，为了你的最终，把你最终的伟大贮存起来吧，——使得你在你的胜利中不屈不挠！啊，谁不曾屈服于自己的胜利呢！

啊，谁的眼睛不曾在这种沉醉的黄昏变得暗淡啊！啊，谁的双脚不曾踉跄，不曾忘掉了在胜利中——站立！——

——有朝一日，我会在伟大的正午做好准备，变得成熟：有备而成熟，犹如灼烧的矿石、孕育闪电的云层和鼓胀丰满的乳房：——

——为我自己和我最隐蔽的意志备好了：犹如一张弓渴望着它的箭，一支箭渴望着它的星星：——

——一颗星星在其正午备好了而且成熟了，燃烧着，穿透了，庆幸于毁灭性的太阳之箭：——

——一个太阳本身，以及一种不屈不挠的太阳意志，准备好了在胜利中毁灭！

意志啊，一切困厄的转机，你，我的必然啊！为一种伟大的胜利，把我贮存起来吧！——

查拉图斯特拉如是说。

*

*　　　　　　　　　　*

57. 痊愈者

一

查拉图斯特拉回到他的洞穴里不久,有一天早晨,他像一个疯子从床上跳了起来,用可怕的声音大叫,其举动就仿佛还有一个人躺在床上不想起来似的;而且,查拉图斯特拉的声音那么响,以至于他的动物们吓着了,跑了过来,而从与查拉图斯特拉的洞穴相邻的所有洞穴和角落里,全体动物倏忽而去,——飞的飞,扑的扑,爬的爬,跳的跳,就看它们生就的足和翼的样子了。查拉图斯特拉却说了下面这番话:

起来,幽深的思想,来自我的深渊!我是你的雄鸡和晨光,你这睡眼朦胧的蠕虫啊:起来!起来!我的声音应该把你啼醒了呀!

解开你耳朵上的枷锁吧:听啊!因为我想要听你!起来!起来呀!这里的雷声足以使坟墓也倾听!

而且,拭去你眼里的睡意,你眼里一切的模糊和昏昧!也用你的眼睛听我:即使对于天生盲者,我的声音也是一种救治手段!

而且,如果你才醒来,你就应当永远保持清醒。这可不是我的做法：把老祖母们从睡梦中叫醒，又叫她们——继续睡！

你在动弹，你在伸腰，你在喘气？起来！起来！不要喘气——你应当对我说话！查拉图斯特拉这个无神者在呼叫你呀！

我，查拉图斯特拉，生命的辩护人，痛苦的辩护人，循环的辩护人——我呼叫你，我最幽深的思想啊！

祝福我吧！你来了——我听到你了！我的深渊在说话，我已经把我最终的深渊翻到光明处了！

祝福我吧！来吧！伸出手来——哈！就这样吧！哈哈！——可恶，可恶，可恶——我多么不幸啊！

*

*   *

二

然而，查拉图斯特拉几乎还没有说完这番话，就像一个死人一样倒下了，而且像一个死人躺了许久。而当他苏醒过来时，他面色苍白，浑身战栗，一直躺着，久久不想吃也不想喝。他这种样子延续了七天；除了鹰飞出去弄些食物，他的动物们昼夜都不曾离开他。而且鹰取得和掠得的东西，它都放在查拉图斯特拉的床上：于是查拉图斯特拉最后就躺在黄色和红色的浆果、葡萄、玫瑰苹果、香草和松果之间了。而在他脚边伸着两只羔羊，是那只鹰费劲从牧人那里劫掠来的。

七天后，查拉图斯特拉终于从床上起来了，拿了一个玫瑰苹果在手上，闻着，觉得气味芬芳可人。于是他的动物们以为，跟他说话的时候到了。

"查拉图斯特拉啊,"它们说,"现在你已经这样躺了七天了,连眼皮都抬不起来:难道你不想自己重新站起来吗?

走出你的洞穴吧:世界等着你如同一座花园。风儿玩味着浓郁的清香,要向你吹拂;所有溪流也喜欢追随你。

七天里你独自待着的时候,万物都在想念你,——走出你的洞穴吧!万物都意愿做你的医生呢!

许是你已经有了一种新的认识,一种辛酸而沉重的认识?你躺着有如发酵的面团,你的灵魂开启,鼓胀起来,超乎它全部的边缘了。——"

——啊,我的动物们啊,查拉图斯特拉答道,继续这样说下去嘛,让我来听听!你们喋喋不休地说,使我多么神清气爽:喋喋不休的地方,世界在我就像一个花园了。

这儿有言语和音调,这是多么可爱啊:难道言语和音调不就是永远隔离者之间的彩虹和假桥吗?

每一个灵魂都有一个不同的世界;对于每一个灵魂,任何别的灵魂都是一个隐秘的彼世。

在最相似者之间,恰恰假象撒的谎最美;因为最细小的裂隙最难填补。

对我而言——如何会有一种我之外呢?根本没有什么外面!但在一切音调上我们忘掉了这一点;我们忘掉了,这是多么可爱啊!

难道不是赋予事物以名称和音调,才使人类在事物身上变得神清气爽么?说话原是一种美好的愚蠢:人类以此在万物之上舞蹈。

一切话语和一切音调之诺言是多么可爱！伴着音调，我们的爱情在彩虹之上舞蹈。——

——"查拉图斯特拉啊，"动物们于是说，"对于像我们这样思索的人来说，万物自己在舞蹈：万物到来，伸出手来，大笑，逃遁——而且又回来。

万物去了又来；存在之轮永远转动。万物枯了又荣，存在之年永远行进。

万物分了又合；同一座存在之屋永远在建造中。万物离了又聚；存在之环永远忠实于自己。

存在始于每一刹那；每个'那里'之球都绕着每个'这里'旋转。中心无所不在。永恒之路是弯曲的。"——

——哦，你们这些爱开玩笑的家伙和手摇风琴啊！查拉图斯特拉答道，又笑了起来，你们完全知道在这七天之中完成了什么事：——

——还有，那怪物是如何潜进我的喉内而使我窒息啊！但我毕竟咬断了它的头，并且将之吐得远远的。

而你们，——你们已经把这些编成一支动人的琴曲了么？我却躺在这里，刚才这一咬一吐还让我累着，我为赎救自己而依旧病着。

而你们却一直在袖手旁观？啊，我的动物们，连你们也是残暴的吗？你们也像人类所做的那样，意愿旁观我的大痛苦吗？因为人类是最残暴的动物。

一直以来，看悲剧、斗牛和钉十字架，对于人类都成了大地上

57.痊愈者

最快乐的事;而且当人类发明地狱时,看哪,那就是人类在大地上的天堂了。

当伟大的人叫喊起来——:渺小的人立即跑向那里;舌头因为贪婪悬垂在他的嘴下。但他把这称为他的"同情"。

渺小的人,尤其是诗人——他是多么热切地用文字控诉生命!注意听啊,可别放过一切控诉中的快乐!

这种生命的控诉者:他们眨眼之间克服了生命。"你爱我吗?"这个狂妄者说,"再待一会吧,我还没有时间理你呢。"

人类对于自身就是最残暴的动物;而且,在一切自称为"罪人"、"受苦难者"和"忏悔者"的人那里,可别放过这种悲叹和控诉中的淫欲!

而我自己——我因此想要成为人类的控诉者吗?啊,我的动物们,我迄今为止只学会了这一点,即:为了成其至善,人类的至恶是必需的,——

——一切至恶乃是人类的最佳力量,对至高的创造者来说就是最坚硬的石头;而且,人类必须成为更善的和更恶的:——

我并没有被绑在这根火刑柱上,从而知道人类是恶的,——相反,是我叫喊起来,就像还没有人叫喊过的那样:

"啊,人类的至恶竟是那么渺小!啊,人类的至善竟是那么渺小!"

对于人类的大厌倦——它使我窒息,爬进我的喉咙里了。而且这是预言家所预言的:"一切都一样,没有什么是值得的,知识令人窒息"。

一个长长的黄昏跛行到我面前,一种极度疲劳、极度沉醉的悲哀,打着呵欠说话。

"你所厌倦的人,那渺小的人,是要永恒轮回的"——我的悲哀这样打着呵欠,拖着脚,不能入睡。

人类的大地于我就转变为洞穴,它的胸部下陷了,一切生命体于我就变成了人类的污泥、骸骨和腐朽的过去。

我的叹息坐落在人类的坟墓上,再也不能站立起来;我的叹息和疑问昼夜呜咽、哽塞、咬啮和哀怨:

——"啊,人类永恒轮回!渺小的人类永恒轮回!"——

我曾看见过两者的裸体,那最伟大的人与最渺小的人:两者彼此太相似了,——即便最伟大的人,也还太人性了!

即便最伟大的人也太渺小了!——这就是我对于人类的厌倦!还有最渺小者的永恒轮回!——这就是我对于一切此在的厌倦!

啊,可恶!可恶!可恶!——查拉图斯特拉如是说,而且叹息和颤栗;因他回想到自己的疾病。而这时他的动物们不让他继续说下去了。

"别再说了,你这个痊愈者!"——他的动物们这样回答他,"走出去吧,世界等着你如同一座花园。

走出去,走向玫瑰花、蜜蜂和鸽群!而尤其是要走向啼唱的鸟群:好让你向他们学习歌唱!

因为歌唱适合于痊愈者;健康者可以说话。而且,即便健康者也要唱歌,他倒是要唱与痊愈者不同的歌。"

57.痊愈者

——"啊,你们这些爱开玩笑的家伙和手摇风琴啊,可别吱声了!"——查拉图斯特拉答道,又对他的动物们笑了,"你们完全知道我在这七天中为自己发明了何种安慰!

我必须重新歌唱,——我为自己发明了这种安慰和这种痊愈:你们也愿意马上从中弄出一支琴曲吗?"

——"别再说了",他的动物又回答他,"你这痊愈者啊,宁可你首先为自己备好一把竖琴,一把新的竖琴!

因为看哪,查拉图斯特拉!你的新歌需要新的竖琴。

啊,查拉图斯特拉,歌唱吧,怒吼吧,用新歌曲救治你的灵魂:好让你担当你伟大的命运,任何人都还不曾有的伟大命运!

因为,查拉图斯特拉啊,你的动物们完全知道,你是谁,你必须成为谁:看哪,你是永恒轮回的教师——,现在,这就是你的命运!

你必须作为第一人来传授这一学说,——这伟大的命运如何不会也是你最大的危险和疾病呢!

看哪,我们知道你所传授的:万物永恒轮回,我们本身也参与其中,我们已经无数次在此存在,万物与我们一道。

你传授说,有一个伟大的生成之年,一个伟大之年的巨兽:它必定像一只沙漏总是一再重新倒转,以便它重新流失和流空:——

——以至于所有这些年岁本身都是相似的,无论在最伟大处还是在最渺小处,——以至于我们本身在每一个伟大之年里也都是相似的,无论在最伟大处还是在最渺小处。

而且,如若你现在要死去,查拉图斯特拉啊:看哪,我们也知道你这时会怎样对自己说话:——然而你的动物们请求你不要死掉!

你或许会说话,毫不颤栗,而倒是由于幸福而松了口气:因为一种大重负和大郁闷已经脱离了你,你这最坚忍的人啊!——

'现在我就要死去和消失,'你会说,'而且立刻我就是一种虚无了。'灵魂如同肉体一样是要死的。

然则我缠绕于其中的因果之结是轮回的,——它将把我重新创造出来!我自己就属于永恒轮回的原因。

我与这太阳,与这大地,与这只鹰,与这条蛇,一起轮回——并非向着一种新的生命,或者一种更好的生命,或者一种类似的生命:

——我永恒地轮回,向着这种相似和同一的生命,无论在最伟大处还是在最渺小处,使我又能传授万物之永远轮回,——

——使我又能说关于伟大的大地之正午和人类之正午的话,使我又能向人类宣告超人。

我说我的话,我为我的话而心碎:我永恒的命运如是意愿——,我作为宣布者走向毁灭!

现在,没落者为自己祝福的时辰到了。就这样——查拉图斯特拉的没落结束了。"——

当动物们讲完这些话,它们沉默了,等着查拉图斯特拉对他们说些什么:但查拉图斯特拉没有注意到它们的沉默。相反,他静静地躺着,闭着眼,类似于一个睡着的人,虽然他并没有睡着:因为他正在与自己的灵魂交谈。而那蛇和鹰看他如此一言不发,就尊重他四周的巨大寂静,悄悄地退了出去。

*

* *

58. 大渴望

啊，我的灵魂，我已教你说"今日"犹如说"往后"和"往昔"，教你跳自己的圆舞，超越所有的"这里"、"那里"和"远处"。

啊，我的灵魂，我把你从所有角落里救了出来，我掸去了你身上的灰尘、蛛网和晦暗。

啊，我的灵魂，我洗刷了你那小小的羞怯和角落里的德性，并且劝告你赤裸裸地站立在太阳之眼前。

以那种被叫做"精神"的风暴，我刮过你那波涛汹涌的大海；我吹散了所有云雾，我甚至扼杀了那个被叫做"罪恶"的扼杀者。

啊，我的灵魂，我已赋予你一种权利，像风暴一样去否定，像敞开的天空一样去肯定：此刻你犹如阳光安静地站立，穿越否定的风暴。

啊，我的灵魂，我已还给你自由，那种超出被创造者和未被创造者的自由：而有谁能像你一样，知道未来者的欢乐呢？啊，我的灵魂，我已教给你如此这般去劝说，使得你能说服各种理由本身都归于你：有如太阳，甚至说服大海达到它的高度。

啊，我的灵魂，我已取走了你身上所有的服从、屈膝和效忠；我赋予你本身以"困厄的转机"和"命运"之名。

啊，我的灵魂，我给了你一些新的名称和彩色的玩具，我曾把你叫做"命运""范围中的范围""时间的脐带"和"蔚蓝色的钟"。

啊,我的灵魂,我给了你的国度所有畅饮的智慧,所有的新酒,也包括所有远古的强烈的智慧之美酒。

啊,我的灵魂,我把每一缕阳光、每一个黑夜、每一种沉默和每一种渴望都倾注于你了:——于是你就像一棵葡萄树为我生长起来。

啊,我的灵魂,现在你饱满而沉沉地挺立在那儿了,犹如一棵葡萄树,有着丰满的乳房和密密的紫金色葡萄:——

——为你的幸福所充满和挤压,因为丰盈而等待着,而且依然羞于你的等待。

啊,我的灵魂,现在无论在哪里都没有一个灵魂,比你更挚爱、更包容和更博大了!未来与过去在哪里能更紧密地接合,胜过在你这儿呢?

啊,我的灵魂,我已把一切都给了你,我的双手因为你而空空如也:——而现在!现在你满怀忧郁,微笑着对我说:"我俩当中谁该感谢?——

——难道给予者不该感谢接受者的接受吗?赠予不就是一种必需吗?而接受不就是——一种怜悯吗?"——

啊,我的灵魂,我懂得你忧郁的微笑:你的丰裕本身现在伸出了渴望的双手!

你的充沛望着汹涌的大海,寻求和等待着;从你微笑着的眼睛之天空中扑闪着那种过于充沛的渴望!

而且真的,我的灵魂啊!有谁看到你的微笑而不会心软,不会泪流满面?就是天使们也会因为你过于善良的微笑而泪流满面。

你的善良和过于善良,是不想要哀怨和哭泣的:然则我的灵魂啊,你的微笑却渴望着流泪,你颤动的嘴唇也渴望着啜泣。

"难道一切哭泣不就是一种哀怨么?而一切哀怨不就是一种控诉么?"你对自己如是说,而且因此之故,我的灵魂啊,你宁愿微笑,而不是倾吐你的痛苦。

——不是以涌出的泪水来倾吐你全部的痛苦,有关你的充沛,有关葡萄树对于葡萄种植者以及收割刀的全部渴求!

但如果你不想哭,不愿哭诉你那紫色的忧郁,那么你就必须歌唱,我的灵魂啊!——看哪,我自己也笑了,向你预告这等事情的我:

——歌唱,以怒吼的歌声,直到所有大海平静下来,都来倾听你的渴望,——

——直到小船漂荡于平静的、渴望的大海上,那金色的奇妙小船,而一切善的、恶的奇妙事物都围绕着这金色蹦跳:——

——还有许多大大小小的动物,以及有着轻盈的奇妙之足、从而能够在紫罗兰色的小路上飞跑的一切,——

——跑向那金色的奇妙之物,那自愿的小船及其主人:而这就是带着金刚石似的剪刀等着收割的葡萄农,——

——你的大救主,我的灵魂啊,这无名者——唯对于未来的歌曲,方才找得到名称!而且真的,你的呼吸已然散发出未来的歌曲的芳香,——

——你已经在燃烧和梦想,已经在饥渴地畅饮所有深深的、响亮的安慰之泉,你的忧郁已然伫息于未来之歌的幸福里!——

啊,我的灵魂,现在我已把一切都给了你,包括我最后的所有,我的双手因为你而空空如也：——我叫你歌唱，看哪，这就是我最后的所有！

我叫你歌唱，于是你说，你说吧：现在我俩当中谁该——感谢呢？——而更好的说法是：歌唱，为我歌唱吧，我的灵魂啊！而且让我来感谢！——

查拉图斯特拉如是说道。

*
  *   *

59.另一支舞曲

一

"新近我曾盯着你的眼,啊,生命:我看到在你的夜眼里金光闪闪,——因为这种快乐,我的心宁静了:

——我看见了一只金色小船在黑夜的水上闪光,一只正在沉落、吸水、又暗示着的金色摇船!

你向我那跳舞狂的脚投来一瞥,微笑的、疑问的、温存的悠悠一瞥。

你用小手只拍了两下掌——我的脚就已经因为跳舞狂的冲动而摇动起来了。——

我的脚后跟翘起来,我的脚趾在谛听,想要弄懂你:难道舞者不是把自己的耳朵搬到了——脚趾上!

我向你跳过去:你躲开了我这一跳;而你飞扬的散发朝着我飘动!

我从你这儿跳开了,跳开了你的长蛇:你已然站在那儿,半转身,眼里满是期望。

以扭曲的目光——你教我曲折的道路;在曲折的道路上,我的脚学会了——种种诡计！

我怕你临近，我爱你疏远；你的逃遁引诱着我，你的寻求使我停滞：——我受苦，但为了你，什么是我不愿忍受的呢！

为了你，你的冷酷令人振奋，你的仇恨令人迷惑，你的逃遁给人束缚，你的讥嘲——令人感动：

——谁不曾仇恨过你啊，你这个伟大的束缚者、缠绕者、诱惑者、寻求者、发现者！谁不曾爱过你啊，你这个天真的、焦躁的、急如狂风而眼如婴孩的罪人！

你现在要把我引向何方呢，你这极端而顽皮者？而现在你又逃避我，你这甜蜜的顽童和不知感谢的！

我随你起舞，我甚至循着一点点足迹跟随你。你在哪里？把手伸给我吧！或者哪怕只是一个手指！

这里都是洞穴和丛林：我们会迷路的！——停住！站着别动！你没有看到猫头鹰和蝙蝠飞过吗？

你这猫头鹰！你这蝙蝠！你们想愚弄我吗？我们在哪里？你已经从狗那里学会了这种吼叫和狂吠。

你用白白的细牙亲热地对我咧嘴，你那恶意的眼睛在卷曲的细毛下向我喷射！

这是一种越过种种障碍的舞蹈：我是猎人，——你愿意成为我的猎犬或者我的羚羊吗？

现在就在我身旁！快啊，你这凶恶的跳跃者！现在上来吧！而且跳过去！——哎呀！我自己在跳跃时跌倒了！

啊，你这狂妄者，看我躺着，而且乞求恩赐！我喜欢与你一道——走上更可爱的小路！

——爱之小路,穿过寂静的绚丽的丛林!抑或沿着那湖边:金鱼在那里漂游欢跳!

你现在疲倦了?那边有羊群和晚霞:伴着牧羊人的笛声安睡,岂不美妙?

你真的非常疲倦了吗?我背你去,你只垂下手臂就是了!而且你口渴了,——我倒是有点东西,但你的嘴不想喝它的!——

——啊,这受诅咒的、灵活而敏捷的长蛇和潜藏的女巫!你去哪里了?但我感到脸上有你的两个手印和红斑!

我真的已经厌倦了,不想总是做你勤劳的牧羊人了!你这女巫啊,如果我一直都为你歌唱,那么现在,你就该为我——叫喊了!

你应当按照我的鞭子的节拍,为我舞蹈,为我叫喊!我可没有忘掉带鞭子吧?——没有!"——

*
*　　　　　*

二

这时生命如是回答我,同时捂着自己小巧的耳朵:

"查拉图斯特拉啊!不要把你的鞭子拍打得如此可怕嘛!你一定知道的:喧闹扼杀思想,——而我刚刚得着了十分温柔的思想呢。

我们两人是真正的既不为善也不为恶的人。在善与恶的彼岸,我们找到了我们的岛屿和我们的绿草地——只有我们俩!因此我们就必须相互友好嘛!

而且,即便我们并没有打心眼里相爱——,难道如果人们不是彻底相爱,就必须相互怨恨吗?

我好生待你,而且往往是待你太好了,这你是知道的:个中原因在于,我嫉妒你的智慧。这个疯狂的老傻瓜,智慧啊!

一旦你的智慧离你而去,啊!我的爱也会迅速离你而去。"——

于是,生命若有所思地望了身后和周围,轻声说道:"查拉图斯特拉啊,你对我不够忠诚!

你早就不像你所讲的那样爱我了;我知道,你正想着要快快离开我呢。

有一个古老的、重而又重的洪钟:它在夜里嗡嗡作响,一直传到你的洞穴上:——

——如果你听到这口钟在午夜敲响了,你就在一响与十二响之间想到这事——

——你想到这事,查拉图斯特拉啊,我知道,你是想快快离开我!"——

"是的",我不无迟疑地答道,"但你也知道——"我在它[①]耳边说了一些话,在它那乱乱的、黄黄的、傻傻的发绺中间。

啊,查拉图斯特拉,你知道这个吗?没人知道。——

---

① 从上下文看,此处"它"应指上面讲的"洪钟"。——译注

我们相互注视,望着那凉夜刚刚降临的绿草地,一起哭了起来。——但当时,生命于我是更可爱的,胜于我所有的智慧。——

查拉图斯特拉如是说。

*
* *

三

一!①
啊,人类! 留神啊!
二!
幽深的午夜在诉说什么?
三!
"我睡着了,我睡着了——,
四!
"我从深沉的梦乡中惊醒了:——
五!
"世界是深沉的,
六!
"而且比白天所想的更深沉。

---

① 此处数字"一"至"十二"应指上述夜半钟声的十二响。——译注

七！

"它的痛苦是深沉的——，

八！

"快乐——比心痛更深沉：

九！

"痛苦说：消逝吧！

十！

"而所有快乐却都想要永恒——，

十一！

"——想要深而又深的永恒！"

十二！

*

*   *

60. 七个印记

（或：肯定和阿门之歌）

一

如若我是一个预言家，充满了那种预言的精神，那种游走于两海之间的高山之上的预言精神，——

作为沉重的云在过去与未来之间游走，——敌视那些温热的洼地，以及一切疲倦的、既不能死又不能生的东西：

准备好在黑暗的怀抱中闪光，发出救赎的光芒，孕育了说"是呀"和笑"是呀"的闪电，准备好了预言的光芒：——

——然而，如此这般孕育者是有福了！而且真的，谁有朝一日要点燃未来之光明，他就必须作为重重的风雨久久地盘桓于山间！——

哦，我怎能不为永恒、不为婚礼般的环中之环而热血沸腾，——那轮回之环！

除了我爱的这个女人，我还从来没有找到过一个女人，是我想要跟她生小孩的：因为我爱你，永恒啊！

因为我爱你，永恒啊！
．．．．．．．．．．

二

如果我的愤怒曾破碎了坟墓,移走了界石,使老牌子破碎后滚入陡峭的深谷:

如果我的嘲讽曾吹散了腐朽的辞藻,而且我就像一把扫帚袭向十字蜘蛛,作为狂风横扫古老而沉闷的墓穴:

如果我曾欢欣地坐在古老诸神葬身的地方,在古老的世界诽谤者身旁祈祷着世界,热爱着世界:——

——因为即便是教堂和上帝之墓也是我所爱的,如果只有天空以纯净的眼睛望穿了它们的破屋顶;我喜欢像青草和红罂粟一般坐在颓败的教堂上——

哦,我怎能不为永恒、不为婚礼般的环中之环而热血沸腾,——那轮回之环!

除了我爱的这个女人,我还从来没有找到过一个女人,是我想要跟她生小孩的:因为我爱你,永恒啊!

因为我爱你,永恒啊!

三

如果我曾领受一种气息,来自那创造的气息,也来自那甚至要迫使偶然性跳起星之舞的天国之必需:

如果我曾随创造之闪电的笑声而大笑,而行动的长雷隆隆作响,但却驯服地跟随着这闪电:

如果我曾在大地的神桌上与诸神掷骰子,使得大地震动,分崩离析,喷出火流:——

——因为大地就是一张神桌,由于创造性的新言辞和诸神的投骰而颤抖不已:——

哦,我怎能不为永恒、不为婚礼般的环中之环而热血沸腾,——那轮回之环!

除了我爱的这个女人,我还从来没有找到过一个女人,是我想要跟她生小孩的:因为我爱你,永恒啊!

因为我爱你,永恒啊!

*

* *

四

如果我曾从那完全混合了万物的起泡的调味壶和搅拌壶中,喝下了满满一口:

如果我的手曾把最遥远之物倾注于最切近之物,把火倾注于

精神,把快乐倾注于痛苦,把至恶之物倾注于至善之物:

如果我自己就是那种救赎之真盐中的一粒,而这盐使万物能在调味壶中得到完全混合:——

——因为有一种盐能把善与恶结合起来;即使至恶之物,也值得用于调味和最后的溢泡:——

哦,我怎能不为永恒、不为婚礼般的环中之环而热血沸腾,——那轮回之环!

除了我爱的这个女人,我还从来没有找到过一个女人,是我想要跟她生小孩的:因为我爱你,永恒啊!

因为我爱你,永恒啊!

*

* *

五

如果我喜爱大海,以及一切具有大海本性的东西,而且当大海愤怒地背逆我时,我还最为喜爱之:

如果那种寻求的快乐就在我内心,它向未发现之物扬帆驶去,如果我的快乐中有一种航海者的快乐:

如果我的欢欣曾呼叫:"海岸消失了,——现在我掉了最后的锁链——

——无际的汪洋在我四周汹涌,时间和空间则远远地向我发出光芒,好吧! 来吧! 衰老的心啊!"——

哦,我怎能不为永恒、不为婚礼般的环中之环而热血沸腾,——那轮回之环!

除了我爱的这个女人,我还从来没有找到过一个女人,是我想要跟她生小孩的:因为我爱你,永恒啊!

因为我爱你,永恒啊!

*

* *

六

如果我的德性是一个舞者的德性,而且我常常双足跳入金玉般的狂喜之中:

如果我的恶毒是一种微笑的恶毒,安居于玫瑰花盛开的山坡和百合花飘香的灌木丛中:

——因为在笑声中并存着所有的恶,却通过自己的极乐而得到圣化和赦罪:——

而且,如果我的关键就在于,一切重者都要变轻,一切身体都要变成舞者,一切精神都要化为飞鸟:而且真的,这就是我的关键所在!——

哦,我怎能不为永恒、不为婚礼般的环中之环而热血沸腾,——那轮回之环!

除了我爱的这个女人,我还从来没有找到过一个女人,是我想要跟她生小孩的:因为我爱你,永恒啊!

因为我爱你,永恒啊!

*

* *

七

如果我曾在自己头上撑开一片宁静的天空,以自己的翅膀飞翔于自己的天空:

如果我曾游戏着在深深的光明之远方漂浮,而且我的自由得了飞鸟的智慧:——

——而飞鸟的智慧却如是说:"看哪,没有上面,没有下面!把你投向周围,投出去,又投回来吧,你这轻盈者!歌唱吧!别再说了!

——"难道所有言辞不都是为沉重者而设的么?难道所有言辞不都在欺骗轻盈者么?歌唱吧!别再说了!"——

哦,我怎能不为永恒、不为婚礼般的环中之环而热血沸腾,——那轮回之环!

除了我爱的这个女人,我还从来没有找到过一个女人,是我想要跟她生小孩的:因为我爱你,永恒啊!

因为我爱你,永恒啊!

* * * * * * * * *

*

* *

查拉图斯特拉如是说

一本为所有人而又不为任何人的书

第四部(最后一部)

啊,比起在同情者那里,世界上哪里还有更大的蠢事呢? 而且,比起同情者的蠢事,世界上还有什么更能引发痛苦呢?

一切热爱者多么不幸啊,他们还没有一个超越他们的同情的高度!

魔鬼曾经对我如是说:"连上帝也有自己的地狱:那就是他对人类的爱。"

而最近我又听到魔鬼说这番话:"上帝死了;上帝死于他对人类的同情。"——

《查拉图斯特拉如是说》(第二部,"同情者")

61.蜜之祭品

——岁月又流过了查拉图斯特拉的灵魂,他都未曾注意到;但他的头发已经变白了。有一天,他坐在洞穴门口的一块石头上,静静地向外观望,——从那里越过蜿蜒的深谷,倒是可以望到大海的——他的动物们若有所思地围着他转,终于站到他跟前了。

"啊,查拉图斯特拉,"它们说,"你一定是在守望自己的幸福吧?"——"幸福算得了什么啊!"他答道,"我早就不再追求幸福了,我追求自己的事业。"——"啊,查拉图斯特拉,"动物们又说,"你说这话,是作为一个有着太多好事的人。你不是躺在一个天蓝色的幸福之湖中吗?"——"你们爱开玩笑的家伙啊,"查拉图斯特拉笑着答道,"你们真会选择比喻呢!但你们也知道,我的幸福是沉重的,不像流动的水波:它压迫着我,不想离开我,弄得像熔化了的沥青。"——

动物们于是又若有所思地围着他转,然后又一次站到他跟前了。"啊,查拉图斯特拉,"它们说,"是不是因为这样,尽管你的头发可能看起来是白色的和亚麻色的,但你自己却变得越来越黄和黑了?看哪,你坐在自己的沥青中了!"——"你们说什么呢,我的动物们,"查拉图斯特拉笑着说,"真的,当我说到沥青,我是在谩骂。我身上发生的事,也发生在所有成熟的果实上。正是我血管中的蜜使我的血变得更浓,也使我的灵魂变得更宁静。"——"是会这样的,查拉图斯特拉啊,"动物们答道,挤到他近旁,"但你今天不想攀登一座高山吗?空气是纯净的,而且人们比从前更多地看这个世界了。"——"是的,我的动物们,"查拉图斯特拉答道,"你们猜对了,甚合我心:我今天想要攀登一座高山呢!不过想想办法吧,让我在那里手头有一种蜜,黄的、白的、美好的、冰凉的金色原蜜。因为你们知道,我要在那上面作蜜之祭品。"——

但当查拉图斯特拉到了山顶上面,他便把护送着他的动物们打发回家,而且发现他眼下就独自一人了:——这时他就开怀大笑,四下张望,而且如是说:

我说到祭品,而且是蜜之祭品,这只不过是我讲话时耍的一种狡计而已,真的,且是一种有用的愚蠢呢!在这上面,比起在隐士的洞穴和隐士的家畜面前,我可以更自由地说话了。

献什么祭啊!我在挥霍我所接受的馈赠,我这个千手的挥霍者啊:我如何还会把这个叫做——献祭呢!

而且,当我渴求蜂蜜时,我只不过是渴求诱饵、甜美的蜜汁和黏液,连咆哮的熊和奇异的、闷闷不乐的恶鸟也对此垂涎三尺:

——渴求着最佳的诱饵,就像猎人和渔夫所必需的那样。因为如果世界有如一个阴暗的野兽森林和所有猎人的乐园,那么,我就更多地愿意认为,它是一个深不可测的丰饶的大海,

——一个充满绚丽的鱼虾的大海,甚至诸神也向往这大海,以至于它们会变成大海旁的渔夫和撒网者:世界有那么丰富的大大小小的奇妙之物!

尤其是人类的世界，人类的大海：——现在我向它投下我的金钓竿，并且说：张开来吧，你这人类的深渊！

张开来吧，把你的鱼和发光的虾掷给我！今天我要用我最好的诱饵来引诱最为奇异的人类之鱼！

——我把自己的幸福本身投出去，投向一切辽远的地方，在日出、正午与日落之间，来看看大量人类之鱼是否不想学会牵扯和拖拉我的幸福。

直到咬到我那尖锐的隐藏的钩子，它们不得不上升到我的高度，最绚丽的深渊之鱼，归于人类捕鱼者当中最凶恶者。

因为我从骨子里自始就是这种人，牵引着、引过来、引到高处、拉起来，是一个牵引者、培育者和培育大师，有一次曾不无道理地对自己说："要成为你所是！"

现在人类就可以这样上升到我这里了：因为我依然等待着那个征兆，昭示是我没落的时候了，而我自己依然没有像我必须做的那样，没落于人类之中。

为此我就等待于此，狡黠而嘲笑地等待于高山之上，不是一个毫无忍耐者，也不是一个忍耐者，而倒是一个同样荒废了忍耐的人，——因为他再也不"忍受"了。

因为我的命运给了我时间：也许它遗忘了我？抑或，它就坐在一块大石头背后的阴影里，正在捉苍蝇么？

而且真的，我好生对待我那永恒的命运，因为它没有追赶和压迫我，使我有时间去胡闹和作恶：所以我今天才得以登上这座高山来钓鱼。

可曾有人在高山上钓过鱼么？而且，即便我在这上面所愿所为是一种愚蠢:我也宁愿如此,胜于在那山下因为等待而变得郑重其事,脸色发青——

——一个因为等待而矫揉造作的气呼呼的人,一股来自山间的神圣的呼啸风暴,一个无忍耐者,他朝山谷下面吼叫:"听啊,不然我就要以上帝的鞭子来鞭打你们了!"

我不会因此憎恨这些盛怒者:他们已经十分好了,足以使我觉得好笑!他们必定已经忍无可忍了,这些伟大的响鼓啊,他们要在今天发声,不然就永远不会出声了!

然而我与我的命运——我们没有对"现在"说话,我们也不对"永不"发话:为要说话,我们有耐心和时间,甚至有过多的时间。因为他有朝一日必须到来,不可倏忽而过。

谁有朝一日必须到来,不可倏忽而过呢? 我们伟大的哈扎尔,[①]那就是我们伟大的、遥远的人类王国,查拉图斯特拉的千年王国——

这样一种"遥远"可能有多遥远呢? 这与我有何相干啊!然而,因此我却是同样牢靠的——,我双脚稳稳地站在这个基础上,

——在一个永恒的基础上,在坚固的原始岩石上,在这最高又最坚的原始山脉上,四面八方的风都吹向这山脉,有如吹向天气分界线,探问着哪里? 从哪里来? 往哪里去?

在这里笑吧,笑吧,我那明亮而完好的恶毒啊!从高山上投下你那闪闪发光的嘲笑吧!用你的闪烁来引诱你那些最美的人类之鱼吧!

[①] 哈扎尔(Hazar):似为波斯语,意为"千年循环"。——译注

而且，全部大海中属于我的东西，万物当中我的自在和自为——把这些都为我钓出来吧，把这些都给我引上来吧：我为此等待着，所有捕鱼者当中最凶恶者。

出来吧，出来吧，我的钓钩！进去吧，下去吧，我的幸福的诱饵！滴下你最甜美的露水吧，我心灵的蜜！咬吧，我的钓钩，向着所有黑色痛苦的腹部！

望出去，望出去，我的眼睛！啊，我周围有多少大海，有何种正在破晓的人类未来！而在我头上——是何种粉红色的寂静啊！是何种云散晴朗的静默啊！

＊

＊　　　　　＊

62. 苦难的呼声

第二天,查拉图斯特拉又坐在洞穴门口的石头上,而他的动物们则在外面到处游走,要把新的食物带回家去,——也包括新的蜜:因为查拉图斯特拉把原有的最后一滴蜜也消耗和挥霍掉了。而当他这样坐在那里,手里拿着一根木棍,在地上描画出自己的形体投下的影子,若有所思,而且真的呢!并不是在思索自己和自己的影子——,这时候,他蓦然吃惊,吓了一跳:因为他看到自己的影子旁还有另一个影子。查拉图斯特拉急忙环顾四周,站起身来,看哪,他旁边竟站着那个预言家,就是他曾经在自己的餐桌上供其吃喝的那个预言家,也就是那个大厌倦的宣告者,这人曾教导说:"一切都一样,没有什么是值得的,世界毫无意义,知识令人窒息。"不过,在此期间,这个预言家的面貌变了;而且当查拉图斯特拉望着他的眼睛时,他的心里又一次惊慌起来了:这张面孔上流露出那么多不妙的宣告和苍白的闪光。

这个预言家发觉了查拉图斯特拉的心思,就用手擦了擦自己的脸,仿佛是想要把脸擦掉似的;查拉图斯特拉也做了同样的动作。当他们俩如此这般在沉默中镇静下来,恢复了神气,于是就相互握手,以示他们愿意重新结识了。

"欢迎来我这里,"查拉图斯特拉说道,"你这个大厌倦的预言家,你应该不会忘记曾经做过我的客人,和我一起吃过饭。今天也在我这儿吃喝吧,请原谅一个快活的老人与你同桌共餐!"——"一个快活的老人么?"这个预言家摇着头回答道,"无论你是谁,抑或你想成为谁,查拉图斯特拉啊,你在这上面已经很久了,——你的船很快就不会再待在陆地上了!"——"我是待在陆地上吗?"查拉图斯特笑着问道。——"围绕着你的高山的波涛,"这个预言家回答,"涨啊涨,那大苦难和大痛苦的波涛:它们很快也将使你的船漂浮起来,也把你运走了。"——查拉图斯特拉于是默然,感到奇怪。——"你还没有听到什么吗?"这个预言家继续说道,"从深谷中不是传来了阵阵轰鸣和澎湃声吗?"——查拉图斯特拉又默然,专心倾听起来:他于是听到了一声长长的、长长的呼声,各个深谷正将这呼声投掷和传递,因为没有一个深谷愿意把它保持下来:这呼声听来那么凶恶。

"你这个不妙的宣告者啊,"查拉图斯特拉终于说,"这是一种苦难的呼声嘛,而且是一个人的呼声,也许是从一片黑暗的大海传来的。然而,人类的苦难与我有何相干!那一直为我留着的最后的罪恶,——你一定知道它叫什么吧?"

——"同情啊!"这个预言家答道,心潮汹涌,高高举起双手——"查拉图斯特拉啊,我来,就是要引诱你去犯你那最后的罪恶!"——

这话刚落,那呼声又一次响了起来,而且比以前更长久了,更恐怖了,也更迫近了。"你听到了吗?查拉图斯特拉啊,你听到了吗?"预言家叫道,"这呼声是针对你的,它在叫你呢:来吧,来吧,来吧,是时候了,是至高的时候了!"——

查拉图斯特拉于是沉默了,迷茫而震惊;最后他有如一个迟疑不决的人,试着问道:"是谁在那里叫我呢?"

"但你是知道的嘛,"这个预言家狠狠地答道,"你隐瞒什么呀?是高等人在向你呼叫啊!"

"高等人?"查拉图斯特拉突然恐惧起来,大叫道:"他想要什么?他想要什么?这个高等人!他在这里想要什么呢?"——他浑身出汗了。

预言家却没有理会查拉图斯特拉的畏惧,而是专心听着,向着深谷聆听。而当他听到那里长时间寂静无声之后,他才回过头来,看到查拉图斯特拉站在那里颤抖。

"查拉图斯特拉啊,"他开始用悲伤的语气说,"你不要傻站在那儿,像一个被幸福搞晕了的人:你必须跳起舞来,方不至于栽倒在地!

可是,即使你想在我面前跳舞,使出你浑身的解数:也没有人会对我说:'看哪,这里跳舞的是最后的快乐的人!'

倘若有人到这高山上来寻找这个人,那是徒劳的:他会发现一些洞穴,而且是一些隐秘之穴,隐藏者的隐藏之所,但并没有幸福之矿井、宝库以及新的幸福之金矿脉。

幸福——人们怎能在这种被掩埋者和隐士那里找到幸福呢!难道我还必须在幸福岛上、在被遗忘的大海之间的遥远岛上寻求最后的幸福吗?

然而,一切都一样,没有什么是值得的,任何寻求都无济于事,也不再有什么幸福岛了!"——

62. 苦难的呼声

预言家如是叹息;而当他发出最后一声叹息时,查拉图斯特拉重又变得清爽而稳靠了,就像一个从幽深的洞穴里走到阳光下的人。"不!不!决不啊!"他以强有力的声调叫道,捋着自己的胡子——"这事我更清楚了!幸福岛还是有的!别嚷嚷这事了,你这个唉声叹气的悲伤家伙啊!

不要再唠叨这事了,你这早上的雨云啊!难道我不是已经站在这儿,为你的痛苦所淋湿,被浇得像一只落水狗了吗?

现在我要抖一抖,从你这儿跑开,好让我重又干燥起来:对此你不可诧异!你觉得我不礼貌吗?但这是我的庭院啊。

至于你的高等人:好吧!我马上到那森林里找他:他的呼声是从那里来的。也许有一只凶恶的野兽正在逼近他。

他在我的领地里面:他不会在其中受到伤害的!而且真的,我身边有许多凶恶的野兽。"——

说完这番话,查拉图斯特拉便转身要走。于是预言家说道:"查拉图斯特拉啊,你是一个无赖!

我早已知道:你想要离开我!你宁愿跑到森林里,去追踪凶恶的野兽!

然而这对你有何助益呢?到夜晚你还将回到我这里,我将坐在你自己的洞穴里,耐心而沉重地,像一个木头人——把你等待!"

"就这样吧!"查拉图斯特拉离开时回头喊道,"我洞穴里的东西也归你了,我的客人!

而如果你还能在里面找到蜂蜜,那好吧!只管把它舔掉吧,你这个好唠叨的家伙,而且让你的灵魂快活起来吧!因为晚上我们

俩还要有好心情呢,

——好心情,为这一天终于结束而快乐!而且作为我的会跳舞的熊,你自己应当为我的歌曲伴舞。

你不相信这话吗?你摇头了?好吧!来吧!老熊!但连我——也是一个预言家了。"

查拉图斯特拉如是说。

*
* *

63. 与国王的谈话

一

查拉图斯特拉在山上森林里走了还不到一个小时,突然看到一列奇怪的队伍。正好在他要下去的路上,走来了两个国王,头戴皇冠,腰系紫带,华丽如两只红鹳鸟:他们赶着一头驮着东西的驴子。"这两个国王在我的领地里想要什么呢?"查拉图斯特拉惊讶地对自己说,而且迅速躲到一个灌木丛后面了。而当两个国王走到他近旁时,他像一个自言自语的人,低声说道:"奇怪了!奇怪了!这怎么来协调呢?我看见有两个国王——却只有一头驴子!"

于是这两个国王停了下来,微笑了,向发出声音的地方望去,然后彼此面面相觑。"我们当中也有人这样想的,"右手那个国王说,"但没把这事说出来。"

而左手那个国王却耸耸肩,回答道:"那也许是一个牧羊人吧。或者是一个隐士,在山岩和树林里生活得太久了。因为完全没有社交也会败坏礼貌的。"

"礼貌?"另一个国王不满而尖刻地反问,"我们在逃避什么呢?

不就是'礼貌'吗？我们的'好社会'吗？

真的，宁可生活在隐士和牧羊人中间，胜过与我们那些镀金的、虚假的、过于粉饰的群氓一起生活，——虽然他们把自己叫做'好社会'，

——虽然他们把自己叫做'贵族'。但在那里，一切都是虚假和腐败的，尤其是血，盖由于那些恶劣的老毛病以及更恶劣的治疗者。

在我看来，今天最优秀和最可爱者还是健康的农夫，粗俗、狡猾、固执、坚忍：这是如今最高贵的种类。

农夫是如今最优秀者；农夫这个种类当成为主人！然而这是群氓的国度，——我再也不能让自己受骗了。但群氓就是：大杂烩。

群氓大杂烩：其中一切都混杂在一起了，圣徒、骗子、容克①、犹太人，以及来自诺亚方舟的所有牲畜。

礼貌！一切在我们这里都是虚假和腐败的。再也没有人懂得敬仰了：这正是我们要逃避的。那是一些谄媚的、纠缠不休的狗，它们把棕榈树叶也镀上了金色。

这种厌恶令我窒息，我们国王本身也变得虚假了，披挂和包裹着古旧的、发黄的祖先荣光，成了最愚蠢者、最狡诈者以及如今用权力来交易一切的人们的纪念币。

我们并不是头等人——但我们必须表现为头等人：对于这种

---

① 容克(Junker)：原指无骑士称号的贵族子弟，后泛指普鲁士贵族和大地主。——译注

63. 与国王的谈话

欺骗行径,我们终于厌倦了,厌恶了。

我们避开了流氓痞子,避开了所有这些爱吵闹者和舞文弄墨者,避开了商贩的恶臭,野心的跳蹿,污浊的呼吸——:呸,在流氓痞子中间生活,

——呸,在流氓痞子中间表现为头等人!啊,可恶!可恶!可恶!我们这些国王还算什么呢!"——

"你的老毛病又发作了,"这时左手那个国王说,"我可怜的兄弟,厌恶侵袭了你。但你要知道,有个人在听我们的谈话呢。"

耳闻目睹了这次谈话的查拉图斯特拉立即站起身来,从他隐藏之所走了出来,走向两位国王,并且说:

"国王啊,这个倾听你们谈话的人,这个喜欢听你们谈话的人,他叫查拉图斯特拉。

我就是这个查拉图斯特拉,曾说过:'国王还算什么啊!'原谅我,我很高兴听到你们相互间说:'我们这些国王还算什么呢!'

但这里是我的国度和领地:你们是要在我的国度里寻找什么吧?可也许你们在路上已经找到了我要寻找的:就是高等的人。"

两位国王听了这话,便捶胸顿足,异口同声地说:"我们被识破了!

以这话的利剑,你击碎了我们心灵的最浓重的黑暗。你发现了我们的困厄,因为看哪!我们正在路上,要去寻找高等的人——

——寻找比我们更高等的人:虽然我们是国王。我们要把这头驴子送给他。因为最高等的人也应该是大地上最高的主人。

在全部的人类命运中,最严酷的不幸莫过于大地上的强大者并非同时也是头等人。在此情形下,一切都变得虚假、扭曲和阴森

可怕。

而且，如果他们竟是末人，更多的是牲畜而不是人类：这时候，群氓的价格就会节节升高，到最后，群氓德性竟会说：'看哪，唯有我才是德性！'"——

我刚刚听到了什么？查拉图斯特拉答道，那是国王身上的何等智慧啊！我好欣喜呢，而且真的，我已经想要就此作一首诗了：——

——哪怕会做成一首并非人人喜闻乐见的诗也罢。我早就已经不顾及人们的听闻了。好吧！来吧！

（然而这时有了情况，连那头驴子也开口说话了：它清楚而带着恶意地说了声"咿呀"。）

从前——我相信是我主降世的头一年——

那女巫不饮而醉，说：

"不幸啊，现在可弄砸了！

沉沦！沉沦！这世界从未如此深深地沉落！

罗马沦为妓女和妓院了，

罗马的恺撒沦为牲畜，上帝本身——变成了犹太人！"

*
*　　　　　　　*

二

两位国王对查拉图斯特拉的这首诗表示欣赏；右手那个国王说："啊，查拉图斯特拉，我们出来看到你，是多么好的事！

因为你的仇敌们曾在他们的镜子里把你们的形象显示给我们:在那里你以一副魔鬼的狰狞面目张望,并且讥笑:于是使我们对你生出恐惧之意。

但这有何用?你总是一再用你的言辞来刺激我们的耳朵和心灵。于是我们终于说:他的外貌如何又有什么要紧!

我们必须来听听他的教导,他教导说:'你们当热爱和平,把它当作新战争的手段,并且当热爱短暂的和平甚于长久的和平!'

没有人说过如此好斗的话:'什么是好的?勇敢就是好的。好的战争就是那种能把一切都神圣化的战争。'

啊,查拉图斯特拉,听到这种话,我们祖先的血又在我们的身体里激动起来了:这就好比春天对旧酒桶发出的话语。

当刀剑就像红斑点点的长蛇交相辉映时,我们的祖先们善待生命了;一切和平的太阳在他们看来都是柔弱无力的,而长久的和平则使他们羞愧。

当我们的祖先们看到墙壁上挂着锃亮的、干燥的刀剑时,他们会怎样叹息啊!他们就像刀剑一样渴望着战争。因为一把刀剑想要饮血,由于欲望而闪闪发光。"——

——当两位国王这样热情而喋喋不休地谈着他们祖先们的幸福时,查拉图斯特拉生出了一种不小的兴致,想要嘲弄他们的热情:因为他眼前的这两位国王显然是十分爱好和平的,有着苍老而文雅的面容。但查拉图斯特拉克制住自己了。"好吧!"他说,"这条路一直通向查拉图斯特拉的洞穴;这个白天当有一个漫长的夜晚!而现在,有一个苦难的呼声在召唤我,要我赶快离开你们。

如果你们国王们愿意在我的洞穴里坐着和等候,那就会使陋室蓬荜生辉的:不过,确实的,你们不得不等候好久的!

好啦!那有何妨!今天人们在哪里还能比在宫廷里更好地学会等候呢?而且,国王们还保留着的全部德性——如今不就叫做:能够等候?"
 ..

查拉图斯特拉如是说。

*
*　　　*

64. 水蛭

查拉图斯特拉若有所思地前行,走向纵深处,穿过了森林,走过了沼泽地;但正如每个思索重大事体者的情况一样,他无意中踩着了一个人。而且看哪,突然间,一声痛叫,两声诅咒,二十句骂人的粗话,一并向他喷来:他于是在惊慌中举起了棍子,还打了那个被他践踏的人。不过,他很快恢复了理智;而且他在内心里嘲笑了刚刚做的蠢事。

"请原谅,"他对那个愤怒地坐起来的被践踏者说,"原谅我,并且首先听我讲一个比喻吧。

好比一个漫游者,他梦想着远方的事物,无意中在孤独的街上碰着了一条睡着的狗,一条躺在阳光下的狗:

——正如这两者都惊跳起来,相互训斥,就像死敌一般,这两个惊吓得要死的人:我们的情况也是这样。

不过!不过——并不缺失什么理由使它们相互亲热起来,这只狗与这个孤独者!两者不都是——孤独者嘛!"

——"不管你是谁,"那个被践踏者依然愤怒地说,"你也用你的比喻踩了我,而不光是用你的脚!

可是看哪,难道我是一只狗吗?"——这个坐着的被践踏者于是站了起来,把自己赤裸的手臂从沼泽中抽了出来。因为起先他是舒展地躺在地上,隐蔽而无法识别,犹如那些在暗中伏击一头沼泽野物的人们。

"但你在做什么啊!"查拉图斯特拉惊恐地叫道,因为他看到那人赤裸的手臂上流下来许多血,——"你碰到什么事了?你这个不幸者,是一只恶兽咬了你吗?"

这流血者笑了,但依然愤怒。"这与你有何相干!"他说道,就想要前行了,"这里我是在家里,在我的领地里。谁若想问就问我吧:但对一个傻子,我是很难回答的。"

"你错了,"查拉图斯特拉同情地说,并且紧紧抓住了他,"你错了:这里你不是在自己家里,而是在我的领地里,而且在其中没有人会受到伤害。

但随便你怎样称呼我了,——我就是我必须是的,我自称为查拉图斯特拉。

好吧!那条道路通向查拉图斯特拉的洞穴:它就不远了,——你不想去我那里养养伤吗?

你这个不幸者啊,你这种生活真是糟透了:起先是野兽咬了你,接着——人又把你踩了!"——

而当这个被践踏者听到查拉图斯特拉的名字时,他就变了样。"我到底是怎么回事嘛!"他叫了起来,"除了这个人,也就是查拉图斯特拉,以及那个吸血动物,也就是水蛭,我这生活中还有谁让我操心呢?

为了水蛭之故,我像一个渔夫一般躺在这个沼泽旁,而我伸出的手臂已经被咬了十次了,现在还有一条更漂亮的水蛭要来吸我的血,那就是查拉图斯特拉自己了!

64. 水蛭

啊,幸福!啊,奇迹!且让这个引诱我到此沼泽里来的日子得到称赞吧!且让这个今天活着的最优秀的、最有活力的吸血器得到称赞吧!且让查拉图斯特拉这个伟大的良知之血蛭得到称赞吧!"——

被践踏者如是说;而查拉图斯特拉对他的言辞及其文雅而敬畏的态度感到高兴。"你是谁啊?"查拉图斯特拉问道,并且把手伸向他,"在我们之间许多事情有待解释和澄清:不过我以为纯净的大白天就要到了。"

"我是精神上有良知者,"被问者答道,"而且在精神事情上,很难发现有人比我更加严格、更加紧密和更加坚强的了,除了我学习的榜样,即查拉图斯特拉本人。

宁可一无所知,也胜于对许多事物一知半解!宁可成为一个独立自主的傻子,也胜于成为一个由他人决定的智者!我——要探寻根基:

——这个根基是大还是小,这有什么要紧的呢?这个根基是泥潭还是天国,这有什么要紧的呢?对我来说,一手宽的根基足矣:只要它真的是基础和基地!

——一手宽的根基:人们便能在上面立足了。在真正的知识良知中,是没有什么大和小可言的。"

"那么,你兴许是一位水蛭专家吧?"查拉图斯特拉问道,"你这个有良知者,你在穷根究底地探究水蛭吗?"

"查拉图斯特拉啊,"被践踏者回答道,"这可是一件无比艰巨的事,我怎么敢做这件事呢!

我所掌握和熟知的,不过是水蛭的头脑:——这就是我的世界！

而且这也是一个世界！但请原谅，这里表露出我的骄傲，因为我在这方面找不到旗鼓相当的同类。因此我说'我以此为家'。

我已经多么长久地探究了这一点，也就是水蛭的头脑，以至于在这里，那滑溜的真理再也不会从我这里溜掉了！这里是我的领地！

——为此我抛开了其他一切，为此其他一切对我都变得一模一样；而紧挨着我的知识的，乃是我的黑暗的蒙昧无知。

我的精神良知就这样要求我，我只需知道一件事，而无须知道其他一切：我厌恶所有精神上的半吊子，所有阴暗者、飘浮者和空想者。

在我的诚实终止的地方，我是盲目的，而且也意愿成为盲目的。但在我意愿有所知的地方，我也意愿成为诚实的，也即意愿成为严酷的、严格的、狭隘的、残忍的、无情的。

查拉图斯特拉啊，你曾经说过'精神乃生命的自我切割'，这一点引导并且引诱我听从你的教导。而且真的，我用自己的鲜血丰富了自己的知识！"

——"从表面看来是这样，"查拉图斯特拉插上话来；因为这位有良知者赤裸的手臂上依然在不停地流血。因为有十只水蛭咬过这同一只手臂。

"啊，你这个奇妙的家伙，这样一个表面，也就是你本人，教给我多少东西啊！而且，我也许不能把所有东西都灌注到你那严厉的耳朵里！

好吧！我们在此分手吧！不过我倒是愿意再看到你。这条路向上通往我的洞穴:今夜你该成为我亲爱的宾客!

我也乐意对你的身体作些补偿,因为查拉图斯特拉用脚踩了你:我正想着这事呢。不过现在有一阵苦难的呼声,要我赶紧离你而去。"

查拉图斯特拉如是说。

※

※ ※

65. 魔术师

一

而当查拉图斯特拉绕过一块岩石时,他看到下面不远处,在同一条路上,有一个人像癫狂者一般甩着四肢,最后俯身跌倒在地上了。"停住!"查拉图斯特拉对自己的心灵说道,"那人一定就是发出糟糕的苦难呼声的高等人了,——我要去看看是不是可以救救他。"但当他跑到那人躺着的地方时,他看到的却是一个目光呆滞、浑身战栗的老人;而且,不论查拉图斯特拉如何费劲地要把他扶起来,想让他重新站起来,结果都是徒劳。甚至,这个不幸的人似乎也没有发觉有人在他身边了;相反,他总是以感人的神情四下张望,有如一个为全世界所遗弃的孤独者。而到最后,经过阵阵战栗、痉挛和蜷缩,他开始了下面一番悲叹:

谁来温暖我,谁依然爱着我?
给我温热的双手!
给我心灵的火盆!
我躺倒了,寒战着,

犹如半死人,要有人来温暖双脚——
啊!因为未知的高烧而颤抖,
由于尖锐而凛冽的霜箭而战栗,
为你所追猎,思想!
不可名状者!隐蔽者!恐怖者!
你这阴云背后的猎人啊!
我被你的雷电击倒了,
你讥讽的眼睛从黑暗中注视着我:
——我就这样躺着,
弯曲,蜷缩,
为一切永恒的苦难所折磨,
被你所击中,
最残忍的猎人,
你这未知的——上帝!

更深地打击吧,
再来一次打击!
把这心灵刺穿、破碎吧!
以钝牙般的箭矢
这痛苦的折磨意欲何为?
你又看着什么,
以幸灾乐祸的诸神的电眼
没有厌倦于人类的痛苦?
你并不想杀害,

而只是折磨、折磨？
为何要——折磨我，
你这幸灾乐祸的未知的上帝啊？——

哈哈！你悄然到来了？
在这般午夜时分
你想要什么？说吧！
你排挤我，压迫我——
哈！已经太贴近了！
滚开！滚开！
你听到我在呼吸，
你窃听我的心跳，
你这嫉妒者啊——
可你嫉妒什么？
滚开！滚开！这梯子何用？
你想要进入吗，
登上心灵，
登入我最隐秘的
思想？
无耻者啊！未知者——窃贼！
你想要窃取什么，
你想要探听什么，
你想要拷问什么，
你这施刑者！

65. 魔术师

你——刽子手上帝!
抑或我该像狗一样,
在你面前打滚么?
尽心投入,欢欣而忘我,
向你——摇尾示爱?

徒劳啊!刺得更深远些吧,
最残暴的毒刺!不,
我不是狗——只是你的猎物,
最残暴的猎人啊!
你那最高傲的俘虏,
你这乌云背后的强盗!
终于说出来吧,你这个
拦路抢劫者,想从我这里要些什么?
你这为闪电掩盖者!未知者!说吧,
你想要什么,未知的上帝?——

怎么?要赎金?
你想要多少赎金啊?
就多要吧——我的高傲这样劝告!
而且长话短说——我的别一种高傲这样劝告!
哈哈!

我——你想要吗?我?

我——整个?……

哈哈!
折磨我,你这个傻子,
你要拼命毁掉我的高傲吗?
给我爱吧——谁还来温暖我?
谁依然爱着我?——给我温暖的双手,
给我心灵的火盆,
给我,给这最孤独的人,
以冰块啊!那七层厚的冰
教人渴望仇敌,
渴望那仇敌本身,
给予吧,最残暴的仇敌,
就是委身于我,
给我——你自己!——

离去了!
他自己逃遁了,
我最后的唯一同伴,
我的大仇敌,
我的未知者,
我的刽子手上帝!——

——不!回来吧,

带着你全部的折磨!

回到最孤独的人那里

回来啊!

我的所有泪泉

向着你奔流!

还有我最后的心灵火焰——

为你而闪亮!

啊,回来吧,

我未知的上帝!我的痛苦!我最后的——幸福!

* * *

二

——而到这里,查拉图斯特拉再也忍不住了,拿起他的手杖,尽力向悲叹者打去。"停止!"他对悲叹者叫喊起来,带着愤怒的笑声,"停止,你这个戏子!你这个伪币铸造者!你这个彻头彻尾的骗子!我是完全了解你的!

我要立即就使你有温暖的脚,你这邪恶的魔术师,我完全懂得为你这种人——生火取暖!"

——"算了吧,"那老人说,从地上跳了起来,"别再打了,查拉图斯特拉啊!我这样做只是好玩嘛!

这种事是我的把戏;我这样考验你,原是想要试试你自己!而真的,你完全把我看穿了!

可是,连你——也没有给我任何小小的考验:你是强硬的,聪明的查拉图斯特拉啊! 你用自己的'真理'狠狠地打击我,你的棒向我强求——这种真理!"

——"别诌媚了,"查拉图斯特拉答道,仍然激动难平,阴森森地看着,"你这个彻头彻尾的戏子! 你真虚伪:你干嘛也来谈什么——真理!

你这只孔雀中的孔雀,你这虚荣之海,你在我面前扮演什么呢? 你这个邪恶的魔术师,当你以这种形象悲叹时,我该相信谁啊?"

"精神忏悔者啊,"那老人说,"这个就是——我所扮演的:你自己就曾发明过这个词嘛——

——这个诗人和魔术师,终于用他的精神来反对自己,这个转变者,因自己的恶知识和坏良心而冻死。

而且只管承认吧:查拉图斯特拉啊,过了好久,你才发现我的把戏和谎言的! 当你用双手抓住我的头时,你是相信我的苦难的,——

——我听到你在悲叹'人们太不爱他了,太不爱他了!'我欺骗你到这份上,对此我内心的恶意不免欢喜。"

"你可能已经欺骗了比我更加精明的人,"查拉图斯特拉冷然说道。"我是不对骗子设防的,我必须毫无谨慎之心:我的命运意愿如此。

然而你——必须欺骗:此即我对你的认识! 你必须始终是有二重、三重、四重和五重意思的! 连你现在所表露的,对我来说也早就不够真实和不够虚假了!

你这恶劣的伪币铸造者,你如何可能做别的! 即使你在医生面前裸示自己,你依然会粉饰自己的疾病。

刚才你就这样在我面前粉饰自己的谎言,你说:'我这样做只是好玩嘛!'其中也含着严肃,你真是带着些精神忏悔者的气质!

我完全猜中你了:你已经成了所有人的蛊惑者,但对于自己,你却再也没有留下谎言和狡计,——你已经对自己解魔了!

你收获了厌恶,以之作为你的唯一真理。你那里再也没有话是真的,除了你的嘴:也就是说,粘在你嘴上的厌恶。"——

——"你究竟是谁啊?"到这时,那个老魔术师愤然叫道,"谁敢跟我,当今世上最伟大的人,这样来说话啊?"——而他眼里有一道绿光射向查拉图斯特拉。但很快他又变了神情,悲伤地说:

"啊,查拉图斯特拉,我厌倦了,我厌恶自己的把戏,我并不伟大,我伪装什么啊! 可是,你一定知道——我曾追求过伟大!

我曾想装成一伟大者,而且劝许多人相信:然而,这种谎言超出了我的能力。我为此而心碎。

查拉图斯特拉啊,一切在我都是谎言;但我心碎了——我这种心碎是真的!"——

"这是你的光荣,"查拉图斯特拉环顾周边,黯然地说,"这是你的光荣,你曾追求伟大,但这也出卖了你。你并不伟大。

你这恶劣的老魔术师啊,你已经厌倦于自己,并且道出:'我并不伟大',这是你最优秀和最诚实的地方,是我尊敬你的地方。

在这方面,我尊敬你为一个精神忏悔者:即使只是一丁点儿,但在这个瞬间你是——真实的。

可是说吧,你在我的树林和岩石中间寻找什么? 还有,你躺在我的路上,是要对我做何种考验呢?——

——你为何要试验我?"——

查拉图斯特拉如是说,两眼闪闪发光。那老魔术师沉默了一会儿,然后说:"我试验你了吗? 我——只不过是在寻找。

查拉图斯特拉啊,我在寻找一个真实者、正义者、简单者、清晰者,一个十分真诚的人,一个智慧的容器,一个知识的圣徒,一个伟大的人!

查拉图斯特拉啊,难道你不知道么? 我在寻找查拉图斯特拉!"

——这时候,两人间出现了久久的沉默;而查拉图斯特拉则沉湎于自身,因而闭上了眼睛。但他随即回过神来,回到自己的交谈者身上,一把抓住那个魔术师的手,很客气而不无狡诈地说:

"好吧! 这条道路通到那上面,就是查拉图斯特拉的洞穴。在那里面,你可以找到你想找的人。

而且可以请教我的动物们,我的鹰和蛇:它们会帮你寻找的。我的洞穴可是蛮大的。

我自己——诚然还不曾见过任何伟大的人。在今天,最敏锐的眼睛也看不到什么是伟大的。这是群氓的国度。

我已经发现了这种人,伸展四肢,自吹自擂,而民众叫道:'看哪,一个伟大的人!'然而一切风箱又有何用! 到最后还不是泄了气。

一只青蛙气鼓得太久最终就会爆裂:于是就泄了气。刺一个鼓胀的肚子,在我看来是一种很好的消遣。听着,孩子们!

今天是群氓的时代:还有谁知道什么是伟大什么是渺小！谁有幸找到了伟大！唯有傻子:傻子成功了。

你在寻找伟大的人,你这奇怪的傻子？谁教你的？如今是时候吗？啊,你这糟糕的寻找者,你要试验我——什么呢?"——

查拉图斯特拉如是说,心里极为宽慰,笑着继续走自己的路。

*

* *

66. 退职的

然而，在查拉图斯特拉离开了那个魔术师之后不久，他又看到有人坐在他的路上，那是一个黑黑的高个儿男人，脸容瘦削而苍白：这个人使查拉图斯特拉殊为恼火。"苦啊，"他对自己的心灵说道，"那儿又坐着一个伪装的苦恼者，我想是属于教士类型的：这些人想要在我的领地里做什么呢？

怎么！我刚刚逃脱了那个魔术师：难道必得又有一个妖术士来拦我的路吗，——

——某个作法事的巫师，某个阴暗的受上帝恩宠的奇迹创造者，某个抹了圣油的世界诽谤者，但愿魔鬼把他带走！

但魔鬼永远不在他该在的地方：他总是来得太迟，这该死的侏儒和跛子！"——

查拉图斯特拉在心里不耐烦地如是咒骂，并且思忖着怎样掉转目光躲过这个黑黑的男人：但看哪，却发生了另一件事。因为就在同一时刻，那坐着的人已经看见了查拉图斯特拉；而且就像一个碰到了意外之喜的人一般，这人跳了起来，走向查拉图斯特拉。

"不管你是谁，你这个漫游者，"他说，"请帮助一个迷路者、一个寻找者、一个老人吧，他在这里很容易受伤害的！

这里的世界对我来说是陌生而遥远的，我也听到过野兽在咆哮；而那个曾能为我提供保护的人，自己也不再存在了。

我寻找的是最后的虔敬的人，一个圣徒和隐士，他独自在森林里，还不曾听说如今人人都知道的事。"

"如今人人都知道什么啊？"查拉图斯特拉问道。"难道是这件事，即全世界都曾信仰的那个老上帝不再存活了？"

"就是你说的，"那老人悲伤地答道。"我服侍过这个老上帝，直到他的最后时辰。

而现在，我退职了，没了主人，却依旧不自由，也不再有一刻的快乐，除了在回忆中。

因此我登到这山上来，让我最后为自己搞一个庆典，就像一个老教皇和教父要做的：因为你要知道，我就是最后一个教皇！——一个带有虔敬的回忆和礼拜的庆典。

但现在，他自己已经死了，那个最虔诚的人，那个森林里的圣徒，他常常用歌唱和呢喃来赞美上帝。

当我找到他的小屋时，我再也找不到他本人，——里面倒是有两匹狼，它们为他的死而哀叫——因为所有动物都是爱他的。于是我跑了。

难道我就这样白白来这森林和山上了？于是我心里下了决心，要寻找另一个人，他是不信奉上帝的人们当中最虔敬者——，我要寻找查拉图斯特拉！"

这老人如是说，并且用锐利的眼光注视着站在他面前的人；而查拉图斯特拉抓住了这个老教皇的手，久久地、惊奇地审视着他。

然后他说："看哪，你这个可敬者，何等美丽而修长的双手啊！这是一个总是赐福于人的手。而现在，这双手抓住了你要寻找的人,就是我查拉图斯特拉。

我就是那个不信神的查拉图斯特拉,说过'谁比我更不信神,使得我乐于受他的指导?'"——

查拉图斯特拉如是说,他的目光看穿了老教皇的想法和隐秘之念。最后这个老教皇说:

"谁最多地热爱和占有上帝,谁也就最多地失去了上帝——:

——看哪,现在我们俩人当中,我自己一定是更不信神的了?然而有谁可能因此而高兴呢!"——

"你服侍上帝直到最后",一阵深深的沉默后,查拉图斯特拉若有所思地问道,"你知道上帝是怎么死的吗?人们说是同情把他扼杀的,这是真的吗?

——人们说上帝看到人类悬挂于十字架上,说上帝并且无法忍受他对人类的爱成了自己的地狱,最后成了他的死亡,这是真的吗?"——

老教皇却没有作答,而是带着一种痛苦而阴郁的表情,胆怯地看着周边。

"让他去吧,"长久地深思之后,查拉图斯特拉说,始终还直直地望着那个老教皇。

"让他去吧,他已经完了。尽管你一味说这个死者的好,这事令人尊敬,但你与我一样知道他是谁;而且他走的是一些奇怪的道路。"

"在三只眼面前来讲,"那个老教皇开心起来(因为他瞎了一只眼),"上帝方面的事情,我比查拉图斯特拉本身更清楚些——而且也该如此。

我的爱长年服侍他,我的意志完全追随他的意志。然而,一个好的侍者知道一切,也包括其主人对自身隐瞒起来的一些东西。

他是一个隐蔽的上帝,充满了隐秘之物。真的,他竟得了个儿子,不外乎偷偷摸摸的。他的信仰之门上明摆着奸情。

谁把他当作爱的上帝来赞颂,就没有把爱本身想得十分崇高。莫非这个上帝不也想成为法官么?然而爱者之爱,乃是超越赏与罚的。

当他年轻时,这个来自东方的上帝,那时候他冷酷而力求复仇,并且建造了一座地狱而取悦于他的宠爱者。

但终于他变得苍老、柔和、脆弱、慈悲了,与其说像一位父亲,倒不如说更像一位祖父,而尤其像一位摇摇晃晃的老祖母。

他坐在那儿,干瘪无力,在火炉角落里,因为自己虚弱的双腿而忧虑,厌倦了世界,厌倦了意志,而且某一天终于窒息于自己太过伟大的同情了。"——

"你这个老教皇,"查拉图斯特拉这时插话说,"你是亲眼看到了这个吗?事情很可能是这样的结局:可以这样,也可以别样。当诸神赴死时,总有多种死法的。

不过好吧!无论如何,这样那样——反正他已经完了!他与我的耳目趣味不合,我不想在背后说他更恶劣的了。

我爱可以明见和直说的一切。但他——你这个教士,你是知道的呀,他身上带有你的气质,属于教士类型——他是多义的。

他也是不清晰的。这个愤怒者,因为我们理解不了他,他便对我们大光其火!但他为什么不讲得更干净利落些?

而且,如若原因在于我们的耳朵,为什么他给了我们听不懂他的耳朵？如若我们的耳朵里有污垢，那好吧，是谁把它放进去的呢？

这个没有满师的陶匠，他做坏了太多的东西！但为着自己做得不好，他却对自己的陶器和作品进行报复，——这乃是一种有悖于好趣味的罪过。

即便在虔诚中也有好的趣味：这种好趣味终于说'滚吧，这样一个上帝！宁可没有上帝，宁可自己造成自己的命运，宁可成为傻子，宁可自己成为上帝！'"

——"我听到什么了啊！"到这时，尖着耳朵的老教皇说道，"查拉图斯特拉啊，有了这样一种不信，你就是更为虔诚的，甚于你信仰！你内心的某个上帝使你皈依于自己的不信神。

使你再也不信仰某个上帝的，难道不就是你的虔诚本身吗？而且，你那过大的诚心也还将引导你超越于善与恶！

不过看哪，还为你留下什么呢？你有眼、手和嘴，这些永远都注定是为了祝福的。人们不唯用手祝福。

在你近旁，尽管你想要成为最不信神者，但我却嗅到一种隐秘的长久祝福的圣洁芳香：我于是变得愉快而痛苦。

查拉图斯特拉啊，让我做你的宾客吧，就一夜的宾客！现在，世上没有地方比在你这里更让我感到愉快！"——

"阿门！竟是这样！"查拉图斯特拉大为惊奇，"这条道路通到那上面，就是查拉图斯特拉的洞穴。

真的，我本来是很愿意亲自陪你上去的，你这个可敬者，因为我爱所有虔诚的人。但现在有一种痛苦的呼叫在急迫地呼唤我，要我离你而去。

在我的领地,没有人会受到伤害的;我的洞穴是一个良好的安全港湾。而且,我最喜欢使每个悲伤者重新在坚固的地方站稳脚跟。

然而,谁能卸下你肩上的重重忧郁呢?对于此事,我是太虚弱了。真的,我们还要长久地等待,直到有人重又唤醒你的上帝。

因为你的老上帝不再存活了:他是彻底死了。"——

查拉图斯特拉如是说。

*

*　　　　*

67.最丑陋的人

——查拉图斯特拉复又徒步穿过群山和森林,眼睛寻寻觅觅,但哪里也看不到他想要看见的人,也就是那个受着大痛苦和大声叫苦的人。不过在整个路上,他心生欢快,且颇有谢恩之情。"可这一天,"他说道,"倒是赠我何等美好的事物呢,补偿了今天的不妙开端!我找到了何等稀奇的谈话者啊!

现在我要长久地咀嚼他们的话语,犹如咀嚼好谷粒;我的牙齿当把它们碾碎磨细,直到它们如同牛奶一般流入我的灵魂!"——

而当这路又绕过一块山岩,风光一下子变了样,查拉图斯特拉进入了死亡的领地。这里高耸着黑色和赤色的巉岩:没有青草,没有树木,没有鸟声。因为这是一个所有动物、甚至连猛兽都要逃离的峡谷;只有一种丑恶的、臃肿的、绿色的蛇,当它们衰老之时来到了这里,要在这儿老死。因此,牧人们把这个峡谷名为:死蛇谷。

然而,查拉图斯特拉却沉浸于一种黑暗的回忆中了,因为他似乎觉得,他曾一度置身于这个峡谷里。而且,大量沉重的东西加压于他的心思上:于是乎他放慢了脚步,且越来越慢,终于停了下来。但当他睁开眼睛时,他却看见了某个坐在路旁的东西,长得似人又非人,是某种无以言表的东西。而且,查拉图斯特拉一下子感到大羞耻,因为他亲眼看到了这样的一个东西:他的白发根部都羞红了,于是掉转了目光,提起了脚,要离开这个糟糕的地方。但这时候,死寂的荒野发出了声音:从地里发出汩汩噜噜的声音,有如黑夜里水汩汩噜噜地流过堵塞了的水管;而且最后,它变成一种人的声音和人的话:——这话如是说:

"查拉图斯特拉!查拉图斯特拉!猜解我的谜吧!说吧,说吧!什么是对于见证人的报复?

我要把你引诱回来,这里是平滑的冰层!留神,留神,别让你的高傲在这里摔断了腿!

你这高傲的查拉图斯特拉啊,你自以为聪明!那么,倒是猜解我的谜嘛,你这个冷酷的怪人,——这个谜就是我!倒是说呀:我是谁?"

——然而当查拉图斯特拉听到了这些话,——你们一定会认为他心里发生了什么事吧?同情侵袭了他;而且他一下子跌倒了,就像一棵长久抵抗许多伐木者的橡树,——沉重地,突然地,甚至使那些想要使它倒下的人们都大吃一惊。但他立即又从地上站了起来,他的面貌变得冷酷了。

"我是认识你的,"他以响亮的声音说,"你是上帝的谋杀者!让我走吧。

你不能忍受看见你的人,——总是看见你,而且彻底地看透你的人,你这最丑陋者啊!你报复的是这种证人!"

查拉图斯特拉如是说,就想离开了;可是这个无以言表的人物抓住了他的一个衣角,重新开始咕噜,找话来说。"留下吧!"他终于说——

——留下吧!别走掉了!我猜到是哪把斧头把你砍倒在地上

的：祝福你，查拉图斯特拉啊，祝你重又站立起来！

我完全知道，你猜到了那个杀死他的人是何种心情，——那个上帝的谋杀者。留下吧！坐到我身边来，这并非徒然。

要不是你，我想要走向谁啊？留下来吧，请坐！可是别盯着我看！也尊重一下——我的丑陋！

他们迫害我：眼下你就是我最后的避难所了。不是用他们的仇恨，不是用他们的差役：——啊，我嘲笑这样的迫害，感到骄傲而欢欣！

古往今来，难道所有的成就不都在深受迫害者身上么？而且深受迫害者容易学会跟随：——如若他一度——落后了！但这正是他们的同情——

——正是他们的同情，是我要逃避的，使我逃向你。查拉图斯特拉啊，保护我，你是我最后的避难所，你是唯一猜透我的人：

——你猜到了那个杀死他的人是何种心情。留下吧！如若你一定要走，你这个急躁者：那么，别走我来时走的路。这条路糟透了。

你生我的气么，因为我结结巴巴地讲了太久？因为我竟劝起你来了？但你要知道，这就是我，最丑陋的人，

——我也有着最大、最重的双脚。我走过的地方，路便糟透了。我踏坏了所有的路，使它们蒙羞。

而你从我身旁走过去，默然无声；你面红耳赤，我看清楚了：我因此把你认作查拉图斯特拉。

别的任何人或许都投我以施舍、同情、眼光和言语。但为此——我还不配当乞丐呢，这是你猜到了的——

67.最丑陋的人

——为此我还太过富有,富于伟大,太过可怕,最为丑陋,最不可言表!查拉图斯特拉啊,你的羞耻是对我的尊重!

我艰难地摆脱了同情者的拥挤,——使得我能找到一个唯一的人,在今天来传授"同情是强求的"之类——那就是你啊,查拉图斯特拉!

——无论是一个上帝的同情,还是人类的同情:同情总与羞耻背道而驰。而且,不愿救助可能比那种急人所难的德性更高贵。

然而现在,所有微末小人都把这个叫做德性本身了,也即同情:——而对于伟大的不幸,对于伟大的丑陋,对于伟大的失败,他们毫无敬畏之感。

我要超出所有这些而展望出去,就像一条狗越过蜂拥的羊群之背而眺望。这些都是微末的、长着好毛的、善意的、灰色的人们。

如同一只鹭鸶仰着头,以蔑视之态越过浅湖而眺望:我也这样越过灰色的小波浪、意志和灵魂的涌动而展望开去。

太久了,人们一直给予他们权利,给予这些微末小人:所以,人们终于也给予了他们权力——现在他们教导说:'唯有微末小人们说好的才是好的。'

而且,今天所谓'真理'乃是那说教者所讲的话,这说教者本身就来自他们当中,是微末小人们的那种奇怪的圣徒和代言人,他证明自己说'我——就是真理'。

这个过分苛求者早就使小人们趾高气扬了——当他教导说'我——就是真理'时,他传授的不是小错误。

一个过分苛求者曾得到过更礼貌的回答么?——可你,查拉图斯特拉啊,从他身旁走了过去,并且说:'不!不!决不啊!'

你对他的错误提出警告,你第一个对同情提出警告——不是对所有人,也不是不对任何人,而是对你自己和你的同类。

你羞于那伟大苦难者的羞耻;而且真的,当你说'有一片大乌云来自同情,当心啊,你们人类!'

——当你教导说'一切创造者都是冷酷的,一切伟大的爱皆超越他们的同情':查拉图斯特拉啊,你在我看来是多么熟习于气候!

可是你本人——也得警告你自己提防你的同情!因为许多人正在走向你,许多受苦者、怀疑者、失望者、溺水者、冷冻者——

我也要警告你提防我。你猜解了我最好、最坏的谜,我自己以及我的所作所为。我认识把你伐倒的那把斧头。

然而他——必定要死去:他以看见一切的眼睛观看,——他看见了人类的幽深和根基,人类所有隐秘的耻辱和丑陋。

他的同情不知羞耻:他爬进我最肮脏的角落里了。这个最好奇者、过于纠缠者、过于同情者必定要死去。

他总是看着我:我要报复这样一个证人——不然自己就不想活了。

上帝看见一切,上帝也看见了人类:这个上帝必定要死去!人类不能容忍这样一个证人活着。"

最丑陋的人如是说。而查拉图斯特拉却站起身来,准备离开:因为他内心感到不寒而栗。

"你这个不可言表者,"他说,"你警告我别走你的路。为感谢起见,我要向你赞美我的路。看哪,那上面就是查拉图斯特拉的洞穴。

67. 最丑陋的人

我的洞穴大而深,有许多角落;在那里,最隐晦者都能找到自己的隐藏之处。而且紧挨着洞穴,是各种爬行的、飞翔的、跳跃的动物们的无数藏身窍门。

你这个被驱除者,你是把自己驱除出来了,你不想在人类和人类的同情中居住吗?好吧,那就像我一样做!那么你就向我学习吧;唯有行动者才能学习。

而且,首先跟我的动物们谈话吧!最骄傲的动物和最聪明的动物——它们很可能是我们俩的合适顾问!"——

查拉图斯特拉如是说,走自己的路,比以前更若有所思,也更缓慢了:因为他问自己许多事,而几乎不知如何回答。

"人类可是多么可怜啊!"他心里想,"是多么丑陋,多么急喘,充满了多么隐蔽的羞耻!

人们对我说,人类是爱自己的:这种自爱必定是多么伟大啊!这种自爱有多少是针对自身的蔑视啊!

包括这个人也自爱,有如他蔑视自己一样,——在我看,他是一个伟大的爱者,也是一个伟大的蔑视者。

我还没有找到一个更深刻地蔑视自己的人:甚至这一点也是高度。哎呀,这个让我听到其呼叫声的人,莫非是更高等的人么?

我爱伟大的蔑视者。而人是某种必须被克服的东西。"——

* * *

68.自愿的乞丐

当查拉图斯特拉离开那个最丑陋的人时,感觉冰冷而孤独:因为有许多寒意和孤独透入了他的心思,所以连他的四肢也变得更寒冷了。但他愈行愈远,忽上忽下,时而经过绿草地,时而也经过荒芜而多石的河床,那里也许曾有一道急促的溪水流淌过:这时候,他一下子又感到温暖而热烈些了。

"我到底怎么了呢?"他问自己,"有某种温暖而活泼的东西使我心旷神怡,那东西一定是在我的近旁。

我已经少有孤独了;无意的伴侣和兄弟们在我周围漫游,他们温热的呼吸触动了我的灵魂。"

可是,当他窥探四周,寻找他的孤独的慰藉时:看哪,那里有一群牛并立于一个高地上;它们的临近和气味温暖了他的心。但这些牛似乎在热心地聆听一位讲话者,并不注意走近的人。而当查拉图斯特拉充分靠近它们时,他清楚地听到有一种人的声音从牛群中发出来;显然地,牛群全都把头转向了这个讲话者。

查拉图斯特拉于是奋力跳上前去,把牛群驱散,因为他担心这里有人受害了,那是牛的同情难以救助的。但在这点上,他估计错了;因为看哪,那里有一个人坐在地上,似乎在对动物们讲话,要它们不要怕他,那是一个和气的人,登山说教者,眼里宣讲着善意本

68. 自愿的乞丐

身。"你在这里寻找什么啊?"查拉图斯特拉惊异地叫了起来。

"我在这里寻找什么?"他回答道,"寻找你所寻找的同一个东西,你这捣乱者!那就是大地上的幸福。

而为此我就要向这些牛学习。因为,你要知道,我已经跟它们讲了半个上午的话了,正好它们想要答复我呢。可你为什么要干扰它们?

除非我们转变,变得像牛一样,不然我们就不能进入天国。因为我们应当向它们学习一件事,就是:反刍。

而且真的,即使人赢得了整个世界,而没有学会这件事,即反刍:那又有何用!人就脱不了自己的悲苦。

——人的大悲苦:如今它被叫做厌恶。今天谁的心、嘴、眼里不是充满了厌恶呢?包括你!你也一样!但看看这些牛吧!"——

这个登山说教者如是说,然后把自己的目光转向了查拉图斯特拉,——因为他此前一直慈爱地盯着牛群——:而这时他变了样。"我在同谁说话呢?"他惊恐地叫道,一下从地上跳了起来。

"这是毫无厌恶的人,这是查拉图斯特拉本人,这是大厌恶的克服者,这是查拉图斯特拉本人的眼、嘴、心。"

他如是说着,同时亲吻他的谈话对象的手,眼里涌动着泪水,表情整个就是一个突然从天上获得珍贵礼物和宝玉的人。而牛群注视着这一切,感到惊奇。

"别谈论我,你这奇异者!可爱者!"查拉图斯特拉说,抑制住自己的柔情,"先对我说说你自己吧!难道你不是那个自愿的乞丐,曾抛弃了一件大财富,——

——你羞于自己的财富和富裕,逃往最贫困者那里,把自己的丰富和心灵馈赠给他们了?但他们并没有接纳你。"

"可他们没有接纳我,"自愿的乞丐说,"是的,你是知道的。所以我最后走向了动物们,走向这群牛了。"

"那么你该了解了,"查拉图斯特拉打断了这讲话者,"适当地给予是比适当地获取更困难的,而且善于赠予乃是一门艺术,是表现善良的终极的、极妙的大师艺术。"

"尤其在今天,"自愿的乞丐答道,"因为在今天,一切卑贱者都暴动了,又战战兢兢,姿态上盛气凌人:也即具有暴徒姿态。

因为你是知道的,到时候了,那巨大的、糟糕的、长久而缓慢的暴徒和奴隶暴动的时候到了:这种暴动将不断扩张升级!

现在,卑贱者愤怒于一切善行和微末馈赠;而超级富裕者要留神啊!

如今,谁若像大腹瓶子那样从太过细小的瓶颈中滴水:——对于这样的瓶子,人们今天喜欢打断其瓶颈。

贪婪的欲望,暴躁的嫉妒,苦恼的报复欲,暴徒的高傲:这一切都向我迎面扑来。说穷人有福,这话已不再真实。但天国却在牛群中。"

"为何天国不在富人中呢?"查拉图斯特拉试探地发问,同时驱退了亲热地急急跑向这个和气者的牛群。

"你试探我什么呢?"这和气者答道,"你自己比我更明白这事。查拉图斯特拉啊,但把我驱赶到最贫困者那里去的是什么呢?难道不就是对我们最富有者的厌恶么?

——厌恶财富的囚犯,他们从每一堆污秽中拾取自己的利益,有着冷酷的眼睛和淫荡的思想,厌恶这些臭气熏天的流氓痞子。

——厌恶这些镀金的、虚伪的暴徒,他们的父辈是扒手,或食尸之鸟,或捡破烂者,有顺从、淫荡、健忘的妻子:——即是说,她们全与娼妓相差不远——

上面是暴徒,下面也是暴徒!今天还有什么'贫'与'富'啊!我已经忘掉了这种差异,——我于是从那里逃遁了,远远的,越来越远,直到我来到牛群这里。"

这和气者如是说,自己喘着气,说话时冒着汗:所以牛群重又惊奇。但当他如此激烈地说话时,查拉图斯特拉始终微笑着,望着他的脸,而且沉默地摇着自己的头。

"你这登山说教者,当你动用如此激烈的话语时,你是对自己施了暴。你的嘴和眼都胜任不了这样一种激烈。

我以为,连你的胃也对付不了:所有此类愤怒、仇恨和放纵都与之相抵触。你的胃想要更柔软的东西:你不是一个屠夫。

相反,在我看,你是一个吃植物和根茎的人。也许你嚼着谷物。但无疑地,你讨厌吃肉的快乐,而喜欢吃蜂蜜。"

"你完全猜中了我!"这自愿的乞丐心情轻松地回答说,"我是喜欢吃蜂蜜,我也嚼着谷物,因为我寻找过美味的、令人气息纯净的东西:

——也包括需要长久时间的东西,对于温和的懒人和懒汉来说一天满嘴的劳作。

这牛群当然把这事做得最彻底了:它们为自己发明了反刍和在阳光下卧躺。它们也放弃了所有使心灵鼓胀起来的沉重思想。"

——"好吧!"查拉图斯特拉说,"你也应该看看我的动物们,我的鹰和我的蛇,——如今在大地上它们是无与伦比的。

看哪,这条路通向上面,就是我的洞穴:今夜你就做它的宾客吧。并且跟我的动物们谈谈动物的幸福吧,——

——直到我自己归来。因为现在一种苦难的呼声在召唤我,要我急忙离开你。还有,如果你在我那儿找到新的蜂蜜,冰冷新鲜的蜂房金蜜:那就吃了它!

但现在,你这奇异者!可爱者!马上离开你的牛群吧,尽管这对你来说可能已经难了。因为它们是你最热情的朋友和导师了!"——

"——除了我最喜爱的一头,"这自愿的乞丐答道,"你本身就很好,比一头牛更好,查拉图斯特拉啊!"

"滚开,滚开!你这恶劣的谄媚者!"查拉图斯特拉凶狠地叫道,"你为何要用这种赞扬和甜言蜜语来败坏我啊?"

"滚开,离开我!"他又一次叫起来,并且向这温和的乞丐挥舞着手杖:而这乞丐急忙跑掉了。

*

*　　　　　　*

69. 影子

而那自愿的乞丐刚刚跑掉,查拉图斯特拉又独自一人了,这时他却听到了身后有一种声音:这声音叫道,"站住!查拉图斯特拉!等一下嘛!是我呀,查拉图斯特拉,是我,你的影子啊!"可查拉图斯特拉没有等待,因为在他山上有着大量的逼促和拥挤,有一种突发的烦恼侵袭了他。"我的孤独去了哪里?"他说道。

"对我来说确实太多了;这山脉蜂拥而密集,我的王国不再归于这个世界了,我需要新的群山。

我的影子在召唤我么?我的影子算什么啊!就让它跟随我吧!我——要逃离它!"

查拉图斯特拉对自己的心灵如是说,并且逃离了。可他身后的这个影子紧跟着他:结果,很快就有三个奔跑者前后跟着跑起来,前面是那个自愿的乞丐,然后是查拉图斯特拉,第三个也是最后一个,就是他的影子。他们这样跑了不久,查拉图斯特拉发觉了自己的愚蠢,一下子抖落了全部的烦恼和嫌恶。

"怎么的!"他说,"在我们老隐士和圣徒中,难道不是向来就发生过此等最为可笑的事情么?

真的,我的愚蠢已经在群山中长大!眼下我听到六条老傻子的腿前后跟着,啪嗒啪嗒地跑动!

但查拉图斯特拉会害怕一个影子吗？我也终于以为，它的腿比我的更长。"

查拉图斯特拉如是说，眼里和心里都带着笑意，他停下来，飞快地转过身来——而且看哪，他几乎就把跟随自己的影子摔倒在地上了：这个影子跟他这么紧，挨着脚踵，而且也是那么虚弱。当查拉图斯特拉用眼睛检验它时，他惊恐了，犹如碰到一个突如其来的幽灵：这个跟随者看起来是那么细瘦、灰暗、空洞和衰老。

"你是谁啊？"查拉图斯特拉猛然问道，"你在这里做什么啊？你为何自称为我的影子呢？我可不喜欢你。"

"原谅我吧，"这影子答道，"那就是我；如果我不讨你喜欢，那好，查拉图斯特拉啊！我要赞颂你，以及你的好趣味。

我是一个漫游者，跟着你的脚踵走了许久：永远在路上，但没有目标，也没有归宿：所以我委实差不多就是永恒的犹太人了，虽然我不是永恒的，也不是犹太人。

怎么？我必须永远走在路上吗？必须被每一阵风卷起，动荡不定，四处飘零吗？啊，大地，对我来说，你变得太圆了！

我曾落在每一个平面上，犹如倦怠的尘土，我曾在镜子和玻璃窗上入睡：一切皆从我身上取走，毫无给予，我变得细瘦，——我几乎就像一个影子了。

可是你，查拉图斯特拉啊，我随你飞行和游历最久，而且，尽管我对你隐藏起来了，可我仍是你最佳的影子：无论你坐在哪儿，我也坐在哪儿。

我与你一起，游走于最遥远、最冷酷的世界，犹如一个幽灵，自愿飞越于冬日屋顶和冰雪之上。

我与你一起,奋力进入每一片禁地,每一个最恶劣、最遥远的地方;而且,如果我身上有某个东西堪称德性,那就是,我丝毫不怕任何禁令。

我与你一起,粉碎了我的心灵一向敬重的东西,推翻了一切界石和偶像,追随那最危险的愿望,——真的,我一度跨越了每一种罪恶。

我与你一起,荒废了对言辞、价值和鼎鼎大名的信仰。当魔鬼蜕了皮,他的名号不也脱落了么?也许,魔鬼本身就是——一张皮。

'没有什么是真实的,一切都是允许的':我这样劝说自己。我全身心地投入最冰冷的水中。啊,我因此多么经常地站在那儿,赤裸裸如赤红的螃蟹!

啊,一切善良和一切羞愧,一切对善人的信仰,于我都已何往啊!啊,我曾经拥有的那种欺诈的天真无邪,善人们及其高贵谎言的天真无邪,都已何往啊!

真的,我太过经常地紧跟真理的脚踵:真理于是就践踏我的头脑。有时我想要撒谎,而且看哪!唯这时候我才击中了——真理。

我弄清楚了太多的东西:现在再也没有什么与我相干了。我所爱的东西不再存活,——我何以还得爱我自己呢?

'如我喜欢的那样生活,抑或根本就不活了':我意愿如此,圣徒也意愿如此。然则,咳!我如何还有——喜欢?

我——还有一个目标吗?还有我的帆船要达到的港湾么?

还有一阵好风吗?啊,只有知道驶向何方的人,才知道何种风好,何种风是他的航行之风。

还有什么留给我呢?一颗心,疲惫而狂妄;一种动荡不定的意志;飘忽的翅膀;一个破碎的脊梁。

这样一种对我的家乡的寻求:查拉图斯特拉啊,你完全知道,这种寻求原是我的祸患,它把我吞噬了。

'哪里是——我的家乡啊?'我探问于此,我寻寻觅觅,而不曾找到。哦,永恒的茫茫四方,哦,永恒的乌何有之乡,哦,永恒的——徒然!"

这影子如是说,听了他的话,查拉图斯特拉的脸拉长了。"你是我的影子!"他终于悲哀地说。

"你的危险不小,你这个自由精神和漫游者啊!你过了一个糟糕的白天:留心啊,可别得到一个更糟糕的夜晚!

像你这种动荡不定者,终于也会以为一座监狱就是福乐。你可曾见过一个被囚禁的罪犯是怎样睡觉的吗?他们静静地睡着,他们享受着自己全新的安全。

小心提防啊,别让自己最后还为一种狭隘的信仰,一种冷酷、严厉的幻想所囚禁!因为现在每一种狭隘而固定的东西都会蛊惑和引诱你。

你已经失去了目标:唉,你将怎样摆脱和忘怀这种损失呢?因此——你同样也失去了道路!

你这可怜的漫游者、狂热者,你这疲倦的蝴蝶啊!你今晚想歇歇脚,想有一个安居之所吗?那么就去我的洞穴!

这条道路通向我的洞穴。而现在我又要快快离开你。那就像一个影子,已经附在我身上了。

我要独自奔跑,使我四周重又变得光明。为此我还必须长久而快乐地奔忙。但在夜晚,我这儿还有——跳舞!"——

查拉图斯特拉如是说。

*

* *

70.正午

——查拉图斯特拉跑啊跑,再也没有找到任何人,他孤单一人,总是一再寻觅自己,享受和啜饮自己的孤独,想念着美好的事物,——长达数小时之久。而在正午时分,太阳正好照在查拉图斯特拉头上,他经过一棵弯曲多节的古树,这棵树为一株葡萄藤的浓浓爱意所拥抱,把自己隐藏起来了:上面挂满了金黄色的葡萄,迎候着这位漫游者。于是他突然想要解除一点干渴,为自己摘一串葡萄吃;而当他伸手去摘时,他更想要某个别的东西了:就是想在树旁躺下来,在这完满的正午睡上一觉。

查拉图斯特拉这样做了;而他一躺到地上,在缤纷绿地的宁静和隐秘中,他也就忘掉了自己的那一点干渴,睡着了。因为,正如查拉图斯特拉那句格言所讲的:"有一事比另一事更必不可少。"只不过他的眼睛依然睁着:——因为它们毫不厌倦,观赏和赞美着这古树以及葡萄藤的爱意。但在睡眠中,查拉图斯特拉对自己的心灵如是说:

安静!安静!世界不是正好变得完美了吗?我倒是怎么了啊?

就像一阵轻风,无迹可寻,在平静的大海上跳舞,轻柔地,羽毛一般轻柔:睡眠——也这样在我身上跳舞。

它①没有使我的眼睛闭拢,它使我的灵魂清醒。它是轻柔的,真的! 羽毛一般轻柔。

它劝服我,我不知道怎样? 它用讨好的手亲昵地抚摩我,它强迫我。是的,它强迫着我,使我的灵魂舒展开来:——

——我神奇的灵魂,它②变得多么持久和疲倦啊! 夜晚恰好在第七天的正午向它走来了吗? 它已经在美好和成熟的事物之间快乐地徜徉太久了吗?

它长长地伸展,长长地,——更长! 它静躺着,我神奇的灵魂啊。它已经品尝了太多好东西,这种金色的悲哀压迫着它,它歪着嘴。

——就像一条船驶入最宁静的港湾:——它倦于漫长的航行和不定的大海,现在正要靠岸。陆地不是更忠实些么?

就像这样一条船靠近海岸,贴紧海岸:——这时只要有一只蜘蛛从岸上到船上织起它的丝就足够了。这时不需要更粗壮的缆绳。

就像这样一条疲惫的船停泊于最宁静的港湾:现在我也这样亲近于大地,忠实、信赖、期待,用最轻柔的游丝与大地相连结。

啊,幸福! 啊,幸福! 你想要歌唱吗,我的灵魂? 你躺在草地上。但这是隐秘而隆重的时刻,没有一个牧人在这时吹响笛子。

害怕吧! 炎热的正午安睡于田野。不要歌唱! 安静! 世界是

---

① 此处"它"指"睡眠"。——译注
② 此处"它"指"我的灵魂"。——译注

完美的。

不要歌唱,你这草地飞鸟,我的灵魂啊!甚至于不要低语!看哪——安静!古老的正午睡着了,它蠕动着嘴唇:它不是正在畅饮一滴幸福么——

——畅饮一滴古老的褐色的金色幸福、金色美酒?它倏忽掠过正午,正午的幸福笑了。如是——一位神灵笑了。安静!——

——"为要幸福,多么微末的一点就足以幸福了!"从前我曾如是说,而且自以为聪明了。但其实那是一种亵渎:现在我学会了这一点。聪明的傻子讲得更好。

恰恰最微末的、最轻柔的、最轻易的东西,一只蜥蜴的蠕动,一种气息,一阵轻拂,一道眼光——微末带来那种最佳的幸福。安静!

——我怎么了:听啊!时光已经飞逝了?我不是坠落了?听啊!我不是已经坠落——于永恒之泉中了?

——我怎么了?安静!它刺我——唉——刺入心灵了?刺入心灵!啊,粉碎吧,把心灵粉碎,在这种幸福之后,在这种刺痛之后!

——怎么?世界不是正好变得完美了吗?变成浑圆而成熟了?啊,那种金色浑圆的成熟——它飞往何方?让我来追赶它!快啊!

安静——(到这里,查拉图斯特拉伸展了一下四肢,感觉自己睡着了。)

"起来!"他对自己说,"你这睡眠者!你这午睡者啊!好吧,起来,你们这两条老腿啊!到时候了,甚至已经超时了,后面还有好几段路等着你们呢——

现在你们已经睡足了,睡了多久呢?半个永恒!好吧,现在起来,我年老的心灵啊!在这样的睡眠之后,你多久方能——醒来?"

(但这时他又重新入睡了,他的灵魂反对他,抵抗他,又躺了下去)——"让我休息!安静!世界不是正好变得完美了吗?那金色圆球的世界啊!"——

"起来!"查拉图斯特拉说,"你这小偷,你这个白日小偷!怎么?总还是伸腰、哈欠、叹息、掉落到深井里吗?

你究竟是谁啊!我的灵魂啊!"(这时他惊恐了,因为有一道阳光从天而降,落到他的脸上)

"我头上的苍天呀,"他叹息道,坐了起来,"你在注视我吗?你在聆听我神奇的灵魂吗?

你何时饮吸这滴落在大地万物之上的甘露呢,——你何时饮吸这神奇的灵魂——

——何时,永恒之源泉啊!你这欢快而可怖的正午之深渊!你何时把我的灵魂饮吸回去呢?"

查拉图斯特拉如是说,从树旁他躺卧处站了起来,犹如从一种奇异的酒醉中醒来:而且看哪,这时太阳依然直直地照在他的头顶上。而人们由此有理由相信,查拉图斯特拉当时没有长睡。

*

*   *

71. 欢迎

经过漫长而徒劳的寻找和漫游,天色已晚,查拉图斯特拉方才回到自己的洞穴。而当他站在他的洞穴对面,离洞口不足二十步远,发生了他没有意料到的事情:他重又听到了那尖利的苦难呼声。而且,真是惊奇!这一次苦难的呼声竟来自他自己的洞穴。但这是一种长长的、多样的、奇特的呼声,查拉图斯特拉清晰地分辨出这呼声是由多种声音复合而成的:尽管从远处听来,它好像是从一张唯一的嘴巴里发出的呼声。

查拉图斯特拉于是朝着自己的洞穴奔去,而且看哪!在这场广播剧之后还有何种戏剧等着他呢!因为他白天碰到过的那些人们都统统坐在一起了:右边的国王和左边的国王、老魔术师、教皇、自愿的乞丐、影子、精神上有良知者、悲哀的预言家以及驴子;而那最丑陋的人已经戴上了一顶王冠,围了两条紫腰带,——因为与所有丑陋者一样,他也喜欢打扮,要漂亮。在这悲伤的群体当中,则站着查拉图斯特拉的鹰,竖起羽毛,惶惶不安,因为它得应答太多以自己的高傲所不屑于回答的问题;而聪明的蛇缠绕在它的脖子上。

所有这一切,查拉图斯特拉都心怀惊异地看在眼里了;然后他以随和的好奇心,查验他的每一个客人,观察他们的灵魂,重又感

到惊奇了。这当儿,这些聚会者都从座位上站了起来,敬畏地等待着查拉图斯特拉讲话。查拉图斯特拉却如是说:

"你们这些绝望者啊!你们这些奇怪者啊!那么我是听到了你们的苦难呼声么?现在我也知道了,在哪里可以找到我徒然找了一天的那个人,那就是:高等的人——:

——他就坐在我自己的洞穴里呢,这个高等人!但我惊奇什么啊!难道我不是自己用蜜的祭品和我的幸福的狡猾叫声把他们引诱到我这里来的吗?

但我以为,你们不太适宜于相互交往,你们使得彼此间心气不和,你们这些苦难的呼叫者啊,如若你们在此坐在一起又如何?必须首先有某个人到来,

——某个能使你们重新欢笑的人,一个善良而快乐的丑角,一个舞者、一阵风、一个顽童,某一个老傻瓜:——你们以为如何呢?

可要原谅我啊,你们这些绝望者,原谅我在你们面前讲这等微末言辞,真的!在你们这样的客人面前是有失体面的!但你们猜不到,什么东西使我的心灵肆意而为:——

——那就是你们自己和你们的样子,原谅我吧!因为每一个看见绝望者的人,都会变得勇猛。鼓励一个绝望者——每个人都自以为足够强壮!

你们给了我自己这种力量,——那是一个好礼物,我高贵的客人们啊!一件了不得的宾客礼物!那么,现在就不要对我生气,我也要把我的礼物端给你们。

这里是我的王国,我的领地:但凡是属于我的,今晚今夜也该是你们的。我的动物们会侍候你们:我的洞穴就是你们的憩息

之所！

以我这里为家,没有人会感到绝望,在我的领地内,我会保护每个人,使之免受野兽的侵害。这就是我要提供给你们的第一件:安全!

而第二件则是:我的小手指头。你们先有了这个小手指,你们便能进而得到整只手,好吧!还要加上心灵!欢迎来此,欢迎,我的客人们!"

查拉图斯特拉如是说,出于爱意和恶意而发笑了。在这一番欢迎辞之后,他的客人们又一次鞠躬,敬畏地沉默了;而右边的国王以客人们的名义来回答他:

"查拉图斯特拉啊,你把手伸给我们,问候我们,我们由此认出你就是查拉图斯特拉。你在我们面前贬低自己;你几乎伤害了我们对你的敬畏之心——:

——但谁能够像你一样,以这样一种高傲来贬抑自己呢?这一点使我们振作起来,对我们的眼与心来说都是一贴提神妙方。

只要能看到这一点,我们就乐于登上比这座山更高的山了。因为我们作为爱看热闹者而来,我们要来看看什么东西能使我们昏暗的眼睛变得明亮。

而且看哪!我们全部的苦难呼声已经过去了。我们的意识和心灵已然敞开而欣喜。不缺什么了:我们的勇气也变得狂肆。

查拉图斯特拉啊,世上没有什么东西比一种高尚而强壮的意志长得更令人欢欣:此乃世上最美的植物。有了这样一棵树,整个风光便焕然生色。

我要拿五针松来比较,查拉图斯特拉啊,谁能像你一样生长:

高大、沉静、刚强、孤立、具有最优良最柔韧的材质、绚丽华美,——

——而最后以强壮而翠绿的树枝向它自己的领地伸张,直面狂风暴雨以及总是寓居于高处者,探问种种强烈的问题。

——更强有力地回答,一个命令者,一个胜利者:啊,谁不想登上高山,去观看这种植物呢?

查拉图斯特拉啊,连阴郁者、失败者也因你这棵树而恢复了神气,连不安定者也因你的样子而变得安定,治愈了自己的心灵。

而且真的,如今众目睽睽,仰望你的山和树;一种伟大的渴望已经开启,有些人学着追问:谁是查拉图斯特拉啊?

而且曾经把你的歌声和你的蜂蜜灌入谁的耳朵里了:所有隐匿者、独隐者、偕隐者,突然都对自己的心灵说:

'查拉图斯特拉还活着吗?再也不值得活了,一切都一样,一切皆徒然:抑或——我们必须与查拉图斯特拉一起生活!'

'他已经宣告了这么久,为什么还不到来呢?'许多人如是问道;'孤寂把他吞灭了?抑或我们应当到他那里去吗?'

现在,孤寂本身腐朽了,破碎了,犹如一座坟墓,破裂了,再也不能保留死者了。人们处处可以看见复活者。

现在,查拉图斯特拉啊,波涛围绕着你的山涨了又涨。不论你的高处有多高,许多人必定要攀升到你这里;你的小舟不会久留于旱地上了。

还有,我们这些绝望者现在来到你的洞穴中了,已经不再绝望了:这就是一个标志和一个预兆,表明更优秀的人们正在通向你的途中,——

——因为他本身正在通向你的途中,人类中上帝的最后残余,那就是：具有大渴望、大厌恶、大厌倦的所有人们，——

——所有不想活下去的人们，抑或他们又要学会希望——抑或他们要向你，查拉图斯特拉啊，学会伟大的希望！"

右边的国王如是说，抓住查拉图斯特拉的手就要亲吻；但查拉图斯特拉拒绝了他的敬仰之情，惊恐地后退了，静默而突兀地，有如遁入遥远的远方去了。但过了一小会儿，他又回过神来，以明亮、审视的目光注视着他的客人们，并且说：

我的客人们啊，你们这些高等的人啊，我要用德语清楚地跟你们说话。在这群山之上，我等待的并不是你们。

（"用德语清楚地说话？上帝见怜啊！"这时左边的国王在一旁说；"大家看，他并不知道可爱的德国人，这位来自东方的智者！

他其实是想要'用德语粗俗地说话'——那好吧！这在如今还不是最恶劣的趣味呢！"）

"你们可能真的都是高等人罢，"查拉图斯特拉继续说道："不过对于我来说——你们还不够高大和强壮呢。

所谓'对于我来说'，意思就是：对在我心中沉默、但不会永远沉默的不屈不挠的精神来说。而且，如若你们都归属于我，那么，可别成为我的右手。

因为谁若像你们一样靠病态而柔弱的双腿站立，不论他知道还是隐而不宣，他首先都意愿：自己受到爱护。

可是，我并不爱护我的手和我的腿，我并不爱护我的战士：你们怎能适合于我的战争呢？

有了你们，我依然会毁掉我的每一次胜利。只消听到我的隆隆战鼓，你们当中有些人就倒下了。

你们在我看来也不够华美和高贵。为了我的教义,我需要纯净而光滑的镜子;而在你们的镜面上,我自己的形象依然会扭曲变形。

你们肩上担负着某些重荷,某些记忆;某些恶劣的侏儒潜伏于你们的角落里。你们心中也含着隐秘的群氓气。

而且,尽管你们是高等的,属于高等的种类:但你们身上有许多东西是扭曲的和畸形的。世界上没有一个铁匠能为我把你们锤炼成正直模样。

你们只不过是桥梁罢了:但愿高等人能从你们身上迈过去!你们相当于阶梯:那么,别对那个超越你们而登上自己的高处的人发怒!

尽管我也希望有朝一日从你们的后裔中生出一个地道的儿子和完美的继承人:但这事远着呢。你们本身并不是我的遗产和姓氏的归属者。

在这群山之上,我等待的不是你们,我不能与你们一起最后一次下山去。你们到我这儿只是一个征兆,表明已经有高等人正在通向我的途中,——

——并不是具有大渴望、大厌恶、大厌倦的人们,以及你们所谓的上帝的残余。

——不!不!决不啊!在这群山之上,我等待的是别的人,要是没有他们,我是不愿抬脚离开的。

——等待更高等者、更强壮者、更胜利者、更满怀信心者,等待那些身心方正健全的人们:欢笑的狮子们必将到来!

啊,我的宾客们,你们这些奇怪者,——你们还没有听到我的孩子们的任何消息吗？还没有听到他们正在通向我的途中吗？

倒是跟我说说我的花园，我的幸福岛，我那新的美好种类呀，——为什么你们不跟我说这些呢？

对于你们的爱，我要求的就是这种宾客礼物，要你们跟我说说我的孩子们。为此我是富有的，为此我曾变得贫乏：什么是我没有奉献过的，

——什么是我不会奉献的，就是我拥有一点：这些孩子们，这些活的植物，我的意志和我的最高希望的这些生命之树！"

查拉图斯特拉如是说，突然中断了讲话：因为他的渴望向他袭来，由于心灵激动，他闭上了眼和嘴。他的全体客人也都沉默了，静立着，惊慌失措：唯有那个老预言家用手势和表情作着暗示。

*

* *

72. 晚餐

到这时,这位预言家打断了查拉图斯特拉及其客人们的问候之辞:就像一个不能浪费光阴的人,他挤到前面,一把抓住查拉图斯特拉的手,叫道:"然而查拉图斯特拉啊!

有一事比另一事更必不可少,你自己这样说的:那好吧,现在于我,有一事比所有其他事都更必不可少。

有一句话正是时候:你不是请我来吃晚餐吗?而且这里许多人都是长途跋涉而来的。你不会用空谈来敷衍我们吧?

在我看,你们全体也已经太多地思虑了冻死、溺死、窒息,以及其他肉体的困厄:但没有人想到我的困厄,那就是饿死的危险——"

(这预言家如是说;而查拉图斯特拉的动物们听了这番话,便都给吓跑了。因为它们看到,他们白天弄回家里的东西还不够填饱一个预言家的肚子呢。)

"加上渴死的危险,"预言家接着说道。"虽然我听到了这里水声潺潺,如同智慧的话语滔滔不绝:但我——是要喝酒!

并非每个人都像查拉图斯特拉一样,生来就是喝水的。水也不适于疲劳和委顿者:我们当有酒喝,——唯有酒才能使人立即恢复和即席健康!"

就在预言家渴望喝酒的当儿,左边的国王,那沉默寡言者,也接过了话茬儿。"酒么,"他说,"由我们来管,我和我的兄弟,右边的国王:我们有足够的酒,——一头驴子上驮满了酒。所以只缺面包了。"

"面包?"查拉图斯特拉答道,笑了起来。"隐士所没有的恰好只是面包呢。但人不能单靠面包为生,也要吃好的羊肉,我倒是有两头羊:

——这两头羊,我们得赶紧把它们杀了,加上鼠尾草香料来烹调:我喜欢这样吃的。而且我这里也不缺根茎类和水果类食物,即便对于美食家来说也完全足够了;另外还有胡桃和其他硬壳果可以砸来吃呢。

于是我们一会儿就要美餐一顿了。但谁要共餐就必须动手,哪怕是国王。因为在查拉图斯特拉这里,国王也可以当厨师。"

这番建议说到众人的心坎里去了:唯有那自愿的乞丐反对吃肉、喝酒和食用香料。

"你们倒是来听听这个饕餮者查拉图斯特拉嘛!"他风趣地说:"我们到洞穴和高山上来,难道就是为了吃这样一顿饭么?

现在我固然明白了他曾经教导我们的话:'小贫值得赞美!'还有,为什么他要废除掉乞丐们。"

"要有好心情嘛,"查拉图斯特拉回答他,"就像我一样。守住你的习性吧,你这个卓越之人,磨你的谷子,喝你的水,夸你的菜肴吧:——只要它们使你快乐!

我只是我自己一类人的法律,我不是所有人的法律。但谁属于我,谁就必须有强壮的骨头,也必须有轻捷的双脚,——

72.晚餐

——乐于战斗和欢庆,不是阴郁者,不是梦幻者,准备担当最艰难的使命犹如赴宴一般,健康而完好。

最优秀者皆属我辈和我自己;而且,若人们不给我们,那我们就要自取之:——最上等的食物,最清澈的天空,最强壮的思想,最美丽的女人!"——

查拉图斯特拉如是说;但那右边的国王却答道:"稀奇啊!可有人从一位智者嘴里听到过此等聪明的物事么?

而且真的,这是一位智者身上最稀奇的东西了,尽管对于所有这一切,他都还是聪明的,而非一头蠢驴。"

右边的国王如是说,大感惊奇;但那头驴子却对他讲的话报以恶意的"咿呀"之声。而这就是那顿长长的宴会的开始,史书上所谓的"晚餐"是也。但席间谈论的不是别的,无非是高等的人。

*

* *

73. 高等人

一

当我第一次走向人群时,我做了一件隐士做的蠢事,那是一件大蠢事:我置身于市场上了。

而且,当我向所有人讲话时,我是在向空无一人讲话。而在晚上,走绳演员是我的同伴,还有尸体;我自己也几乎是一具尸体了。

但在次日早晨,我却获得了一种全新的真理:其时我学会了说:"市场、群氓、群氓的噪声以及他们的长耳朵,这些与我何干呢!"

你们这些高等人啊,跟我学习这一点吧:在市场上没有人相信高等人。如果你们想在那儿讲话,那好吧!群氓却眨巴着眼睛说:"我们全体都是平等的。"

"你们这些高等人",——群氓眨巴着眼睛说——"没有高等人,我们全体都是平等的,人就是人,在上帝面前——我们全体都是平等的!"

在上帝面前!——可现在这个上帝已经死了。而在群氓面前,我们却不想要平等。你们这些高等人啊,离开市场吧!

*　　　*

　　*

二

在上帝面前！——可现在这个上帝已经死了！你们这些高等人啊，这个上帝是你们最大的危险。

自从他躺在坟墓里，你们才又复活了。现在才出现伟大的正午，现在高等人才变成——主人！

我的兄弟们啊，你们听懂这话了么？你们恐惧了：你们的心灵晕眩了么？深渊在此向你们迸裂了么？地狱之犬在此对你们狂吠了么？

好吧！来吧！你们这些高等人啊！现在，人类未来之山才有了阵痛。上帝死了：现在我们想要——超人活着。

*　　　*

　　*

三

最忧心的人们如今会问："人类如何保存下来？"然则查拉图斯特拉作为唯一者和第一人，却问："人类如何被克服？"

超人在我心里，他是我的首要和唯一，——而且他并不是人：不是邻人，不是最贫者，不是最苦者，不是最好者——

我的兄弟们啊，人类身上能为我所爱的，在于人类是一种过渡和一种没落。而且即便在你们身上也有许多东西,是令我热爱和希望的。

你们高等人啊,你们有所蔑视,这使我心存希望。因为伟大的蔑视者就是伟大的敬爱者。

你们心生绝望,这是大可尊敬的。因为你们没有学会如何屈服,你们也没有学会耍些小聪明。

因为如今小人们变成了主人:他们全都在宣讲屈服、谦卑、聪明、勤奋、顾忌,以及许多诸如此类的细小德性。

具有女人本性的东西,源自奴隶本性的东西,尤其是群氓杂种:现在,这些要成为主宰人类命运的主人了——可恶!可恶!可恶啊!

这些人问了又问,不知疲倦:"人类如何能最好、最久、最适意地保存自己?"因此——他们是今天的主人。

我的兄弟们啊,为我克服这些今天的主人吧,——这些小人们:他们是超人的最大危险!

你们这些高等人啊,为我克服这些细小的德性,细小的聪明,沙尘般细微的顾忌,蚂蚁般蠕动的琐碎,可怜的安逸,"大多数人的幸福"——!

还有,你们宁愿要绝望也不要屈服。而且真的,我之爱你们,乃是因为你们今天不知道如何生活,你们这些高等人啊!因为你们如此生活——最佳!

*

* *

四

我的兄弟们啊,你们有勇气吗?你们有决心吗?并非面对见证人的勇气,而是连上帝也不再能正视的隐士之勇气和苍鹰之勇气?

在我看来,冷酷的灵魂、骡子、盲者和醉汉,是不能叫做有决心的。谁知道恐惧而能强制恐惧,谁看见深渊而能以高傲应对,那他就是有决心的。

谁看见深渊而带着苍鹰之眼,谁以苍鹰的利爪抓住深渊:他就是有勇气的。——

* * *

五

"人是恶的,"——所有最智慧的人们都这样安慰我。啊,但愿这话今天依然是真的!因为恶是人类的最佳力量。

"人必须变得更善和更恶"——我如是教导说。对于超人的至善,至恶是必需的。

对于那个小人们的说教者来说,承受人类的罪恶可能是好事。但我欢欣于大罪恶,以之作为我的大安慰。——

可此类话语不是说给长耳朵们听的。每一句话也并非都适合于每一张嘴。这些乃是精致而遥远的东西:并不是羊蹄所能攫住的！

＊　　　＊

＊

六

你们这些高等人啊，你们以为我在这儿是为了弥补你们做坏的事体么？

抑或，我想要今后把你们受苦者安顿得更舒适些么？或者要为你们这些不安定者、迷路者、登山迷失者指示一条新的捷径么？

不！不！决不啊！你们种类中越来越多、越来越优秀者当归于毁灭，——因为你们会过得越来越恶劣和艰难。唯有这样——

——唯有这样人类才生长到那个高处，人类为闪电所打击和摧毁的地方：高到够得着闪电！

我的意识和我的渴望朝向少数、长久和遥远之物：你们细小的、大量的、短暂的困苦与我何干！

在我看来，你们受苦受得还不够呢！因为你们苦于自己，你们还没有苦于人类。如若你们有不同说法，那就是在撒谎！你们全都没有受我受过的苦。——

＊　　　＊

＊

七

闪电不再损害什么了,这在我是不够的。我并不想把闪电引开:它当学会为我——工作。——

我的智慧就像一朵云,久已积聚起来,它变得越来越宁静和浓黑了。终将孕育闪电的每一种智慧都会这样做。——

对于今日之人类,我不愿成为光明,不愿被称为光明。这些人——我要使他们目眩:我的智慧的闪电啊!戳坏他们的眼睛吧!

* * *

八

别想要超乎你们能力的什么东西:在那些意愿超出自己能力的人们那里,有一种恶劣的虚伪。

尤其是当他们意愿伟大事物的时候!因为他们唤醒了对于伟大事物的怀疑,这些精巧的伪币制造者和戏子:——

——直到他们终于对自己也虚情假意了,也斜着眼,掩盖起来的蛀洞,用强烈的言辞、招牌式的德性、亮丽的赝品来掩饰。

你们在此可要小心啊,你们这些高等人!因为在我看来,如今没有比诚实更珍贵、更稀罕的了。

如今不就是群氓的时代吗?但群氓却不知道什么是伟大的,什么是渺小的,什么是正直和诚实的:群氓是无辜而欺诈的,群氓永远撒谎。

九

如今要有一种良好的怀疑态度,你们这些高等人,你们这些果断者!你们这些坦诚者啊!而且要守住你们的理由的秘密!因为如今乃是群氓的时代。

从前群氓学会了毫无理由地信仰的东西,谁能通过种种理由把它——推翻呢?

而且,面相姿态令人信服。但理由却使群氓怀疑。

而且,一旦真理在那儿取得了胜利,那就要以良好的怀疑态度问问你们自己:"是何种强大的谬误为真理而战了?"

也要小心提防学者们!他们恨你们:因为他们是不会生育的!他们有着冷酷而干涸的眼睛,在这种眼睛面前,每一只鸟儿都会掉光羽毛。

这种人以不撒谎而自夸:但无能于撒谎还远不是热爱真理。小心提防吧!

摆脱了狂热还远不是知识啊!我不相信冷却的精神才智。不能撒谎者,就不知道什么是真理。

十

如果你们想要走往高处,就需要自己的双腿!可别让人把你们扛上去,可别坐在别人的背上和头上!

你可骑上了马?你现在正急速奔向你的目标吗?好吧,我的朋友!但你的跛足也一道骑上了马!

当你达到自己的目标时,当你从马上跳下来时:你这高等人啊,恰恰在你的高处——你将踉跄跌倒!

*
* *

十一

你们这些创造者,你们这些高等人啊!人只怀自己的孩子。

你们可不要听信别人那一套!究竟谁是你们的邻人呢?即便你们"为了邻人"而行动,——你们也不是为了他而创造!

你们这些创造者啊,为我忘却这个"为了"吧:你们的德性恰恰意愿你们,不要带着"为了"、"由于"、"因为"而做任何一件事。对于这些虚假的小词,你们当充耳不闻。

这个"为了邻人"只不过是小人们的德性:在他们那儿,这就叫"物以类聚"、"同类互助":——他们无权、也无力去干预你们的自私自利!

你们这些创造者啊,在你们的自私自利中,含着孕育者的谨慎和先见！还没有人看见的东西，这种果实：你们全部的爱把它庇护、爱惜和养育。

你们全部的爱之所在，在于你们的孩子们，那也是你们全部的德性之所在！你们的事业、你们的意志就是你们的"邻人"：你们可不要听信任何虚假的价值！

*
*　　　　　　*

十二

你们这些创造者，你们这些高等人啊！谁必须生育，谁就病了；而谁已经生育，谁就是不洁净的。

问问女人们吧：人们生产并不是因为它使人快乐。痛苦使母鸡和诗人咯咯地叫。

你们这些创造者啊，你们身上有许多不洁净的东西。这是因为你们不得不做母亲。

一个新生儿：啊，有多少新的污秽一道来到了世间！去旁边吧！已经生产者当把自己的灵魂洗干净！

*
*　　　　　　*

十三

你们可不要超出自己的力量而成为有德性的！别想要求自己

做违背可能性的事!

踏着你们父辈的德性的足迹前行吧!如果你们父辈的意志没有与你们一起上升,你们又如何能高升呢?

但谁若想要成为头生子,那就要留心,不要也成了末胎子!而且,在你们父辈的恶习所在之处,你们就休想在那里做圣徒!

倘若谁的父辈喜爱女人、烈酒和野猪:那么若他要求自己贞洁,又会如何?

那会是一件蠢事!真的,这样一个人,如果他是一个或者二个或者三个女人的丈夫,我以为就更是蠢不可及了。

还有,倘若他建了修道院,在大门上写着:"通向圣徒之路",——我倒会说:为何!这是一件新的蠢事嘛!

他为自己建了一座监狱和避难所:请便!请便!但我不相信。

在孤独中也生长着人们带入其中的东西,那内在的牲畜。如此这般,许多人逆反于孤独。

迄今为止,大地上还有比沙漠圣徒更为污秽的东西吗?在他们周围,不光魔鬼闹翻了天——而且猪猡亦然。

*

* *

十四

畏惧、羞怯、笨拙,犹如一只跳跃失败的老虎:你们这些高等人啊,我常常看见你们也这样悄悄溜到一边。你们败于一次投掷。

可是,你们这些掷骰子者,这算得了什么啊!你们没有学会游戏和玩耍,如同人们必须游戏和玩耍的那样!难道我们不是永远坐在一张游戏和玩耍的大桌旁吗?

还有,如果你们在大事上失败了,你们自己也因此——失败了吗?还有,如果你们自己失败了,人类也因此——失败了吗?但如果人类失败了:那好吧!那就来吧!

*
*　　　　　　*

十五

种类越是高级,一件事就难得成功。你们这些高等人啊,你们不全都——失败了?

鼓起勇气吧,这算得了什么!有多少事依然可能!学会嘲笑自己吧,就像人们必须笑的那样!

你们功败垂成,你们只有半拉子的成功,这又有什么好奇怪的,你们这些半破碎者啊!人类的未来——不是奋力突入到你们心中了么?

人类的最遥远之物、最深邃之物、星空般崇高之物,人类巨大的力量:难道这些不都在你们的罐中相互激荡,冒出泡来么?

有些罐破裂了,这又有什么好奇怪的!学会嘲笑自己吧,就像人们必须笑的那样!你们这些高等人啊,有多少事依然可能!

而且真的,有多少事已然成功!这大地多么富于小小的、美好的、完满的事物,多么富于发育良好的事物!

把小小的、美好的、完满的事物置于你们周围吧,你们这些高等人啊！它们金色的成熟能治好心灵。完满之物教人满怀希望。

＊
＊　　　　　＊

十六

这大地上迄今为止最大的罪恶是何种罪恶？这不是那个讲"可悲啊，在此笑的人们！"的人说的话么？

他自己没有在大地上找到任何笑的理由吗？那只是他没有好好找。一个小孩儿都能在此找到笑的理由。

这人——爱得不够：不然他也会爱我们这些欢笑者的！但他憎恨和讥讽我们，他预言我们将号叫和切齿。

人若不爱，就必定立即诅咒吗？这——我以为是一种坏趣味。但他就这么做了，这个绝对者。他来自群氓。

而且他自己只是爱得不够：要不然，他就不会因为人们不爱他而愤怒了。一切伟大的爱并不意愿爱：——它意愿更多。

避开所有这些绝对者吧！这是一个可怜的、病态的族类，一个群氓种类：他们恶意地看这人生，他们恶毒地看这大地。

避开所有这些绝对者吧！他们有沉重的脚和抑郁的心：——他们不知道跳舞。他们如何会感到大地的轻盈！

＊
＊　　　　　＊

十七

一切美好事物都曲折地接近自己的目标。它们像猫一样弯腰,由于它们临近的幸福而暗自喵喵地叫唤,——一切美好事物皆欢笑。

步伐透露出某人是否已经走在他自己的轨道上:那么看我走吧!而接近于自己的目标者就会跳起舞来。

而且真的,我没有变成立式雕像,我也没有站在那儿,僵硬而迟钝,犹如一根石柱;我喜欢急速奔跑。

还有,即使大地上有沼泽和浓重的悲愁:但谁若有轻捷的双脚,就还能越过泥潭而奔跑,犹如在平滑的冰面上跳舞。

我的兄弟们啊,提升你们的心灵吧,高些!更高些!也不要忘记你们的双腿!也提升你们的双腿吧,你们这些优秀的舞蹈者,更好地:你们也倒立起来吧!

* * *

十八

这欢笑者的王冠,这玫瑰花冠:我自己戴上了这顶王冠,我自己宣告我的欢笑是神圣的。今天我没有发现任何一个人在这事上足够强壮。

查拉图斯特拉这个舞蹈者,查拉图斯特拉这个轻盈者,他以羽翼招摇,一个准备飞翔者,向所有鸟儿示意,整备停当了,一个福乐而轻率者:——

查拉图斯特拉这个预言者,查拉图斯特拉这个真实欢笑者,并非一个不耐烦者,并非一个绝对者,一个喜欢跳跃和出轨的人;我自己戴上了这顶王冠!

*

*　　　　　　　*

十九

我的兄弟们啊,提升你们的心灵吧,高些!更高些!也不要忘记你们的双腿!也提升你们的双腿吧,你们这些优秀的舞蹈者,更好地:你们也倒立起来吧!

在幸福中也有笨重的动物,从一开始就有笨脚的动物。他们奇怪地费尽心力,就像一头大象努力头脚倒立。

然则因为幸福而愚蠢更佳,胜于因为不幸而愚蠢,笨拙地跳舞更佳,胜于跛足而行。所以倒是学学我的智慧吧:即便最坏的事物也有两个好的反面,——

——即便最坏的事物也有跳舞的好腿:所以你们这些高等人啊,倒是学学自己立足于你们合适的双腿上!

那么,忘却悲苦郁闷和一切群氓的悲哀!啊,在我看来,如今群氓小丑依然多么悲哀!而如今却是群氓的时代。

*

*　　　　　　　*

二十

为我赶上那从山洞中奔突而出的风吧：它要按自己的箭矢跳舞，大海在它的脚下战栗和跳跃。

它给驴子们添上翅膀，它给母狮们挤奶，赞美这美好而不羁的精神吧，它如同一阵风暴袭向全部当今和全体群氓，——

——它敌视荆棘丛生的头脑，以及所有凋敝的树叶和野草：赞美这粗野的、美好的、自由的风暴精神吧，它在沼泽和悲苦之上跳舞，有如在草地上跳舞！

它仇恨群氓的瘦狗以及一切失败的、阴郁的杂种：赞美这种所有自由精神中的精神吧，这欢笑的风暴，它把灰尘刮进一切悲观者、溃疡病者眼里！

你们这些高等人啊，你们最糟糕的地方在于：你们全都没有学会跳舞，就像人们不得不舞蹈的那样——越过你们自己而舞蹈！你们失败了，这又算得了什么！

有多少事依然可能！所以你们要学会嘲笑自己！提升你们的心灵吧，你们这些优秀的舞蹈者，高些！更高些！也别忘了好好欢笑！

这欢笑者的王冠，这玫瑰花冠：你们，我的兄弟们啊，我要把这顶王冠投给你们！我已宣告这种欢笑是神圣的；你们这些高等人啊，为我学习——欢笑吧！

*

*　　　　　　*

74. 忧郁之歌

一

当查拉图斯特拉讲这番话时,他是站在自己洞穴的门口近旁;但讲完最后几句,他便从客人那里溜掉了,逃到野外稍事休息。

"啊,我周围纯净的气息啊",他叫了起来,"我周围福乐的寂静啊!但我的动物们在哪里呢?来吧,来吧,我的鹰和我的蛇!

我的动物们,告诉我吧:是不是这些高等人全体——也许都散发出不好的气息?啊,我周围纯净的气息啊!现在我才知道和感觉到,我是多么爱你们,我的动物们。"

——查拉图斯特拉又说了一遍:"我爱你们,我的动物们!"而当他说这话时,鹰和蛇拥向他,仰望着他。就这样子,他们三者静静地共处一起,共同呼吸美好的空气。因为这外边的空气比在高等人那里更佳。

* * *

二

而一俟查拉图斯特拉离开自己的洞穴,那个老魔术师就站了起来,狡黠地四下看了看,说道:"他出去了!

而你们这些高等人啊——我要像他本人一样,用这赞颂和奉承的名称撩拨你们——我那恶劣的欺诈精灵和魔术精灵,我那忧郁的魔鬼,已然对我袭击了,

——根本上,他是这查拉图斯特拉的仇敌:你们宽宥他吧!现在他想要在你们面前施魔法了,正好到了他的辰光;我是徒劳地与这邪恶的精灵搏斗呢。

你们全体,不管你们为自己冠以何种荣耀大名,不论你们把自己称为"自由精神"还是"真诚者","精神忏悔者"还是"解放者"抑或"伟大的渴望者"——

——你们全体,你们像我一样苦于大厌恶,对你们来说,老的上帝已经死了,还没有一个新的上帝在摇篮和襁褓里出现,——你们全体都为我邪恶的精灵和魔鬼所喜爱。

我认识你们,你们这些高等人,我认识他,——我也认识这个我违心相爱的恶魔,就是这个查拉图斯特拉:我常常觉得他本身就像一个美丽的圣徒面具,

——就像一种新奇的假面舞会的化装,为我邪恶的精灵,那忧郁的魔鬼所喜欢的:——我经常觉得,我爱查拉图斯特拉,是因为我邪恶的精灵的缘故。——

然而这东西,这个忧郁的精灵,这个黄昏的魔鬼,已经向我袭

来了：而且真的，你们这些高等人啊，他想要——

——你们只管睁开眼睛！——他想要赤裸而来，是男是女，我还不知道呢：但他来了，他强迫我，唉！开启你们的心智吧！

白昼渐渐消逝了，现在夜晚降临于万物，也降临于最佳事物；你们这些高等人啊，你们听听看看吧，这黄昏忧郁的精灵究竟是何种魔鬼，是男是女！"

老魔术师如是说，狡黠地四下看了看，然后拿起了他的竖琴。

*
* *

三

在清澈的空气中，
当露珠的安慰
降临于大地，
不可见，也无可闻：——
因为这安慰者的露珠，如同所有安慰慈善者
穿着轻柔的鞋子——：
于是你想起，你想起，热烈的心啊，
你曾多么渴望，
天国的泪水和露珠
你焦灼而疲惫地渴望，
那时在枯黄的草地小路上

黄昏的阳光邪恶地
穿越你周遭的黑树林,
那刺目的太阳的灼热目光,幸灾乐祸的。

"真理的追求者吗?你?——他们如此讥讽——
不!只是一个诗人!
一只动物,一只狡黠、劫掠、潜行的动物,
它必须说谎,
必须自觉地、蓄意地说谎:
渴求于猎物,
打扮得五彩缤纷,
自身就是面具,
自身就成了猎物——
这个——是真理的追求者吗?
不!只是傻子!只是诗人!
只讲花哨胡话,
以傻子面具胡乱叫喊,
在骗人的言辞之桥上蹑来蹑去,
在缤纷的彩虹上,
在虚伪的天空
与虚伪的大地间,
四处漫游、飘荡,——
只是傻子!只是诗人!

74.忧郁之歌

这个——是真理的追求者吗?
不安、僵固、圆滑、冷酷,
变成了雕像,
变成了上帝的石柱,
而不是矗立于庙宇面前的,
上帝的门卫:
不!仇视这类真理之立式雕像,
在任何荒野中比在庙宇前更熟习,
满怀猫的恶意,
穿过每一扇窗户
快啊!跃入每一种偶然,
窥探每一片原始森林,
狂热而渴望地窥探,
在原始森林里
在斑驳的野兽中间
你有南国的健康,绚丽地奔跑,
带着贪婪之唇,
快乐而讥讽,快乐而剧烈,快乐而嗜血,
劫掠、潜行、欺骗着奔跑:——

抑或就像那兀鹰,久久地,
久久地凝视着深谷,
它自己的深谷:——
啊,正如它的深谷在此向下,

往下,往里,
盘旋于越来越深的深渊!——
然后,
突然,直线地,
疾速飞行,
冲向羔羊,
突兀往下,贪婪地,
渴望着羔羊,
怨恨一切羔羊灵魂,
愤恨于一切看起来
绵羊般的、有着羔羊眼睛的、鬈毛的,
苍白无望,带着羔羊和绵羊般的善意!

就这样
如鹰如豹一般
是诗人的渴望,
是你千百种面具下的渴望,
你这傻子!你这诗人!

你观看人类
于是上帝成了绵羊——:
撕毁人类中的上帝
犹如人类中的绵羊,
而且撕毁之际大笑——

74.忧郁之歌

这,这就是你的福乐!
豹和鹰的福乐!
诗人和傻子的福乐!"——

在清澈的空气中,
当新月的镰刀
青绿夹着紫红
而且嫉妒地潜行:
——仇视白昼,
每一步都隐秘地
用镰刀割向
玫瑰花吊床,直到它们沉落,
苍白地沉没于黑夜中:——

我自己也曾这样沉落
从自己的真理幻想中,
从自己的白昼渴望中,
厌倦于白昼,染病于光明,
——向下沉落,向黄昏,向阴影:
为一种真理
所烧焦,干渴地:
——你还想起,你还想起,热烈的心啊,
当时你多么干渴?——

我被放逐了
被一切真理放逐了,
只是傻子!
只是诗人!

＊

＊　　　　　　　＊

75. 科学

那魔术师如是唱道;而聚在一起的所有人,都像鸟儿一样不知不觉地进入其狡猾而忧郁的淫欲之网中了。唯独那位精神上有良知者未落入圈套:他飞快地夺下魔法师手中的竖琴,叫喊道:"空气!让好空气进来!让查拉图斯特拉进来吧!你这恶劣的老魔术师,是你把这洞穴弄得郁闷而有毒了!

你这虚伪者、高贵者,你把大家引诱到未知的欲望和野性那里。如果像你这样的人来大肆宣扬真理,那真是不幸啊!

不幸啊,所有那些对此类魔术师不加留神的自由精灵们!他们的自由完了:——你教他们,引诱他们返回囚牢,——

——你这忧郁的老魔鬼,从你的悲叹中发出一种诱惑的哨声,你就像那些人,他们赞扬贞洁,暗地里诱人淫乐!"

这位有良知者如是说;而那个老魔术师却环顾四周,尽享自己的胜利,咽下了有良知者对他的厌恶。"安静!"他以谦逊的语调说,"好歌要有好回声;听完好歌当长久沉默。

所有这些高等人都是这样子做的。而你可能不太听得懂我的歌罢?你身上少有魔术精神呢。"

"你把我与你区分开来,"有良知者答道,"是在赞美我呢,那好啊!可是你们别的人,我看到什么了?你们全体依然坐在这儿,睁着贪婪的眼睛——：

你们这些自由的灵魂啊,你们的自由去哪里了!我觉得,你们差不多就像那些长久地观看下流裸体舞女的人们:你们的灵魂本身也跳起舞来了!

你们这些高等人啊,你们心中必定富于那魔术师所谓的魔术精神和欺骗精神:——我们一定是完全不同的。

而且真的,在查拉图斯特拉回到他的洞穴之前,我们在一起已经作了充分讨论和思考,以至于我没有意识到:我们是不同的。

即便在这高山上,我们也在寻求不同的东西,你们与我。我是要寻求更多的安全,所以我才来到查拉图斯特拉这里。因为他依然是最为坚固的塔楼和意志——

——如今一切都岌岌可危了,全球都在地震。但你们,当我看到你们睁着的眼睛时,我差不多觉得,你们在寻求更多的不安全,

——更多的战栗,更多的危险,更多的地震。你们这些高等人啊,我差不多以为——请原谅我的自负——,你们是在渴求——

——你们在渴求那种令我深感恐惧的最恶劣、最危险的生活,渴求野兽的生活,渴求森林、洞穴、峻岭和迷谷。

还有,你们最中意的并非那些把你们带出危险的向导,而是那些把你们引离所有正道的诱骗者。然而,即使你们身上的此种渴求是现实的,我以为也是不可能的。

因为恐惧——乃是人类遗传的基本情感;通过恐惧可解释一切,包括原罪和遗传的德性。甚至我的德性,也即科学,也是从恐惧中生长出来的。

因为对于野兽的恐惧——这是人类那里最长久地得到培育

的,包括人类隐藏于自己心中的野兽,人类对之深感恐惧:——查拉图斯特拉称之为'内心的畜生'。

此种长久的、古老的恐惧,最后变得精细而敏感了,变成精神性的、才智的——我以为,它在今天就叫做:科学。"——

有良知者如是说;而查拉图斯特拉这时刚刚回到洞穴里,听到了最后这番话,便将一把玫瑰花掷给了这位有良知者,由于他所讲的"真理"而大笑。"怎么!"他叫道,"我刚刚听到了什么啊?真的,我觉得你是个傻子,要么我自己是个傻子:我要立即把你的'真理'颠倒过来。

因为恐惧——乃是我们的特殊情况。而勇敢、冒险,以及对不确定之物、未经冒险之物的兴趣,——勇敢在我看来才是人类的整个史前史。

对于最野蛮、最勇敢的动物们,人类曾嫉妒它们所有的德性,并将之掠夺:于是人类才——成为人类了。

这种勇敢最后变得精细而敏感了,变成精神性的、才智的,这种人类的勇敢带有鹰的翅翼和蛇的聪明:我以为它在今天就是——"

"查拉图斯特拉!"在场所有人都异口同声地叫喊起来,为此又发出一阵大笑;而在他们中间仿佛升起了一团乌云。连那个魔术师也笑了,他机智地说:"那好吧!它已经逃走了,我那邪恶的精灵!

而当我说它是一个骗子,一个撒谎精神和欺骗精神时,我不是已经警告你们要对它小心提防吗?

当它赤裸裸显现出来时,就尤其如此。但对于它的诡计,我能有什么办法呢？难道是我创造了它和这个世界吗？

好吧！让我们言归于好，开开心心的！虽然查拉图斯特拉正恶意地盯着我们——你们看看他那个样子！他在生我的气呢——：

——在黑夜到来之前，他又将学会热爱我、赞美我，若不做此等蠢事，他是活不了多久的。

这个人——爱自己的敌人：在我见识过的所有人中间，他最擅长于这种艺术了。然而他却为此进行报复——对自己的朋友！"

老魔术师如是说，而这些高等人都向他鼓掌致意：以至于查拉图斯特拉只好走来走去，怀着恶意和爱意，与这些朋友们一一握手，——仿佛一个人，要对所有人都有所补偿，要对所有人都表达歉意。但当他走到洞穴门口时，看哪，他就重又渴望那外面的好空气，渴望他的动物们了，——他于是想溜出去了。

*

*　　　　*

76. 在荒漠女儿们中间

一

"别走开啊!"那个自称为查拉图斯特拉之影子的漫游者说道,"留在我们这儿吧,要不然,那古老而阴沉的悲伤又要侵袭我们了。

老魔术师已经给了我们他所有的东西,从最坏的到最好的,而且看哪,这位善良而虔诚的教皇眼含泪水,他又完全驶入忧郁的海洋中了。

这两位国王可能还想在我们面前装出一副好表情:因为他们今天从我们所有人身上最出色地学会了这一点!但倘若他们没有证人,那么,我敢打赌,甚至在他们那儿又会开始那种凶恶的游戏——

——那浮动的云朵、潮湿的忧郁、阴翳的天空、偷走的太阳、怒吼的秋风,凡此种种的凶恶游戏,

——我们的怒吼号叫和苦难呼声的凶恶游戏:留在我们这儿吧,查拉图斯特拉啊! 这里有许多隐蔽的困苦想要说话,有许多夜晚,有许多云朵,有许多发霉的空气!

你用坚强的男性食品和有力的箴言来供养我们:别让柔弱的

女性精神重又侵袭我们,成为正餐后的甜食!

唯有你能使你周围的空气变得浓烈而清新!除了在你的洞穴这里,我可曾在世上找到过这么好的空气吗?

我倒是见识过许多地方,我的鼻子学会了检测和评品各种空气:但在你这儿,我的鼻孔才尝到了最大的快乐!

除非,——除非——,啊,原谅我的一点老旧记忆吧!原谅我的一支老旧的甜食之歌,那是我在荒漠女儿们中间创作的:——

——因为她们那里有同样美好而清澈的东方的空气;在那里,我离昏暗、潮湿、忧郁的古老欧洲最遥远!

那时候,我爱这样的东方少女,以及另一种蔚蓝的天国,上面没有任何云朵和任何思想悬垂。

你们不会相信,她们不跳舞时是多么乖巧地端坐在那里,深沉但没有思想,有如小小的奥秘,有如饰有带子的谜团,有如甜食中的坚果——

真是缤纷而奇异啊!但没有云朵:那是让人猜解的谜团:为表达我对这种少女的爱,我当时编了一首甜食之诗。"

这个自称为影子的漫游者如是说;而且还没有人来得及回答他,他就已经夺取了老魔术师的竖琴,叉着腿,冷静而聪明地环顾四周:——鼻子却缓缓地、试探性地吸纳空气,宛若一个在新地方品尝新鲜而奇异的空气的人。随即他就以一种吼叫的方式开始歌唱了。

*

*　　　　　*

二

荒漠在生长：苦啊，怀藏荒漠者！
∙∙∙∙∙∙∙∙∙∙∙∙∙∙∙∙∙

——哈！庄重！
实在庄重啊！
一个庄严的开端！
非洲式的庄重！
与一头雄狮相称，
抑或一只道德的吼猴——
——但与你们毫不相干，
你们，最亲爱的女友们啊，
我，一个欧洲人
第一次被恩准，
坐到你们的脚边，
在棕榈树下。细拉。①

真正奇妙啊！
眼下我坐在这里，
临近荒漠，但又
如此远离荒漠，

---

① 细拉（Sela）：多次出现于《旧约·诗篇》节尾，表示停唱。——译注

甚至毫无荒芜迹象：
因为我已经被
这最小的绿洲吞没——：
——它正打着呵欠
张开它那可爱的小嘴。
芳香至极的小嘴：
我于是掉了进去，
掉落、掉入——你们中间，
你们，最亲爱的女友们啊！细拉。

祝福，祝福那鲸鱼，
倘若它让自己的客人
如此适意！——你们可懂得
我这深奥的暗示吗？
祝福它的腹部，
如果它
有一个如此可爱的绿洲之腹
就像这个：我却怀疑于此，
——因为我来自欧洲，
欧洲比所有糟糠老妻
都更疑心重重。
但愿上帝将之改善！
阿门！

76. 在荒漠女儿们中间

眼下我坐在这里,
在这最小的绿洲里,
有如一颗海枣,
棕色、甜蜜、流金,渴望着
一个少女的樱唇,
而更渴望少女那
冰凉、雪白、犀利的皓齿:因为那正是
所有热海枣的心所热望的。细拉。

与那些南方的果实
相像,十分相像
我躺在这儿,小小的
飞虫们
在四周跳动和嬉戏,
同样也有更细小的
更愚蠢和更恶毒的
愿望和幻想,——
为你们所包围,
你们这些静默的、预感的
少女之猫,
嘟嘟和苏莱卡,[①]

[①] 嘟嘟(Dudu):似为尼采所生造的女性名字,或可能指维吉尔诗作《埃涅阿斯之歌》中描写的迦太基女王狄多(Dido);苏莱卡(Suleika):波斯语,意为"迷人的女子",诗人歌德曾以之命名他的一个恋人。——译注

——为斯芬克斯所包围,使我能把诸多情感
塞进同一个词中:
(上帝,原谅我
这语言的罪过吧!)①
——我坐在这里,饮吸最佳的空气,
真正天堂般的空气,
晶莹轻柔的空气,发出缕缕金光,
如此美妙的空气只能
自月亮落下——

难道这出于偶然,
抑或由于傲慢而发生?
正如古代诗人们描述的那样。
但我这个怀疑者对此
深表怀疑,只因为我
来自欧洲,
欧洲比所有糟糠老妻
都更疑心重重。
但愿上帝将之改善!
阿门!

啜饮着这最美好的空气,
鼻孔鼓胀有如酒杯,

---

① 尼采在此生造了"umsphinxt"(为斯芬克斯所包围)一词,故有此说。——译注

76. 在荒漠女儿们中间

没有未来,没有回忆,
我就这样坐在这里,你们
最亲爱的女友们啊,
看看那棕榈树,
看它怎样低眉依依,腰肢轻摆,
有如一个舞女,
——若有人长久注视,也会随之起舞!
有如一个舞女,在我看来,
已经太久了,危险地
永远,永远只以一条腿站立?
——我觉得,它是不是忘掉了
另一条腿?
至少徒劳地
我寻找过那丢失了的
孪生珍宝
——就是那另一条腿——
在你们那最亲爱的、最妖媚的
扇形褶裙的
神圣近处。
是的,你们,美丽的女友们,
如若你们愿意完全相信我:
它已经失去了另一条腿!
完了!
永远完了!

那另一条腿!
啊,这可爱的另一条腿,可怜啊!
哪里——它可能待在哪里孤独哀伤?
那独腿?
也许在恐惧中,惧怕一只
狂怒的、金毛卷曲的
猛狮? 或者已经
被啃光咬烂了——
可怜,不幸啊! 不幸! 细拉。

啊,柔软的心灵!
你们可别哭泣!
你们这些海枣之心! 牛奶之胸!
可别哭泣!
你们这些甘草之心!
再也别哭了,
苍白的嘟嘟!
做一个男子汉,苏莱卡! 要勇敢! 勇敢!
——或者,也许这里适合于
某种强化的东西,
某种强心之物?
一句涂上了圣油的箴言?
一个庄严的鼓励和赞许?——

76. 在荒漠女儿们中间

哈！起来，尊严！
德性的尊严！欧洲的尊严！
鼓吹复鼓吹，
那德性的风箱！
哈！
再一次吼叫吧，
道德般的吼叫！
作为道德的雄狮
在荒漠女儿们面前吼叫！
——因为德性的吼叫，
你们最亲爱的少女们，
甚于一切
欧洲人的热情，欧洲人的饥饿！
而我已经站在这儿，
作为欧洲人，
我别无所能，愿上帝助我！
阿门！

荒漠在生长：苦啊，怀藏荒漠者！
． ． ． ． ． ． ． ． ． ． ．   ＊
　　　　＊　　　　　　＊

77. 唤醒

一

在那个漫游者和影子唱完这支歌之后,洞穴里突然响起一片喧哗和笑声;而且由于那些聚在一起的客人们全都在说话,连那头驴子也受这种气氛的感染而不再静默了,所以,查拉图斯特拉对自己的访客生出了一种小小的反感和嘲讽:尽管他也为他们的快乐而开心。因为他觉得,快乐是痊愈的一个征兆。于是他溜到洞穴外面,跟自己的动物们来谈话了。

"现在他们的苦难去哪里了?"他说道,而且深深吸了口气,感觉自己解除了小小的厌恶,"——我觉得他们在我这里忘掉了苦难的呼声!

——即使他们,很遗憾,还没有忘掉叫喊。"查拉图斯特拉用手捂住耳朵,因为正好驴子的咿呀叫声与这些高等人的欢呼喧哗声奇怪地混杂起来了。

"他们很快乐,"他又开始说话,"而谁知道呢? 也许他们是对主人的开销感到开心;倘若他们是跟我学习笑,他们学到的其实并不是我的笑。

但这有何要紧的呢!这是一些过时老人:他们以自己的方式康复,他们以自己的方式发笑;我的耳朵早就忍受过更恶劣的东西,已经不会生气了。

这个日子是一次胜利:它已经退却了,逃跑了,那重力的精神,我的死敌!这个如此恶劣而沉闷地开始的日子,将多么美好地结束!

这日子将要结束了。夜晚已然到来:那优秀的骑手正策马越海而来!这个福乐的还乡者在紫色马鞍上摇晃得多欢啊!

天空清澈地凝望,世界幽深莫测:啊,你们,来我这里的所有怪人,与我一起生活是值得的!"

查拉图斯特拉如是说。这时洞穴里又传来那些高等人的叫声和笑声:于是查拉图斯特拉重新开始说话了。

"他们上钩了,我的诱饵发挥作用了,他们的敌人,那重力的精神,也离开他们了。他们已经在学习嘲笑自己:我没听错吧?

我的男子食物,我那充沛有力的箴言发挥作用了:而且真的,我并没有用令人胀气的蔬菜喂养他们!而是用战士的食物,用征服者的食物:我唤醒了新的欲望。

他们全身充满了新的希望,他们的心灵得以伸展。他们找到了新的话语,他们的精神很快将呼吸勇气。

此类食物诚然可能不适合于孩子们,也不适合于充满渴望的老女人和少女。人们用别的方式来满足她们的肠胃;我不是她们的医生和老师。

这些高等人的厌恶消失了:好啊!这就是我的胜利。在我的领地内,他们变得安全稳当,所有愚蠢的羞耻都逃之夭夭,他们在倾诉自己。

他们倾诉衷情,他们的好辰光回来了,他们重又欢庆和反刍,——他们满怀感恩。

我把这一点当作最好的征兆:他们满怀感恩。不久,他们就会设想一些节日,并为他们往日的欢乐竖立纪念碑。

这是一些痊愈者!"查拉图斯特拉如是高兴地对自己的心灵说道,并向外观望;而他的动物们拥向他身边,向他的幸福和沉默表示敬意。

* * *

二

查拉图斯特拉的耳朵却突然惊恐了:因为一直充满喧哗和笑声的洞穴一下子变得一片死寂;——而他的鼻子嗅到了一阵芬芳的烟雾和薰香,仿佛来自焚烧的松球。

"怎么回事? 他们在干什么?"他自问,悄悄溜到洞口,以便能够暗中盯着自己的客人们。然而,咄咄怪事! 他在此目睹的竟是什么啊!

"他们全都又变得虔诚了,他们在祈祷了,他们疯了!"——他说道,感到极度的惊讶。真的! 所有这些高等人,两个国王、退职的教皇、邪恶的魔术师、自愿的乞丐、漫游者和影子、老预言家、精神上有良知者以及最丑陋的人:他们全都像小孩子和虔诚的老妇一样跪在地上,正在膜拜那头驴子呢。而那最丑陋的人刚开始噤口撅鼻,仿佛想说出某种不可言说的东西;但当他真的把它说出来时,看哪,那竟是一篇虔诚而奇特的连祷文[①],用来赞美那头受膜拜和供奉的驴子的。而这篇连祷文如下:

阿门!让赞美、荣耀、智慧、谢恩、奖赏和力量归于我们的上帝,无穷无尽!

——而驴子于此叫了一声咿呀。

他负着我们的重荷,他具有奴仆形象,他有忍耐之心,从不说"否";谁爱自己的上帝,谁就惩罚上帝。

——而驴子于此叫了一声咿呀。

他不说话:除了对自己创造的世界总是说"是"之外:也就是说,他赞扬自己的世界。不说话乃是他的狡猾之处:这样他就会少犯错了。

——而驴子于此叫了一声咿呀。

他毫不显眼地穿越于这个世界中。身体的颜色是灰色的,他把自己的德性包裹入其中。如果说他是有精神的,那么他是把这种精神隐藏起来了;但人人都相信他的长耳朵。

——而驴子于此叫了一声咿呀。

他有长耳朵,只是"是"而永不说"否",这是何种隐而不显的智慧啊!他不是按自己的形象,也就是尽可能愚蠢地,创造了这个世

---

① 连祷文(Litanei):由牧师领祷、信徒按一定格式回答的宣教方式;在口语中意指:冗长乏味的列举。——译注

界吗？

——而驴子于此叫了一声咿呀。

你走直的路和曲的路；你不管在我们人类看来直的或曲的是什么。你的王国在善与恶的彼岸。你的无辜就在于你不知道什么是无辜。

——而驴子于此叫了一声咿呀。

看哪！你不排斥任何人，既不排斥乞丐也不排斥国王。你接纳儿童，而如果有顽童诱骗你，你就单纯地说咿呀。

——而驴子于此叫了一声咿呀。

你爱母驴和新鲜的无花果，你不是一个不讲究饮食者。当你刚好饿着时，一根蓟草也能使你动心。这其中含着上帝的智慧。

——而驴子于此叫了一声咿呀。

*

*　　　　　　*

78. 驴子节

一

可是，连祷文念到这儿，查拉图斯特拉再也控制不住自己了，自己也大喊咿呀，声音比驴子还要响，并且跳入那些已经发疯的客人中了。"你们在这里干什么呢，你们这些人子？"他叫道，一边把那些祈祷者从地上拉了起来。"倘若有查拉图斯特拉之外的某个别人看到你们，那就倒霉了：

人人都会断言，由于你们的新信仰，你们便成了邪恶透顶的渎神者，或者是愚昧透顶的老妇！

还有你，你这个老教皇，你也这样把一头驴子当作上帝来膜拜，这如何与你的身份相配呢？"——

"查拉图斯特拉啊，"那个老教皇回答道，"请原谅我，不过在上帝的事情上，我还比你清楚些呢。这样也是公道的。

宁可通过这个形象来膜拜上帝，也胜于毫无形象嘛！我高贵的朋友，深思这个箴言吧：你很快会猜到这箴言中藏着智慧。

说'上帝是一种精神'者——便在迄今为止的人世间向无信仰跳出了最大的一步：此类说辞在人世间是不容易修正的！

我那老迈的心依然在跳跃,因为世上还有某种东西要膜拜。查拉图斯特拉啊,请原谅一颗老迈而虔诚的教皇之心吧!——"

——"还有你,"查拉图斯特拉对漫游者和影子说,"你称自己是一个自由精神,也以为自己是一个自由精神吗?你也在这里搞这种偶像崇拜和教士弥撒?

真的,你在这里干的事,比你在你那个下流的棕发女郎那里搞的勾当还要恶劣呢,你这个恶劣的新信徒啊!"

"是够恶劣的,"这个漫游者和影子答道,"你说得对:但我有什么办法嘛!那个老上帝又活过来了,查拉图斯特拉啊,你想怎么说就怎么说吧!

都是那个最丑陋的人的错:是他重又唤醒了上帝。而且,如果他说他曾杀死过上帝:那么对上帝而言,死就永远只是一种偏见。"

——"还有你,"查拉图斯特拉说,"你这个恶劣的老魔术师,你都做了些什么啊!在这自由的时代里,如果你也相信这种神性的驴子之类,那么谁还会相信你呢?

你所做的是一件蠢事;你这聪明人,怎么能做出这等蠢事啊!"

"查拉图斯特拉啊,"那个聪明的魔术师答道,"你说得对,这确实是一件蠢事,——这事也够让我厌恶的了。"

——"还有你呢,"查拉图斯特拉对那个精神上有良知者说道,"你也得好好想想,把你的手指放在鼻子上吧!难道这里没有任何东西有违你的良知吗?难道你的精神不是太过纯净了,受不了这种祈祷以及这班祷告迷的瘴气?"

78.驴子节

"这方面是有某种东西,"那个有良知者答道,把手指放在鼻子上,"在这出戏中是有某种东西,甚至使我的良知也感到适意。

也许,我不可信仰上帝:可是确实地,我觉得上帝在这种形态中还是最值得信仰的。

按最虔信者的证言,上帝当是永恒的:谁若有这么多时间,谁就会从容不迫地行事。尽可能地缓慢,尽可能地愚笨:这样,这种人倒也可以大有作为的。

而且,谁若有太过丰富的精神,谁就可能沉迷于愚笨之中。想想你自己吧,查拉图斯特拉啊!

你自己——真的!连你也很可能因为过剩和智慧而变成一头驴子。

一个完善的智者不是喜欢走最曲折的道路吗?表面现象教我们知道这一点,查拉图斯特拉啊,——你的表面现象!"

——"最后还有你,"查拉图斯特拉说,转身朝向那个最丑陋的人,这人一直还躺在地上,向驴子高举着手臂(因为他正在给驴子喝酒),"说说看,你这不可名状的东西,你在这里干了些什么!

我觉得你变样了,你的眼睛发出光芒,崇高的外衣裹住了你的丑陋:你做了什么呢?

那些人说是你把上帝重新唤醒的,这是真的吗?又是为何呢?上帝不是理当被杀死、被干掉吗?

我觉得你自己被唤醒了:你做了什么呢?你把什么颠倒了?你皈依了什么?说说看,你这不可名状的东西!"

"查拉图斯特拉啊,"那个最丑陋的人答道,"你真是一个无赖!

上帝是不是还活着,或者复活了,或者彻底死了,——我们俩当中谁最清楚?我倒是要问问你。

但有一点我是清楚的,——是从前我跟你学的,查拉图斯特拉啊,那就是:谁想要彻底杀戮,谁就会大笑。

'我们不是以愤怒杀人,而是以大笑杀人'——你曾如是说。查拉图斯特拉啊,你这隐秘者,你这毫不动怒的毁灭者,你这危险的圣徒,——你真是一个无赖!"

* * *

二

而在这时,查拉图斯特拉对这些大骂无赖的回答感到惊奇,跳回到他自己的洞口,转向他的全体客人,大声叫道:

"啊,你们这些爱开玩笑的傻子,你们这些搞恶作剧的丑角!你们在我面前伪装和隐瞒什么啊!

可你们当中的每个人都因快乐和恶意而多么心神不定,因为你们终于又变得像孩童一般了,也就是说又变得虔诚了,——

——因为你们终于又像小孩子一般行事了,也就是祈祷、双手合十,并且说'亲爱的上帝!'

然而,现在请你们离开这个儿童游戏之所,我自己的洞穴,今天这里全是小孩把戏。到外面来,冷却你们那热烈的童稚放纵和心灵喧嚣吧!

诚然:你们是不会变得像孩童一般的,你们也进不了这个天国。(查拉图斯特拉还用手指着上方)。

但我们根本就不想进天国:我们已经变成男子汉了,——所以我们想要地上的王国。"

*
*　　　*

三

查拉图斯特拉又一次开始讲话了。"啊,我的新朋友们,"他说,"——你们这些奇怪者,你们这些高等人,你们现在多么令我喜欢啊,——

——自从你们重新变得快乐!你们真的全都盛开了:我觉得,像你们这样的花朵,是必须有新的节日的,

——一种小小的勇敢胡闹,某种弥撒和驴子节,某个年老而快乐的查拉图斯特拉式的傻子,一种吹散你们心中阴云的狂风。

你们这些高等人啊,别忘了今夜与这个驴子节!这个节日是你们在我这里发明的,我把它当作好的兆头,——只有痊愈者才能发明这种东西!

还有,如若你们要再次庆祝之,庆祝这个驴子节,那就是为了爱你们自己而作,也是为了爱我而作!而且是为了我的记忆!"

查拉图斯特拉如是说。

*
*　　　*

79. 梦游者之歌

一

而这当儿,客人们一个接着一个走了出去,来到野外,来到清凉而深沉的夜晚里;查拉图斯特拉本人则拉着那个最丑陋者的手,向他展示自己的夜晚世界,那一轮大大的满月和山洞旁银色的瀑布。最后他们静静地站在一起,纯属老迈之人,却有着一颗得到安慰的勇敢的心灵,惊奇于自己在世间竟是如此地适意;而夜晚的隐秘越来越切近于他们的心灵。查拉图斯特拉复又寻思:"啊,这些高等人,他们现在多么令我喜欢啊!"——然而他并没有把这话说出来,因为他尊重他们的幸福和静默。——

但这时候,在这个令人惊奇的漫长日子里最令人惊奇的事情发生了:那个最丑陋的人又一次、也是最后一次发出咕噜声和喘息声,而当他终于说出话来时,看哪,竟从他口中完整而干净地蹦出了一个问题,一个深刻而清晰的好问题,一个令所有听者的心灵全都真切地感动的问题。

"我的朋友们啊",那个最丑陋的人说,"你们以为怎样?由于今天这个日子——我第一次感到满足,感到不虚此生了。

79. 梦游者之歌

我见证了如此之多的东西,依然觉得不够。在大地上生活是值得的:与查拉图斯特拉在一起的一天,一个节日,教会了我,让我热爱这大地。

'这就是——生命吗?'我要对死亡说。'那好吧!再来一次!'

我的朋友们啊,你们以为怎样?难道你们不想跟我一样对死亡说:这就是——生命吗?因为查拉图斯特拉的缘故,好吧!再来一次!"——

最丑陋的人如是说道;而这时已经快到午夜了。你们可以为当时发生了什么事吗?那些高等人一听到他的问题,就一下子意识到了自己的变化和痊愈,并且知道了是谁给了他们这些:于是他们向查拉图斯特拉冲去,表示感谢、敬意、亲热,吻着他的手,以每个人特有的方式:有的人在笑,有的人在哭。而那个老预言家高兴得手舞足蹈;而且尽管像一些叙述者所说的那样,当时他已经灌满了甜酒,但他肯定更富于甜美的生命,也弃绝了所有的困倦。甚至有这样一些人,他们说,当时那头驴子也跳舞了:因为最丑陋的人此前给它酒喝并非徒劳的。这可能是那时的情形,或者也可能是别的情形;不过,如果那个夜晚驴子真的没有跳舞,那么,当时就会发生比一头驴子跳舞更大和更稀奇的事情。质言之,正如查拉图斯特拉的惯用说法所讲的:"这有什么要紧的!"

*

*   *

二

当最丑陋的人身上发生了这事的时候,查拉图斯特拉却站在那儿,就像一个醉汉:眼光黯然,口齿不清,双腿发抖。又有谁能猜到查拉图斯特拉心里闪过了什么想法呢?但显然地,他的精神退缩了,逃跑了,到了遥远的地方,就像已经描写过的那样,仿佛"处在两海之间的高高山脊上,

——作为沉重的乌云飘浮在过去与未来之间"。而当那些高等人拥抱他时,他渐渐地稍稍回过神来,用手挡住了这些敬重和关心他的人们的拥挤;可他并不说话。但突然间,他飞快地转过头,因为他似乎听到了什么:此时他把手指放在嘴上,说:"来了!"

四周很快就变得安静而隐秘了;而从幽深处传来缓缓的钟声。查拉图斯特拉聆听着,就像那些高等人;但接着,他再一次把手指放到嘴上,又说道:"来了!来了!快到午夜了!"——他的声音已经变了。不过他一直在原位,纹丝不动:于是四周变得愈加安静而隐秘了,一切都在聆听,包括那头驴子,查拉图斯特拉的尊贵动物,即鹰和蛇,同样还有查拉图斯特拉的洞穴,大大的冷月和黑夜本身。而查拉图斯特拉第三次把手放在嘴上,说:

来了!来了!来了!现在让我们去漫游吧!是时候了:让我们到黑夜中漫游!

*

* *

三

你们这些高等人啊,快到午夜了:我要告诉你们一些事,一如那座古老的钟告诉我的那样,——

——如此隐秘,如此恐怖,如此诚挚,就像那座午夜之钟对我所说的,那钟的经历比人更丰富:

——它已经数过你们父辈们痛苦的心跳——啊!啊!那古老的深沉复深沉的午夜,它是怎样在叹息!它是怎样在梦中发笑!

安静!安静!于是可以听到某些在白天不会出声的东西;而现在,在凉凉的空气中,连你们心灵的喧闹之声也全然归于沉寂了,——

——现在它们说话了,现在它们听得见了,现在它们悄悄潜入夜的过于清醒的灵魂之中:啊!啊!它是怎样在叹息!它是怎样在梦中发笑!

——你没有听见它怎样隐秘地、恐怖地、诚挚地对你说话,那古老的深沉复深沉的午夜?

啊,人类,留神啊!

*

* *

四

我苦啊!时光去了哪里?我不是落入深井里了吗?世界沉

睡着——

啊！啊！狗吠叫，月朗照。我宁愿死去，宁愿死掉，也不想对你们说我午夜的心灵正在想些什么。

现在我已死去。完了。蜘蛛，你在我周围编织什么呢？你想要血吗？啊！啊！露水降落，时辰到了——

——使我寒冷的时辰，它一而再、再而三地追问："对此谁有足够的勇气？

——谁能主宰尘世呢？谁能说：你们大大小小的河流啊，你们该这样流淌？"

——时辰近了：人啊，你们这些高等人，千万当心啊！这话是说给机敏的耳朵听的，是说给你的耳朵听的——幽深的午夜在诉说什么？

*
* *

五

我被带向那儿，我的灵魂在舞蹈。每日的工作！每日的工作！谁能主宰尘世呢？

月清冷，风静默。啊！啊！你们飞得足够高了吗？你们在跳舞：可是一条腿并非一个翅膀呀。

你们这些优秀舞者，现在一切欢乐都已过去了，酒已变成渣滓，所有杯子都破碎了，墓穴窃窃而语。

你们飞得不够高：现在墓穴窃窃而语，"解救死者们吧！黑夜为何如此漫长？不是月亮使我们沉醉了吗？"

你们这些高等人啊，打破墓穴，唤醒那些死尸吧！啊，蛀虫在挖掘什么？时辰近了，时辰近了，——

——时钟嗡嗡作响，心灵依然发出格格声，木头里的蛀虫，心灵里的蛀虫，依然在挖掘。啊！啊！世界是深沉的！

*

* *

六

甜蜜的竖琴！甜蜜的竖琴！我爱你的音调，你那醉人的不吉音调！——多么悠长，多么遥远，你的音调向我传来，远远而来，从爱的池塘而来！

你这古老的钟，你这甜蜜的竖琴！每一种痛苦都撕裂了你的心灵，父辈的痛苦，祖辈的痛苦，祖先的痛苦，你的话语已经成熟了，——

——成熟得有如金色的秋天和午后，有如我的隐者之心——现在你说：世界本身也已经成熟了，葡萄变成褐色了，

——现在它想要死去，因幸福而死去。你们这些高等人，难道你们没有嗅到吗？有一种气息在暗中四溢，

——一种永恒的芳香和气息，一种来自古老幸福的玫瑰般的金色美酒的气息，

——来自沉醉的午夜之死的幸福气息，它吟唱道：世界是深沉的，而且比白天所想的更深沉！

七

让我安静吧！让我安静吧！对你来说，我太过纯洁了。不要碰我！我的世界不是刚刚变得完美了吗？

对你的双手来说，我的皮肤太过纯洁了。让我安静吧，你这愚蠢而沉闷的白昼！难道午夜不是更明亮么？

最纯洁者当成为尘世的主宰，这些最不为人所知、最强大的，这些午夜的灵魂，比任何白昼都更明亮和深沉。

啊，白昼，你在摸索我吗？你在触摸我的幸福吗？在你看来，我是富有的、孤寂的，是一个宝库、一座金库吗？

啊，世界，你想要我吗？难道在你看来，我是世俗的吗？难道在你看来，我是精神性的吗？难道在你看来，我是神性的吗？然则白昼与世界，你们都太粗笨了，——

——有着更机灵的双手，抓住更深沉的幸福，抓住更深沉的不幸，抓住某一个上帝，而不是抓住我：

——我的不幸、我的幸福是深沉的，你这奇怪的白昼啊，但我却不是上帝，不是上帝的地狱：它的痛苦是深沉的。

八

上帝的痛苦是更深沉的,你这奇怪的世界啊!抓住上帝的痛苦,而不是来抓我!我是什么啊!一把沉醉的甜蜜的竖琴,——

一把午夜的竖琴,一座不吉的钟,没有人听得懂,但它不得不对聋子说话,你们这些高等人啊!因为你们弄不懂我!

完了!完了!青春啊!正午啊!下午啊!现在到了黄昏、黑夜和午夜了,——狗在吠叫,风:

——难道风就是一只狗吗?它在哀鸣、狂吠、嗥叫。啊!啊!午夜怎样叹息,怎样发笑,怎样呼噜和喘息!

这沉醉的女诗人啊,它刚刚怎样清醒地说话!也许她过度啜饮了自己的沉醉?她变得过度清醒了么?她在反刍么?

——她在反刍自己的痛苦,在梦中,这古老而深沉的午夜啊,更在反刍自己的快乐。因为尽管痛苦是深沉的,但快乐:快乐比心痛更深沉。

*
* *

九

你这葡萄树啊!你赞美我什么呢?我倒是把你剪断了!我是残暴的,你在流血——:你对我沉醉的残暴的赞美想要什么呢?

"圆满的东西,一切成熟的东西——都想要死去!"你这样说道。祝福吧,祝福葡萄农的剪刀吧!而一切不成熟的东西都想要生活下去:苦啊!

痛苦说:"去吧!滚开!你这痛苦!"然则一切受苦的东西都想要生活下去,好使自己变得成熟、快乐和渴望,

——渴望更远、更高、更亮的东西。"我想要后代",一切受苦者说,"我想要子嗣,我不想要我自己,"——

可是快乐却不想要后代,不想要子嗣,——快乐想要自己,想要永恒,想要轮回,想要一切永远相同。

痛苦说:"心灵啊,破碎吧,流血吧!腿啊,流浪吧!翅膀啊,飞翔吧!痛苦啊,前进吧,上升吧!"那好吧!我老迈的心灵啊:痛苦说:"消逝吧!"

*
* *

十

你们这些高等人啊,你们以为怎样呢?我是一个预言家吗?一个梦想家吗?一个醉鬼吗?一个解梦者吗?一座午夜的钟吗?

一滴露水吗?一种永恒的芳香和气息?你们没有听到吗?你们没有闻到吗?我的世界方才变得圆满,午夜也是正午,——

痛苦也是一种快乐,诅咒也是一种祝福,黑夜也是一种阳光,——由此出发吧,抑或你们会了解:智者也就是傻瓜。

你们向来对一种快乐表示肯定吗?啊,我的朋友,那么,你们也就是对一切痛苦表示肯定。万物皆联结、串联、相爱的,——

——如若你们总是想要事情一再重现,如若你们向来都说"幸福!刹那!瞬间!你令我喜欢",那么,你们就是想要一切都回来!

——一切皆重新开始,一切皆永恒,一切皆联结,一切皆串联,一切皆相爱,啊,那么你们就是爱这个世界的,——

——你们这些永恒者,你们永远爱这世界:而且对于痛苦你们也说:去吧! 但要回来! 因为所有快乐都想要——永恒!

* * *

十一

所有快乐都想要万物的永恒,想要蜂蜜,想要酵母,想要沉醉的午夜,想要坟墓,想要坟墓泪水的慰藉,想要金色的晚霞——

——有什么是快乐不想要的啊! 它比一切痛苦更焦渴、更诚挚、更饥饿、更可怕、更隐秘,它想要自身,它咬住自身,圆环的意志在它身上争斗,——

——它想要爱,它想要恨,它过于丰富了,总是有所馈赠、抛弃,乞求人们来接受它,并且感激接受者,它喜欢被人仇恨,——

——快乐是如此丰富,以至于它渴求痛苦、地狱、仇恨、耻辱、残缺、世界,——因为这个世界,啊,你们可是认得的呀!

你们这些高等人啊,它渴望你们,那无羁的、有福的快乐,——渴望着你们的痛苦,你们这些失败者! 所有永恒的快乐都渴望失败者!

因为所有快乐都想要自身,故而它也想要心灵的痛苦! 幸福

啊,痛苦啊!心灵啊,破碎吧!你们这些高等人,可要学会一点:快乐想要永恒,

——快乐想要一切事物的永恒,想要深而又深的永恒!

*

* *

十二

现在你们学会我的歌了吗?你们猜得出它想要什么吗?那好吧!来吧!你们这些高等人啊,那就给我唱唱我的轮唱曲吧!

你们亲自来给我唱唱这首歌吧,歌名是"再来一次",意思是"永恒地",你们这些高等人啊,来歌唱查拉图斯特拉的轮唱曲!

啊,人类!留神啊!
幽深的午夜在诉说什么?
"我睡着了,我睡着了——,
我从深沉的梦乡中惊醒了:——
世界是深沉的,
而且比白天所想的更深沉。
它的痛苦是深沉的——,
快乐——比心痛更深沉:
痛苦说:消逝吧!
而所有快乐却都想要永恒——,
——想要深而又深的永恒!"

*

* *

80. 征兆

而第二天早晨,查拉图斯特拉从床上一跃而起,束好腰带,走出自己的洞穴,热烈而强壮,犹如一轮从灰暗群山间升起的旭日。

"你,伟大的星球啊,"他以昔日的口气说,"你这深沉的幸福之眼,倘若没有你所照耀的人们,你的全部幸福又会是什么啊!

如若他们还待在屋里,而你已经醒来,出来馈赠和分发:你那高傲的羞耻之心会怎样发怒啊!

好吧!他们还睡着,这些高等人,而我已经醒了:他们就不是我适恰的伙伴!我在这山上等待的并不是他们。

我想要做我的工作,我想要我的白昼:但他们弄不懂,我的早晨的征兆是什么,我的脚步——对他们来说并不是起床号。

他们还睡在我的洞穴里,他们的梦还在咀嚼我的午夜——查拉图斯特拉对自己的心灵说了这番话,其时太阳已升起:他疑惑地看着高空,因为他听到头顶上传来他的鹰的尖叫。"好啊!"他仰天叫道,"这才令我喜欢,正合我意。我的动物们醒了,因为我醒了。

我的鹰醒了,它与我一样敬仰太阳。它用鹰爪去攫取全新的阳光。你们是我适恰的动物;我爱你们。

然而我还是没有适恰的人啊!"——

查拉图斯特拉如是说;但这时,他突然听见好像有无数的鸟儿振翅纷飞,——而那么多的羽翼呼呼作响,拥向他的头部,声音如此之大,以至于他闭上了眼睛。而且真的,犹如一团乌云向他袭来,有如一团由乱箭组成的乌云,射向一个新敌人的乱箭。但看哪,这是一团爱的乌云,落在一个新朋友身上。

"我怎么了?"查拉图斯特拉诧异地思忖,缓缓地在洞口旁的巨石上坐下来。不过,当他用手上下左右一阵乱抓,要驱散那些温柔的鸟儿时,看哪,发生了更稀奇的事:他的手竟不知不觉地伸到一团厚实而温暖的毛发里了;而同时,他面前响起一声吼叫,——一声柔和而悠长的狮吼。

"征兆出现了,"查拉图斯特拉说,他的心灵发生了转变。而且事实上,当他眼前变得明亮时,才看到是一头黄色的巨兽躺在自己脚边,这兽把头紧贴在他的膝上,出于爱意而不愿离开他,其情状有如一只狗找到了自己的旧主人。可那些鸽子的爱意也丝毫不亚于狮子;每当一只鸽子掠过狮子的鼻子时,这狮子便摇着头,感觉奇怪,笑了起来。

对于这一切,查拉图斯特拉只说了一句话:"我的孩子们临近了,我的孩子们"——,然后他完全默然无语了。而他的心灵得到了释放,他的眼里流下了泪水,滴落在手上。他不再注意任何事物,坐在那儿,全然不动了,也不去阻拦那些动物了。于是鸽子偶尔飞起来,停落在他肩上,抚弄着他的白发,因柔情和欢欣而不知厌倦。而那头强壮的狮子不停地舔着落在查拉图斯特拉手上的泪水,还胆怯地低吼着。这些动物们就这样干的。——

这一切延续了一长段时间,抑或一小段时间:因为真正说来,

80. 征兆

对于大地上这等物事,是没有时间的——。但这当儿,查拉图斯特拉洞穴里的那些高等人已经醒来了,排成一列队伍,向查拉图斯特拉迎面走来,来向他问早安了:因为当他们醒来时,发现查拉图斯特拉已经不在他们身边了。而当他们走到洞门口时,他们的脚步声响已先于他们传了出来,于是那头狮子受了巨惊,蓦然离开了查拉图斯特拉,厉声咆哮着,跃向洞穴;那些高等人听到狮子的咆哮声,异口同声地尖叫起来,扭头就跑,刹时一个都不见了。

而查拉图斯特拉本人呢,不免眩晕和奇怪,站了起来,环顾四周,诧异地站在那儿,疑惑,孤独地思忖。"我可是听到什么了么?"他终于缓缓地问,"刚刚我怎么了呀?"

他很快就恢复了记忆,一下子弄清楚了昨天到今天发生的一切事情。"就是这块石头嘛,"他捻着胡须说,"我昨天早晨就坐在这上面的;也就在这里,那个预言者向我走来,也就在这里,我首先听到刚才听到的呼叫声,那高声的苦难呼声。

啊,你们这些高等人,昨天早晨那个老预言家向我预言的,就是你们的苦难呀,——

——他想要把我引诱,引向你们的苦难:'查拉图斯特拉啊,'他对我说,'我来,要把你引诱,引向你最后的罪恶。'

'我最后的罪恶?'查拉图斯特拉叫了起来,愤而嘲笑他自己的话:'我留下来的最后罪恶倒是什么呀?'"

——查拉图斯特拉再度陷入了沉思,又坐到那块巨石上面,深思着。突然,他跳将起来,——

"同情!对高等人的同情!"他叫喊道,他的面孔变得铁青。"好吧!这事——不急!

我的痛苦和同情——这算得了什么！难道我在追求幸福吗？我是追求自己的事业啊！

好吧！狮子来了，我的孩子们临近了，查拉图斯特拉变成熟了，我的时辰到了：——

这是我的早晨，我的白昼开始了：现在起来，起来吧，你，伟大的正午！"——

查拉图斯特拉如是说，并且离开了自己的洞穴，热烈而强壮，有如一轮从灰暗群山间升起的旭日。

＊
＊　　　＊

《查拉图斯特拉如是说》结束

译 后 记

《查拉图斯特拉如是说》(Also sprach Zarathustra)是19世纪德国大思想家弗里德里希·尼采(Friedrich Nietzsche, 1844—1900年)的晚期代表作,作于1883—1885年间。本书可以说是晚期尼采(1883—1888年)思想的起点,在尼采思想生涯中占据着特别重要的地位,一直是被翻译、阅读、讨论和研究得最多的尼采著作。在中文世界,尼采成就赫赫大名,成为最受欢迎、也最受争议的德语思想家,首先也是因为这本《查拉图斯特拉如是说》。本书的中文译本数量之多,大约可列为汉语西方学术翻译之最了——自1918年鲁迅先生的节译,90年以来,在中文世界(中国大陆和港台地区)据说至少已经有了10种以上的中文全译本,蔚为壮观。

然而在尼采生前,本书在欧洲的命运却是惨不忍睹。本书前三部出版后只销售了百余册,最后第四部还是作者自费印刷的,只印了40册,仅在少数朋友中间流传。在书的时代里,有没有人读自己的书当然是写书人最关心的事了。尼采虽然自负而狂野,但也是要追求名声的,如何受得了这等冷遇和寂寞?于是只好激愤、只有抱怨了。另一方面,尼采似乎早就看到了书的命运和文化的命运。在《查拉图斯特拉如是说》第一部"读与写"一章中,尼采写下了如下"预言":

译 后 记

"人人都可以学会读书,长此以往,这不仅会败坏写作,也会败坏思想。"

"还有一个世纪的读者——而且,精神本身也将发臭了。"①

这话写于1883年2月。在尼采时代,平民化教育尚未及广泛开展,工商物质文化初露端倪,也还谈不上电子媒体文化对于书本文化的挤压。一个多世纪以后的今天,我们就不得不佩服尼采的先知之见了。今天,在"读书人"之多与"其实没人读书"之间,构成了巨大的反差,可谓当今文化一大奇观。"精神本身"自然早就"发臭"了。而对于当年的尼采来说,好歹"还有一个世纪的读者",尼采却干脆得很,为这本《查拉图斯特拉如是说》设了个副标题:"一本为所有人而又不为任何人的书"(Ein Buch für Alle und Keinen)。这个副标题译成中文是有一点歧义的:一本为所有人而又不为任何人的书;一本所有人都能读懂而又没有人能读懂的书。我认为这两重意思,是尼采自己预设在里面的。

虽然当年没人读《查拉图斯特拉如是说》,尼采自己却视之为圭臬。1883年2月13日,本书第一部完稿的当天,尼采就兴冲冲地致信出版商恩斯特·施梅茨纳(Ernst Schmeitzner),向他推荐本书,说它是"一部'诗作'(Dichtung),或者第五'福音书'(Evange-

---

① 尼采:《查拉图斯特拉如是说》,科利版第4卷,第48页。

lium),或者某种尚无名字的东西"。① 这话听起来有点自大,不过也表明了尼采内心真实的写作意图。《圣经·新约》中有"四福音书"(马太福音、马可福音、路加福音、约翰福音),现在尼采要来一个"第五福音书"。再后来,在1888年11月26日致友人保罗·多伊森(Paul Deussen)的信中,尼采就直接把本书譬喻为《圣经》了,声称:"我的《查拉图斯特拉如是说》将像《圣经》一样被阅读。"②

既为"福音书"或者《圣经》,那么谁是"传道者"？传的又是什么道？

"传道者"是查拉图斯特拉。查拉图斯特拉(Zarathustra)相传为公元前七至前六世纪古波斯的先知,琐罗亚斯德教(又称祆教、火教、拜火教、波斯教等)的创始人。琐罗亚斯德(Zoroaster,中文旧译"苏鲁支")则是先知查拉图斯特拉的希腊文名字。此人出身于古波斯的一个贵族骑士家庭,20岁时遁世隐居,30岁时受到了神启,着手改革当时的多神教而创立了琐罗亚斯德教。该教主张善恶二元论,认为世界(宇宙)总处于两种力量的冲突和斗争中,即善神、光明之神阿胡拉·玛兹达(Ahura Mazda)与恶神、黑暗之神安格拉·曼纽(Angra Mainyu)之间的斗争;不过,该教仍然属于一神教,因为它同时主张,只有善神阿胡拉·玛兹达才是真神、主神、智慧之神,他创造了世界,也创造了火,即"无限的光明"。琐罗亚斯德教是世界上最古老的宗教之一,曾为基督教之前中东地区最重要的宗教,公元前六世纪末被定为波斯国教;公元七世纪以

---

① 尼采:《书信全集》,科利和蒙提那里编,柏林2003年版,第6卷,第327页。
② 同上书,第8卷,第492页。

后渐趋衰落,今天信徒相对稀少,在伊朗也仅有 20 万左右的信徒了。

以上是查拉图斯特拉(即琐罗亚斯德)的历史原型。但尼采为何要弄出这么个东方的先知来为自己代言呢?到底谁是尼采的查拉图斯特拉?人们一般认为,尼采只是托名"查拉图斯特拉",说的却是他自己的思想,故《查拉图斯特拉如是说》就等于《尼采如是说》。这个看法基本不会有错,但干脆形成这样一个"等式",仍旧过于粗率和简单了,无助于我们真切地理解问题。有论者正确地指出,查拉图斯特拉虽然是古波斯的先知,但却是西方文明两大传统(即希腊哲学和犹太-基督教)的共同起源。[①] 因为尼采在《瞧,这个人!》中明确地指出过:查拉图斯特拉把道德(善恶)形而上学化,从而制造了一个"极其灾难性的错误"。在尼采看来,这个错误后来就被柏拉图主义哲学和基督教继承了。但另一方面,尼采说,这个始作俑者又基于经验、特别是基于波斯人的"诚实"德性,也第一个认识到了这个"错误",并且着手克服道德。尼采写道:

"基于诚实而发生的道德的自我克服,道德论者的自我克服——变成其对立面,即变成我自身,此即我所讲的查拉图斯特拉这个名字的意义"。[②]

[①] 参看吴增定:《尼采与柏拉图主义》,上海人民出版社,2005 年,第 51 页。
[②] 尼采:《瞧,这个人!》,科利版第 6 卷,第 367 页。

如此看来，在尼采这个"第一位非道德论者"那里，查拉图斯特拉实有"两个"：一是作为"道德论者"的查拉图斯特拉，是通常所谓"两希文明"的精神源头，是希腊哲学和基督教的"道德世界"、"彼岸世界"、"另一个世界"的肇始者；二是作为"非道德论者"的查拉图斯特拉，却成了道德的克服者，他认识到了自己过去造成的"极其灾难性的错误"，即否定此世、否定尘世生活的"柏拉图主义"，于是在两千多年之后重返人世，要来纠正错误，并且作为"超人"和"永恒轮回"的教师（"传道者"）来肯定现世生活、肯定生命——充当"生命的辩护人"。这"两个"查拉图斯特拉看起来完全是矛盾的、不相容的，而且如果要问"谁是尼采的查拉图斯特拉"，我们显然只好认为，那是作为"非道德论者"的查拉图斯特拉了；但另一方面，这"两个"查拉图斯特拉又是同一个——因为尼采通过艺术（戏剧）手法把这"两个"查拉图斯特拉一体化，化为一个具有历史之眼、对历史进行整体思考的先知。

前问：谁是"传道者"？传的又是什么道？答案似乎已经有了，又似乎还没有。问题出在：为何这个"传道者"现在要来传授"超人"和"永恒轮回"之说？

查拉图斯特拉之谜一直吸引着众多思想家。海德格尔在1953年做的一个演讲的题目就立为：谁是尼采的查拉图斯特拉？海德格尔讨论的基本结论大抵是："对查拉图斯特拉这个形象来说本质性的事情始终是，这位教师教某个本身共属一体的双重的东西，即永恒轮回与超人。在某种意义上讲，查拉图斯特拉本身就是这种共属一体。从这个角度看，查拉图斯特拉也还是一个谜团，我们几乎还没有看见的一个谜团。"[①]尤其在20世纪30、40年代,海德格尔差不多以十年时间来深究尼采哲学,动因之一也是为了解开这个"谜团"。

那么,海德格尔解开这个"谜团"了吗?他是如何解此"谜团"的?海德格尔的想法比较简明:尼采的"相同者的永恒轮回"表示"存在者之存在","超人"则表示响应这种存在的"人之本质"。两者,即存在与人,是如何共属一体的?——此即作为"永恒轮回"和"超人"的教师的查拉图斯特拉之谜。

备受学界内外争议的尼采"超人"(Übermensch)之说,就其本来意义来讲,是根本没有什么政治色彩的,更不可能带有法西斯主义的色彩。"超人"完全摆脱了传统的价值,其行为是以尘世("大地")的标准为准绳的,与之相反的是依然屈服于虚构的上帝、醉心于同情的道德的"庸众"、"末人"。虽然"超人"追求强力和权力,但它的标志却不在于权力,而在于它"忠实于大地"——在此意义上"超人"就不是"超拔者",而倒是"降落者";若从尼采本人的学理上讲,"超人"能够忍受和理解"永恒轮回"思想,或者说,是为"权力意志"和"永恒轮回"所要求的那个人类。

按照海德格尔在其《尼采》书中提供出来的解释,尼采是用"权力意志"和"相同者的永恒轮回"两个基本词语来重解和重构形而上学,来回答形而上学的"本质"(essentia)问题和"实存"(existentia)问题,也就是存在者"什么存在"和"如何(如此)存在"的两大问题。海德格尔看到了表面上狂野不羁的尼采文字所蕴含的

[①] 海德格尔:《演讲与论文集》,孙周兴译,北京三联书店,2005年,第129页。

坚实稳重的思想脉络——这一点无论如何都是海德格尔的尼采解释的过人之处。

在海德格尔看来,尼采的理路似乎很简单,也合乎常识:一切存在者本质上都是"权力意志","权力意志"的本质在于不断生成和提高,但生成和提高却是以保存为前提的,不然的话,权力就会失于无度,就会趋向于无限泛滥。因此权力本身必须为自己设定提高与保存一体的"条件"。这些"条件"就是尼采所谓的"价值"(又称"支配性构成物"),诸如科学、艺术、政治、宗教等,实即权力意志的价值表现形态。权力意志既永恒生成,又在其形态方面受到限定,于是必然得出一点:作为权力意志的存在者整体必须让相同者重新出现,而且相同者的轮回必须是一种永恒的轮回。"永恒轮回"说构成尼采的世界解释的极点,尼采称之为"观察的顶峰"。[①] 在《瞧,这个人!》中,尼采也明言,"永恒轮回"思想是《查拉图斯特拉如是说》的"基本构想",它是"人类能够达到的最高的肯定公式"。[②]

海德格尔显然是在形而上学意义上对尼采哲学作了定位,也即对尼采哲学作了一种"存在学"("本体论")与"神学"(暨"实存论")的定位。如若我们接受了海德格尔所做的尼采哲学解释的基本结论,那么,我们就得承认《查拉图斯特拉如是说》一书在尼采思想进程中的顶峰地位,因而也得承认本书在欧洲形而上学史上的

[①] 尼采:《权力意志》,第617条;科利版《尼采著作全集》第12卷,7[54],柏林,1988年;据科利版译出的《权力意志》上卷,孙周兴译,商务印书馆,2007年,第359—360页。

[②] 尼采:《瞧,这个人!》,科利版第6卷,第335页。

顶峰地位。正是由于尼采在本书中构造起来的"权力意志"和"永恒轮回"的形而上学哲学，海德格尔才有理由把尼采命名为"最后一个形而上学家"。

在哲学角度，我个人比较愿意接受海德格尔的尼采解释，以为是迄今为止最为深刻、最为有力的解释方案。而值得注意的是法国思想家德里达提出的反驳。德里达采取了更为激进的解释——解构——策略，把矛头直指海德格尔的形而上学解释框架，即一个"整体性"的解释框架。在德里达眼里，海德格尔的尼采解释无非是为海氏自己的形而上学观（哲学观）和形而上学史观服务的，所以实际上是从形而上学角度、以形而上学方式"强暴"了尼采。德里达更愿意关注尼采思想和写作风格的多变性和丰富性，认为并没有一个唯一的、专名的、整体的尼采，更没有一个作为形而上学家的尼采。尼采是多重的、繁复的，是复数的"尼采们"（Nietzsches）。[①]

应该承认，德里达对尼采思想和表达风格的强调是大有道理的。尼采本人也强调自己风格的多样性，并认为这是基于他自身内心状态的"异常多样性"。[②] 特别是在《查拉图斯特拉如是说》一书中，诚如本书编者科利在"编后记"中所指出的那样，尼采做了一种严肃的试验，试图把哲学"提升"——实为"降落"——到一个"非秘传的"（exoterisch）层面上，以反对苍白无力的智慧木偶。从风

---

① 海德格尔的尼采解释成为德里达与伽达默尔1981年"巴黎论战"的争论焦点之一。有关情况可参看孙周兴等编译：《德法之争：伽达默尔与德里达的对话》，同济大学出版社，2003年。

② 尼采：《瞧，这个人！》，科利版第6卷，第304页。

格上讲,尼采是十分"非哲学的"——以科利的说法,尼采是要用此书来推动一种"对哲学解释的彻底变革"。虽然尼采在早期的《悲剧的诞生》中、进而在中期的几本著作中就已经开始了这种变革实验,但纵观他的全部著述,《查拉图斯特拉如是说》无疑是在非哲学的思想表达方面走得最远的。

我们看到,本书是尼采凭着一种惊人的激情写成的,其中第一部只用了十天时间,第二部用了半个月,第三部也只用了十天时间,唯第四部是断断续续地写成的,费时较多,不过也只是用了大约三四个月时间。书中充满了反讽、双关语、隐喻、暗示、象征、隐射等文艺手法,也采用了戏剧叙事的艺术技巧,而全然缺乏在哲学传统中惯用的"推论式辩护"。没有"论证"——"推论式辩护"——的思考和写作还能叫"哲学"吗?这在今天这个所谓"后哲学"时代里依然是一个问题,更不消说在当年,在19世纪的语境里了。

因为上述风格上的原因,在尼采身后,本书既被当作哲学名著,更被视为德语美文学的经典——尼采自己更把它看作超越歌德和莎士比亚的旷世之作。它到底是哲学还是文学,抑或既哲学又文学,本身也成为一个值得讨论的问题了。也许文体在尼采这里已经变得无关紧要了——自尼采始,更多地自《查拉图斯特拉如是说》始,哲学与文学的传统分界在文体上已经模糊了,两者的差异化区分不再仅仅以文体和风格为标识了;但另一方面,或许我们更应该说,正因为有了尼采,文体和风格已经变成一个极其重要的问题了。

如上所述,本书已有十几个中译本,本人不可能全面比较和研究这些译本(虽然这项工作本身也是蛮有意思的),手头也只有随机得来的三个译本,一是徐梵澄先生翻译的《苏鲁支语录》(商务印书馆,1992年);二是尹溟先生翻译的《查拉图斯特拉如是说》(北京文化艺术出版社,1987年);三是余鸿荣先生翻译的《查拉图斯特拉如是说》(北方文艺出版社,1988年)。这三个译本可以说各有特色,不过恕我直言,在译文的严格性方面都有不同程度的缺憾,更缺乏考订和注解之功。本人在翻译和修订过程中或多或少地参考过上列中译本,唯希望自己能在前译基础上有一点点提高。

我的译文是根据科利/蒙提那里考订研究版《尼采著作全集》(KSA)第4卷译的,做了一些必要的中译者注释,主要涉及费解词语的解释之类。中译本力求忠实于原文,包括格式上的忠实。有关中文版格式方面的具体说明,可参观本书开头的"中文版凡例"。

本书是尼采美文的代表,文风绝顶怪异和野蛮,绝不是传统的"德国哲学"范畴可以完全容纳的。一直以来,本人习惯于做比较沉潜稳重的哲学(思想)翻译,并且经常主张学术翻译以"严格"为第一要求,但以这个要求来应对眼下这本书是否合适,在我是没有完全的把握的。

2006年冬季学期,我在同济大学人文学院开设了《尼采原著选读》一课,选用的德文材料正是尼采《查拉图斯特拉如是说》第一部,即科利版《尼采著作全集》第4卷的第11-102页。同济大学哲学系青年教师赵千帆博士、宗成河博士,以及外国哲学和美学两个专业的一些研究生参加了该课程。参与者在课堂上的讨论对于译文的改进是大有好处的。另外,译文初稿也请杨小刚、张振华、肖鹏、杨壹祺等同学看过；最后也请内子方红玫女士从编辑的角度读过一遍译文。他们提出了不少有益的修改意见。我的同事、同济大学哲学系彼得·特拉夫尼教授（Peter Trawny）帮助我解决了译文中的若干疑难。在此一并致谢。

近些年因诸事体繁杂，心思较为松懈，这件译事拖沓了许久，前后大约有两年半时间。当年徐梵澄先生翻译这本书，竟是"不到半年，便已全部译完"，想来只好自己惭愧了——光是译文初稿的校改，我就拖延了近一年的时间。况且我的新译品质如何，也是难讲的，且等着读者批评和赐教了。

孙周兴
2006 年 10 月 1 日记于沪上康桥
2008 年 11 月 28 日校毕于新凤城寓所